Ursula Wolf

Mein Name ist
Ich lebe

Indianische Frauen
in Nordamerika

Frauenbuchverlag

© Weismann Verlag · Frauenbuchverlag GmbH, München 1979
Alle Rechte vorbehalten.
Umschlaggestaltung: Evi und Hansjörg Langenfass, Ismaning
Satz: ADW, München
Druck und Bindung: G.J. Manz AG, Dillingen
Printed in Germany (West)
ISBN 3 921040 90 6

Inhaltsverzeichnis

Vorwort

Ich hätte dieses Buch nicht so schreiben können ohne die Erfahrungen, die ich bei meiner Reise durchs Indianerland, bei den direkten Kontakten mit den Menschen dort gemacht habe, auch wenn diese Erlebnisse im Buch nicht weiter thematisiert werden. Viele der Erfahrungen lösten in mir widersprüchliche Empfindungen aus: Ich fühlte mich angezogen von der Ruhe, Ordnung und Sicherheit traditionellen indianischen Lebens, wo es existierte, konnte mir gleichzeitig aber nicht vorstellen, eine Tochter von mir hier aufwachsen zu sehen. Ich genoß große Gastfreundschaft und wurde ausgenutzt, ich wurde eingeladen und rausgeworfen, bewundert und kritisiert. Oft fühlte ich mich von den Frauen ausgeschlossen, wenn sie sich in ihrer indianischen Sprache unterhielten, und genauso oft fühlte ich mich ihnen sehr nahe, wenn sie mir von sich mit einer Offenheit erzählten, die mich verblüffte. Immer war ich beeindruckt von ihrer Stärke und Sicherheit, doch manches von dem, was sie sagten, konnte ich dennoch nicht akzeptieren. Ich fand Bereiche einer 'anderen' Realität, die zu finden ich gehofft hatte, und ebenso altvertraute Probleme, die auch hier (noch) nicht gelöst wurden. Mir wurde klar, daß die Indianer nicht Antworten auf alle unsere Fragen haben, und ich sah gerade bei einem solchen nüchternen und illusionslosen Vorgehen vieles, was wir von ihnen lernen können.

Die erste indianische Gruppe, die ich besuche, sind die Leute von den 'Akwesasne Notes', einer Indianerzeitung, die ich schon in München gelesen hatte. Sie leben im traditionellen Territorium der Mohawk (einer der sechs irokesischen Nationen) im Norden des Staates New York, mitten im Wald in zwei Blockhütten und einem Wohnwagen, und arbeiten an ihrer Zeitung. Es ist Winter, der Schnee ist tief, und fast jeden zweiten Tag landet mein Auto im Graben. Die Anpassung an die Situation fällt mir nicht immer leicht. Meine Erwartungen — was hier mit mir passieren kann/soll — sind mir selbst nicht ganz klar und es fällt mir deshalb schwer, sicher aufzutreten. Ich verhalte mich 'unauffällig', sage wenig, höre zu, beobachte und beteilige mich an der anfallenden Arbeit. Über den Plan, ein Buch über indianische Frauen zu schreiben, traue ich mich kaum zu sprechen: Ich fürchte, in die Schublade 'Anthros' (wie Anthropologen von den Indianern etwas abschätzig genannt werden) oder allgemein 'Bücherschreiber' gesteckt zu werden, mit denen die amerikanischen Ureinwohner schlechte Erfahrungen gemacht haben. Schließlich frage ich vorsichtig, ob ich mit einer Mohawk Frau darüber sprechen könne und ich werde mit Bertha bekannt gemacht.
Bertha lebt in einem Haus, das sie zusammen mit ihrem Mann gebaut hat. Sie erzählt mir von sich, von ihren sechs Kindern, ihrer Arbeit. Schließlich nimmt sie ein Blatt Papier und schreibt auf, was ihr zum Thema indianische Frauen wichtig vorkommt. Sie beginnt mit Korbflechten; ich versuche, ein paar 'frauenspezifische' Fragen einzuflechten, bis ich begreife, daß sie andere Prioritäten hat als ich: sie beschreibt die Situation der Frauen, indem sie die Situation ihres Volkes beschreibt.
Am Abend gehen wir zusammen ins 'Nation House', wo eine Beratung der Chiefs und Clanmütter (der traditionellen Regierung der Mohawk) stattfindet. Ich verstehe nicht viel von dem Gespräch, denn es wird größtenteils auf Mohawk geführt. Doch ich spüre die Ruhe, Gelassenheit und Autorität der Beteiligten und den Respekt, mit dem sich Männer und Frauen begegnen. Anlaß zu diesem Gespräch ist die Verhaftung einiger Indianer bei einer Art Demonstration. Als ich die Reservation verlassen habe, wird mein Auto angehalten und von der US-Polizei höflich, aber

gründlich durchsucht. Für die Mohawk gehören solche Belästigungen zum Alltag.

Im Frühjahr plane ich meine weitere Reise: ich schreibe z.B. an Frauen, deren Namen mir beim Lesen über die Indianerbewegung aufgefallen waren. Viele von ihnen treffe ich später. Zunächst jedoch ergibt sich für mich eine Möglichkeit, den Alltag einer indianischen Familie kennenzulernen, die mit der Indianerbewegung wenig im Sinn hat: Glenda, eine Navajo, die ich auf der Universität kennengelernt habe, lädt mich auf ihre Reservation ein. Auf der Fahrt dorthin wird sie krank und erklärt mir, sie sei verhext worden, von irgendjemand, der ihrer Familie den sozialen Aufstieg neide: „Die Navajo lehnen Leute ab, die sich bemühen, es weiter als andere zu bringen." Sie will so schnell wie möglich nach Hause. Als wir schließlich mitten in der Nacht dort ankommen, geht sie gleich mit ihren Eltern zu einem Medizinmann und am nächsten Morgen geht es ihr besser.

Zwei Wochen wohne ich bei Glendas Familie. Ich fühle mich oft etwas unbehaglich; zuviel erinnert mich an die typische amerikanische 'middle class' Familie: das relativ geräumige Haus, der Farbfernseher, die fast selbstgerechte Verurteilung von Leuten, die gescheitert sind. Beide Eltern haben Arbeit, was bei der hohen Arbeitslosigkeit auf den Reservationen fast schon ein Privileg ist. Die Mutter arbeitet für das BIA (Büro für Indianische Angelegenheiten), dem wichtigsten Instrument der US-Regierung zur Pazifizierung und Assimilierung der Urbevölkerung.

Glendas Urgroßeltern, die wir einmal besuchen, leben noch in einer anderen Realität. Sie haben eine Blockhütte und einen Hogan (traditionelles Wohnhaus der Navajo) in den Bergen, wo sie Schafe halten. Vor dem Haus hängen Kochgeschirr und anderes Haushaltsgerät an einem Strauch. Glenda kann mit ihrer Urgroßmutter kaum reden, denn diese spricht kein Englisch und Glenda kann nur wenig Navajo. Sie ist traurig darüber, denn auch für sie ist die Tradition wichtig. Sie geht auf Zeremonien, und ihre Universitätsausbildung will sie dazu benutzen, ihrem Volk zu helfen.

Im weiteren Verlauf meiner Reise spüre ich bald, wie diese ihre eigene Dynamik entwickelt. Vieles wird von 'Zufällen' bestimmt, denen ich mich überlasse: ich will nicht, daß sich mein Lernprozeß verkürzt auf das Sammeln von 'Beweisen' und Details für bereits vorgefaßte Theorien. Im nachhinein sehe ich, daß diese 'Zufälle' eine folgerichtige Entwicklung ergeben.
Ein 'Zufall' führt mich z.B. im Sommer auf die Pine Ridge Reservation in South Dakota, nach Porcupine, einer kleinen Siedlung

moderner Fertighäuser. Die Wände dieser Häuser sind so dünn, daß – wie man mir später erzählt – Gewehrkugeln glatt durchgehen. Gegen die Hitze schützen sie ebensowenig und es ist heiß in diesem Sommer.

Ich treffe zwei Frauen aus der Gruppe 'Cante Ohitika Win' ('Frauen mit Tapferem Herzen'). Eine davon, Candy, ist eine Weiße, die als eine Art Rechtsberaterin von AIM (American Indian Movement) auf der Reservation lebt. Als eine andere (indianische) Besucherin kommt, wird AIM-Klatsch ausgetauscht. Es ist amüsant, zu einem Interview finde ich allerdings keine Gelegenheit. Candy verweist mich am nächsten Tag an Kay, die mit der Gruppe assoziiert ist. Gleichzeitig gibt sie mir zu verstehen, daß ich in ihrem Haus nicht so lange bleiben kann, was ich sowieso nicht vorhabe.

Kay ist sofort mit einem Interview einverstanden. Dabei erwähnt sie, daß sie sehr viel zu tun hat: Ihr ältester Sohn wird in einem Monat zum erstenmal beim Sonnentanz tanzen und nach dem Sonnentanz gibt es ein 'Give-Away' (öffentliches Verteilen von Geschenken, meist Kleidungsstücken), für das sie noch Verschiedenes nähen will. Sie fragt mich deshalb, ob ich nicht eine Weile bei ihr bleiben und ihr helfen will: ,,Ich kann Leute ziemlich gut beurteilen, ich denke du bist o.k.''. Am nächsten Tag sagt sie mir, daß Candy mich für eine FBI-Agentin hält und mich deswegen gebeten hat, zu gehen. Ich bin verblüfft, kann mir nicht vorstellen, wie Candy darauf kommt. Das Gerücht bleibt bestehen, bis ich die Reservation 6 Wochen später verlasse und ich habe keine Möglichkeit, etwas dagegen zu tun, niemand spricht mit mir darüber. Von Kay erfahre ich dann auch noch andere, harmlosere, Verdächtigungen (etwa, daß ich es auf diesen oder jenen Mann abgesehen habe) und sie erzählt, daß das für sie nichts Ungewöhnliches ist: Gerüchte schießen in Porcupine wie Pilze aus dem Boden und sie als geschiedene Frau ist ihnen besonders ausgesetzt.

Abends sitzen wir vor dem Haus und oft ziehen sich Gewitterwolken zusammen. Kay erzählt mir von der besonderen Beziehung, die die Medizinleute hier zu Blitz und Donner haben: sie können sie ablenken und herbeirufen. Später bin ich zweimal in der Nähe, als junge Leute auf die Hügel gehen, um dort zu fasten und auf Visionen zu warten – eine alte Lakota Tradition – und ich sehe, wie es ringsherum wetterleuchtet und Blitze ohne einen Laut zur Erde fahren. Für Kay ist das eine Selbstverständlichkeit und sie kann die Stimmen der 'Donnerleute' in den Gewittern hören. Sie ist eine Frau mit besonderer Macht: sie hatte viele 'heilige' Träume und Visionen, sie redet mit den Geistern und manchmal sprechen Tiere zu ihr und warnen sie vor bestimmten Ereignissen in der Zukunft. In den Zeremonien kann sie verstehen, was die

Geister sagen, wo wir anderen nur ein Rasseln hören. Ich fühle mich wohl in dieser Atmosphäre von Spiritualität und ich spüre, daß ich von den Leuten, die zu den Zeremonien kommen, akzeptiert werde (Als ich ein Jahr später wiederkomme, hat sich das geändert: mehrere Medizinmänner lassen jetzt keine Weißen mehr bei ihren Zeremonien zu).

Der Reservationsalltag hat noch eine andere Realität: ein Klima von Ohnmacht, Langeweile und Gewalt, eine drückende und manchmal explosive Atmosphäre, die geradezu physisch spürbar ist. Für die Kinder sind betrunkene Eltern und Schlägereien so alltäglich wie das FBI und die Stammespolizei, die sie nach den Sperrstunden von den Straßen scheucht.

Nicht auf allen Reservationen ist das Klima so gespannt wie auf Pine Ridge. Lange Zeit stoße ich auf keine nennenswerten Schwierigkeiten, ich werde auch zunehmend sicherer, benutze jetzt z.B. immer einen Kasettenrekorder für meine Interviews: niemand hat etwas dagegen. Zu einem Höhepunkt der Reise wird eine 'Spiritual Convention' auf der Blackfeet Reservation, wo sich Indianer und auch einige Weiße in einem Lager von hellen und buntbemalten Tipis (Indianerzelte) zusammengefunden haben zur spirituellen Erneuerung ihrer Nationen, in der sie ihre einzige Überlebenschance sehen. Ich erlebe dort nahezu utopische Momente von Freundlichkeit und Solidarität.

Langsam werde ich jedoch müde, fühle mich überfordert von den verschiedenen Ebenen, auf denen ich mich bewege: Ich pendle hin und her zwischen der 'weißen' Realität in den Städten und der Realität der Reservationen und fühle mich keiner ganz zugehörig. Schließlich ziehe ich mich in ein kleines Haus auf dem Land in New Mexico zurück, um mich auszuruhen und meine Erfahrungen zu überdenken.

Im nächsten Jahr, auf dem Weg in den Osten, stoße ich auf den 'Longest Walk' und schließe mich ihm an. Der 'Longest Walk' war zu dieser Zeit schon ein paar Monate unterwegs: eine Gruppe von Indianern und 'Non-Indians' war im Winter an der Westküste aufgebrochen, um zu Fuß quer durch den Kontinent nach Washington, D. C., zu gehen. Anlaß für dieses Unternehmen waren eine Reihe von neuen anti-indianischen Gesetzesinitiativen. Jetzt ist die Zahl der Teilnehmer schon auf fünfhundert angewachsen (in Washington sind es dann Tausende), und es ist deutlich, daß es bei diesem 'Walk' um mehr geht als Gesetze: um eine spirituelle und politische Vereinheitlichung von Indianern aus allen Teilen des Landes. Die Weißen haben es dabei nicht immer leicht, denn einige der indianischen Teilnehmer begegnen uns mit

*einer ablehnenden Haltung. Momente von Euphorie wechseln mit
Frustration und Ärger. Doch immer wieder spüre ich die Macht,
die hier frei wird und der sogar die Polizei nichts entgegensetzen
kann. „Sie wollten uns verbieten, in Illinois auf der Interstate
(Autobahn) zu gehen", erzählt mir der Leiter des Walks, „doch
ich sagte ihnen nur: ,Stoppt uns.' Und sie konnten es nicht, sie
wußten nicht wie. "*

*Am Ende meines Amerikaaufenthalts schließt sich der Kreis: ich
komme wieder zu einer der 'Sechs Nationen', nach Onondaga,
der 'Hauptstadt' der Irokesenliga. Die Reservation der Onondaga
in einem Tal bei Syracuse, New York State, ist klein und unterscheidet sich äußerlich — mit Ausnahme der beiden 'Langhäu-
ser' (traditionelle irokesische Hausform) — nicht auffallend von
anderen amerikanischen Ortschaften. Es wird hier jedoch Souveränität in einem Ausmaß praktiziert, wie das bei vielen grös-
seren indianischen Nationen nicht der Fall ist. Keine Weißen
leben auf der Reservation, es gibt keinen Stammesrat nach US-
Muster und die Angehörigen der traditionellen Regierung reisen
mit eigenem Sechs-Nationen-Paß ins Ausland. Am zweiten Tag
meines Aufenthalts stempelt die Clanmutter des Hirsch-Clans
meinen Paß mit dem Siegel der Sechs-Nationen, und ich bin
damit als Gast willkommen. Ich wohne bei der Clanmutter des
Aal-Clans und die Tage verlaufen ruhig und ohne Konflikte. Bei
ihr und den anderen Personen, die wir besuchen, spüre ich die
Stabilität und Sicherheit eines Volkes, das keine Feindbilder
nötig hat, um sich selbst zu definieren; und ich fühle die Kraft
der Clanmütter, die zusammen mit den von ihnen ernannten
Chiefs diese Nation im Gleichgewicht halten.*

*

*Dies ist ein subjektives Buch, ein parteiisches Buch. Die Arbeit
daran war für mich ein Lernprozeß, nicht nur über die Realität
der indianischen Frauen, sondern auch über meine eigenen Vorstellungen von dem, was unsere Unterdrückung als Frauen bedingt und was uns befreien kann. Ich spürte manchmal, wie mir
die Wahrnehmung verstellt wurde durch meine eigenen Erfahrungen in unserer Gesellschaft und die Interpretationen, mit der ich
sie zu beurteilen gelernt hatte: Interpretationen, die oft verzerrt
sind durch dieselbe Ideologie, die unsere Selbstentfaltung verstümmelt und begrenzt, so daß wir dazu tendieren, männliche
Einschätzungen von Frauen und dem, was Frauen tun, zu übernehmen.
Dieses Problem stellte sich auch beim Lesen von Forschungsbe-*

richten und wissenschaftlichen Untersuchungen (oft auch bei denen von Frauen): häufig wird dort Kultur als das begriffen, was die Männer tun, und die Kultur der Frauen übersehen, wird der Ausschluß von Frauen aus bestimmten Bereichen männlicher Kultur als Indiz für ihre untergeordnete Stellung genommen, während der Ausschluß von Männern aus der Frauenwelt nicht weiter beachtet und bewertet wird. Da 'reden' die Männer, während die Frauen nur 'klatschen' – über so 'unwichtige' Dinge wie Kindererziehung und persönliche Beziehungen –, da haftet den Tätigkeiten der Männer der Glorienschein des Heroismus an, während der Beitrag der Frauen zum Leben und Überleben weit weniger euphorisch geschildert wird. Yolanda und Robert Murphy, selbst Anthropologen, beschreiben die Problematik eines solchen Vorgehens: ,,Männer legen z.B. größere Entfernungen als Frauen zurück. Sie reisen, um zu jagen, zu handeln und Krieg zu führen – oder um auf Konferenzen und Geschäftsreisen zu gehen –, während ihre Frauen sich um Kinder und Heim kümmern. Die meisten Anthropologen neigen dazu, dies als ein Plus für die Männer und ein Minus für die Frauen, als einen weiteren Index für den niedrigeren Status der Frau zu werten. Doch wenn wir einmal von unseren eigenen kulturellen Vorurteilen absehen: was ist denn eigentlich so toll am Reisen? Ist es gut und bedeutend, in den Krieg zu ziehen? Die Männer mit Kampferfahrungen berichten verläßlich, daß sie aus kurzen Perioden intensiver Gefahr, langen Perioden von ebenso intensiver Langeweile und dauernder autoritärer Disziplin bestehen; sie erinnern sich an nichts Gutes. Und schau dir den Geschäftsreisenden an. Er wird in eine hermetisch abgeriegelte Röhre gestopft, zusammen mit ein paar hundert anderen 'Prestige Suchern', und durch die Luft geschossen hin zu einem öden Flughafen; danach ißt er eine schlechte Mahlzeit und schläft alleine in einem dieser kalten gesichtslosen Hotels, die alle gleich aussehen, ob sie nun in New York, Des Moines, Lagos oder Honkong stehen. Ist das eine Begünstigung oder eine Banalität? Da wir keine wirklichen Standards haben von dem, was gut oder schlecht ist, sind wir normalerweise auf unsere eigene Beurteilung oder die unserer Informanten angewiesen. Und wir wissen, daß in den meisten Fällen Aktivitäten und Beschäftigungen als gut und bedeutend betrachtet werden . . ., nicht weil sie in sich wertvoll sind, sondern weil Männer sie tun."[1]
Ich habe mich bemüht, meine Quellen unter diesem Gesichtspunkt – einer möglichen verzerrten Wahrnehmung durch die 'männliche Brille' – zu betrachten. Es blieb nicht viel übrig, um die These mancher männlicher Anthropologen von der – bestenfalls bedauerlichen – Universalität weiblicher Unterlegenheit zu bestätigen. Sicher ließen sich in der Fülle von Informationen über

indianische Gesellschaften – die ja in sich so unterschiedlich sind wie etwa die europäischen Nationen – auch Beispiele von Frauenunterdrückung finden, wenn man es darauf anlegt. Doch mir geht es darum nicht. Ich will Alternativen zeigen, Alternativen, durch deren Betrachtung wir unsere Realität und die Ideologie, mit der sie verbrämt wird, relativieren können, sie sehen können als eine, zeitlich wie örtlich begrenzte, Spielart menschlicher Existenz, aufhebbar und abhängig von unserem (Wohl-) Verhalten. Ein Schwerpunkt meiner Arbeit liegt deshalb auf matrilinearen und matrilokalen Nationen, wo Frauen immer schon eine Position der Stärke besessen haben. Doch auch in anderen indianischen Nationen lassen sich Beispiele finden, die zeigen, daß Frauen sich und das, was sie tun, achten.

Ein anderes Problem bei der Beschreibung 'eingeborener' Gesellschaften ergibt sich aus der Arroganz der 'zivilisierten' Gesellschaften gegenüber den 'unterentwickelten'. Da wird letzteren oft nicht einmal der eigene Name gelassen: die Dine werden zu Navajo, die Inuit zu Eskimo; da spricht man von Flatheads (die keine flachen Köpfe haben!) und von Nez Perce (franz. für 'durchbohrte Nasen'). Genaugenommen ist ja der Begriff 'Indianer' selbst falsch, von den Europäern diesen Nationen übergestülpt. Sie selbst nennen sich entweder bei dem Namen ihrer jeweiligen Nation (deren Übersetzung oft einfach 'das Volk' heißt) oder sprechen von 'native people' – Ureinwohner Amerikas. Ich habe mich in diesem Buch trotzdem dafür entschieden, die allgemein üblichen Bezeichnungen (Navajo etc.) zu verwenden, um Verwirrung zu vermeiden, und konnte auch auf 'Indianer' nicht verzichten, da der Begriff 'native' kein deutsches Pendant hat, das sich ähnlich flexibel verwenden ließe (das Adjektiv 'eingeboren' wäre eine Möglichkeit, es hat aber für viele einen etwas abschätzigen Klang).

Die Selbsteinschätzung als 'überlegene Kultur' zeigt sich auch an der Verwendung von Begriffen, die nur auf Naturvölker angewandt werden. Dadurch entsteht leicht der Eindruck, als seien die Institutionen dieser Gesellschaften weniger bedeutend als die der 'zivilisierten' Gesellschaften: ein 'Stamm' hat offenbar noch nicht die Reife einer Nation, ein 'Medizinmann' nicht das Wissen eines Arztes, ein 'Häuptling' ist weniger ernstzunehmen als etwa ein Bundeskanzler. Ich verwende hier im allgemeinen die Bezeichnung Nation und lasse im Fall von 'Häuptling' meist das neutralere englische Wort chief stehen. 'Medizinmann/frau' habe ich beibehalten, allerdings nicht, weil ihre Kenntnisse nicht denen eines Arztes gewachsen wären, sondern weil sie darüber hinausgehen und sich nicht auf den Bereich der Krankenheilung beschränken.

Schwierig ist es ferner, Realitäten zu beschreiben, die sich von den unsrigen so unterscheiden, daß unsere Sprache dafür keine adäquaten Begriffe hat. Besonders gilt dies für den Bereich der Spiritualität: Worte wie 'heilig', 'Geister', 'Schöpfer' rufen in unseren Köpfen christlich geprägte Bilder und Assoziationen hervor, die fehl am Platz sind. Ganz allgemein ist es nicht leicht, mit den uns gewohnten Analysemethoden indianische Spiritualität zu beschreiben: das Moment der Ganzheit, des Kreises, in dem die Existenz dieser Nationen traditionell stattfindet, und in dem alles spirituell miteinander verwoben ist, läßt sich kaum in einer Form des Schreibens wiedergeben, die geprägt ist von einer Wahrnehmungsweise, die begreift, indem sie die Dinge auseinandernimmt.

Es ist in diesem Buch immer wieder von 'traditioneller' Kultur die Rede. 'Traditionell' darf dabei nicht unbedingt als 'weit in der Vergangenheit liegend' verstanden werden, es bezieht sich ebenso auf bestimmte Lebensweisen in der Gegenwart. Es ist zudem nur sehr beschränkt möglich, Aussagen über indianische Kulturen vor Ankunft der Weißen zu machen: die meisten eingehenderen Untersuchungen wurden erst in diesem Jahrhundert durchgeführt und reichen gerade so weit in die Vergangenheit zurück, wie sich die Informanten erinnern können. Freilich ist vieles in diesen Erinnerungen weit älter als die europäische Kultur auf amerikanischem Boden, denn Überlieferungen wurden von der amerikanischen Urbevölkerung sehr präzise von Generation zu Generation weitervermittelt. Man sollte aber nicht außer acht lassen, daß manches, was heute von Indianern/innen als 'traditionell' betrachtet wird, auch einigen Einfluß durch die Eroberkultur erfahren hat (z.B. durch christliche Moralvorstellungen). Es geht 'traditionellen' Indianern heute jedoch auch gar nicht um eine perfekte Rekonstruktion der Vergangenheit, die ja auch selbst dann nicht möglich wäre, wenn es gelänge, alle europäischen Einflüsse auszuschalten: der bewußte Rückzug in die 'Wildnis' innerhalb einer kapitalistischen Industriegesellschaft ist etwas ganz anderes als die selbstverständliche Existenz eines Naturvolkes fern von jeder 'Zivilisation'. Den 'traditionellen' Indianern geht es in erster Linie um die Zukunft, für die sie Antworten in ihrer Geschichte finden, Antworten, die auch uns, Frauen wie Männern, weiterhelfen können.

Ich habe sehr vielen Leuten zu danken, mehr als ich hier nennen kann, für Gastfreundschaft, Information, Ermutigung, Ideen, praktische Hilfe. Für sie alle seien erwähnt:
Rain Parrish und Laurie Davies, Alice Papineau und Familie,

Audrey Shenondoah, Janet McCloud und Familie, Kay Cedarface und Kinder, Emmy und Medicine Story, Glenda Damon und Familie, Thomas und Famina Banyakya, die 'Longest Walkers', die 'Akwesasne Notes', Darlene Wind, Myrna Small Salmon und Familie, Marie Sanchez, Opal Cahune, Aggie Williams, Bill Wahpe-pah, Shirley Hill Witt, Crow und Nana, Wilbert Fish;

sowie Robin Bauer, Helene Ellenbogen und Wohngemeinschaft, Beatrice Blake, Randy Varney, Stephanie Lake, Rafael und Silvia Lopez, Marcella Mendoza Pablo und Familie, Maria Anzures, Christine Bailey und Kate Garretson.

Im besonderen danke ich Rain Parrish und Sam Meyer für die Er-laubnis, die von ihnen gemachten Interviews benutzen zu dürfen, der Kansas State University für ihre großzügige Unterstützung und Antje Kunstmann für ihre Hilfe bei der Überarbeitung des Manus-kripts dieses Buches.

München, September 1979

16

Kinder von Changing Woman

Die spirituelle Basis indianischen Seins; Frauen in Mythen, zeremoniellem Leben und als Medizinfrauen

> *Mutter Mais verursachte Bewegung, sie gab Leben.*
> *Mit diesem Leben kamen wir hervor aus dem Untergrund.*
> Zuni Pueblo
>
> *Wir sind die Hüterinnen der Erde, des Ganzen, des Landes. Deshalb wurden die Frauen immer schon besonders respektiert, seit der Zeit der Schöpfung.*
> Audrey Shenondoah,
> Onondaga

Indianische Spiritualität ist für uns in ihrer Totalität kaum zu begreifen. Sie ist mehr als religiöse Freizeitbeschäftigung, zu der etwa das Christentum in den meisten Fällen verkommen ist, mehr auch als bloßer 'Überbau' der materiellen Existenz. Sie ist die Ebene, auf der sich die Menschen einfinden können in die größeren Zusammenhänge des Daseins, des Universums – eines Universums, in dem alles seinen eigenen Geist hat: Tiere und Menschen genauso wie Wind, Feuer, Berge und Steine; in dem alles denselben universalen Gesetzmäßigkeiten folgt. Während sich der Mensch in einem rationalistisch verkürzten naturwissenschaftlichen Denken als getrennt von den sogenannten Dingen erlebt, deren Totalität er somit nicht mehr begreift, wußten und wissen die 'ersten Amerikaner(innen)' um ihr Eins-sein mit allem Leben, allem Sein. Es geht hier also nicht um Religion als Beschäftigung mit dem 'Übersinnlichen' und 'Übernatürlichen', es geht um die Grundlage der gesamten Existenz, deren stoffliche und spirituelle Seite untrennbar miteinander verbunden sind.

Für den Menschen geht es darum, in diesem Kreis seinen Platz zu finden, im Gleichgewicht und in brüderlicher/schwesterlicher Verbundenheit mit den anderen Lebewesen und Kräften der 'Natur' zu leben und zu handeln. Störungen in diesem Gleichgewicht äußern sich für das Individuum in Krankheit und für die Gesellschaft insgesamt in Gefährdung der materiellen Existenz und Störung der sozialen Beziehungen.

Die Form, in der das Wissen vom Universum, seiner Entstehung und Entwicklung und der Bedeutung der menschlichen Gesellschaft in diesem Zusammenhang festgehalten wird, sind meist mündlich überlieferte Erzählungen. Sie werden im allgemeinen 'Mythen' genannt, sind aber viel mehr als dieser Begriff — oft in einem Atemzug mit 'Märchen' genannt — suggeriert: sie geben eine Erklärung der Welt (Entstehung, Gesetzmäßigkeiten), erzählen die Geschichte der jeweiligen Nation und legen die Regeln fest, nach denen deren Mitglieder leben sollen (von den Maisanbaumethoden bis hin zur Durchführung einzelner Zeremonien). Sie geben so auch Auskunft über Selbstverständnis und Rolle der indianischen Frau. Im folgenden werden deshalb 'Mythologie' und zeremonielles Leben primär unter der Fragestellung betrachtet, wo und wie Frauen — oder allgemeiner: weibliche Wesen — darin vorkommen.

Schöpfung, in der Überlieferung indianischer Nationen, ist nicht das Werk eines allmächtigen und allwissenden patriarchalischen Gottes, wie wir ihn aus der jüdisch/christlichen Mythologie kennen, und sie wird nicht aus dem Nichts hervorgezaubert. Sie ist Produkt des Handelns vieler Wesen, oft unbestimmten Geschlechts. Da sind die Tiere: Schildkröte, die auf ihrem Rücken die Erde baut (Irokesen); Rabe, der die Wellen des Wassers schlägt, bis sie sich zu Felsen verfestigen und der aus Muscheln Menschen formt (Tlingit/Haida); Coyote, der den Menschen das Feuer bringt, sie aber auch durch betrügerisches Verhalten ins Unglück stürzt (Navajo); Adler, Hirsch, Dachs, Biber. Da sind Hagel, Regenbogen, Donner, Wind und die Wesen des Himmels: Sonne, Mond, die Pleiaden, Morgenstern, der Abendstern verfolgt und sie schließlich schwängert (Pawnee).

Da sind die Mächte, Geister, Götter — welche Bezeichnung man auch wählen mag —, männlich oder weiblich oder keines von beiden oder beides zugleich: Ein männlicher Schöpfer bei den Navajo heißt z.B. Begochiddy, was bedeutet "Die Liebe, die eine Mutter ihrem Kind gibt."[2]

Sie alle finden sich zusammen mit den ersten Menschen in Taten der Schöpfung und Zerstörung, kämpfen und vereinigen sich in kosmischen Dramen, gebären Geister und Riesen und Menschen, die ihrerseits den langen und konfliktreichen Prozeß der

Schöpfung weiterführen bis hin zu dem Zeitpunkt, wo sich die Nationen in der spezifischen Situation ihrer Gemeinschaft finden, versehen mit den Dingen, die ihr Leben ermöglichen: Nahrung, Sprache, Verhaltensregeln, Zeremonien.

*

Beginn der Zuni Schöpfungsgeschichte(erzählt 1880)[3]

Bevor die Schöpfung begann, gab es nur den 'einen, der alles enthält' (Geschlecht unbestimmt, U.W.), Awonawilona; sonst war Dunkelheit und Nichts. Awonawilona schuf Leben in sich; die Nebel des Vermehrens und die Ströme des Wachsens flossen von 'ihm'. 'Er' nahm Form an und war der Schöpfer des Lichts, der Sonne. Als die Sonne erschien, sammelten sich die Nebel und fielen als Wasser, wurden das Meer, in dem die Erde schwimmt. In sich formte Awonawilona Saat und schwängerte die Wasser. Dann formte sich in der Wärme der Sonne grüner Schlamm über den großen Wassern und wurde fest und stark. Er teilte sich und wurde zu Erdenmutter der Vier Himmelsrichtungen und Himmel-Vater, der alles bedeckt.

Erde und Himmel lagen zusammen und der vierfältige Schoß der Erde empfing alle Lebewesen. Dann trennte sie sich vom Himmel. Sie gebar noch nicht, alles mußte vorbereitet werden. So nahmen Erde und Himmel die Form von Mann und Frau an und diskutierten über die Schöpfung der Erde. Erdenmutter hielt eine Schüssel mit Wasser und beschrieb, wie die Berge gemacht werden sollten, damit sie Land von Land trennen und um den Rand der Erde stehen. Sie spuckte ins Wasser und rührte es mit ihrem Finger, so daß Schaum aufstieg. Sie nahm Milch von ihrer Brust, um ihm Leben zu geben. So wies sie darauf hin, wie Leben kommt und zeigte, wie Kinder genährt werden sollen. Sie atmete über dem Schaum, und Nebel und Regenbogen erhoben sich als Wolken, die über dem Meer schwebten. Dann atmete Himmel und Regen fiel aus den Wolken. Dies zeigte, wie die Menschen Wärme und Leben bei Mutter Erde finden würden und Kälte von Vater Himmel, dessen Atem wieder befruchtenden Regen zur Erde bringen würde. Die Indianer glaubten, daß deshalb bei der Frau immer Wärme sein wird und Kälte die Männer stärkt.

Die Schöpfung der zweiten Menschen in der Navajo-Entstehungsgeschichte[4]

Dann begannen sie*, den Menschen zu machen. Sie machten seine Füße und Fußnägel und Knöchel aus dem Erdboden, seine Beine aus Blitzen, seine Knie aus weißen Muscheln und seinen Körper aus weißem Mais und gelbem Mais. Seine Adern waren von gestreiftem Mais und blauem Mais, der schwarze Mais formte seine Augenbrauen, und der rote Mais war sein Blut. Sein Herz war aus Obsidian, und sein Atem war der weiße Wind; sein Ohr war aus weißen Muscheln und sein Trommelfell aus Mica. Sie nahmen Fleisch von allen verschiedenen Arten der Tiere, um seinen Körper zu machen, und ebenso alle Arten von Blütenstaub. Sie machten ihn aus allen Arten des Wassers: Regen, Quellen, Seen, Flüsse und Teiche, ebenso aus der schwarzen Wolke und dem männlichen Regen und dem Himmel, und dem weiblichen Regen, und sie machten seine Arme aus dem Regenbogen. Sein Haar wurde aus der Dunkelheit gemacht, sein Schädel aus Sonne, und sein Gesicht aus dem Tagesanbruch. Seine Nase wurde aus Yoh-lachee (roten Perlen) gemacht, seine Augen aus den Sonnen, seine Zähne von weißem Mais und seine Stimme aus Donner, seine Zunge aus geraden Blitzen, und der kleine Wirbelwind hielt seine Nerven in Bewegung. Die Bewegung seines Fingers war die Luft, sein Speichel war der kleine Regen und das Wasser seiner Nase und seine Tränen waren der größere Regen; und seine Nahrung war von weißem und gelbem Mais. Und der Name dieser neuen Art von Mensch war Anlthtahn-nah-olyah, was heißt: aus allem erschaffen.

*

---

* In der Navajo-Entstehungsgeschichte werden vier übereinanderliegende und aufeinander folgende Welten unterschieden. In der vierten Welt werden die meisten Menschen durch Monster vernichtet, so daß die 'Götter' dann – nach Ausrottung der Monster – neue Menschen schaffen. Später erschafft Changing Women noch mehr Menschen (s. später)

Wird *ein* Schöpfer, *ein* Geist in diesem kollektiven Prozeß besonders hervorgehoben, ist 'er' meist geschlechtslos, wie Wakan-Tanka bei den Lakota* ('das Heilige/Mächtige über allem'**, gern mit 'Großer Geist' übersetzt), Manito*** bei den Algonkin, 'Der die Erde beginnt' bei den Maidu, 'Himmelsgewölbe', das die Schöpfung mit dem Gedanken beginnt, bei den Pawnee. Das 'er', das sich in den englischen Übersetzungen (und in meinen deutschen) findet, ist meist Resultat europäischer Sprachgewohnheiten:
*"Es wird immer davon ausgegangen, daß der Schöpfer eine männliche Person ist, aber wir wissen das nicht, es wird in unserer Überlieferung nicht gesagt, ob es ein männliches oder weibliches Wesen ist. Es heißt: 'the one who created us, the one who made the creation' (der/die eine, der/die uns erschuf. U.W.). Es ist ein Geheimnis. Man sagte uns immer, daß es viele Dinge gibt, die wir nicht zu wissen brauchen, daß es unseren Kopf sprengen würde, wenn wir alles herausfinden wollten. Und das stimmt, nicht wahr? Doch es ist offensichtlich für uns, daß alles geschaffen wurde mit großer Liebe und Mitgefühl für das, was er oder sie erschuf." (Audrey Shenondoah, Onondaga Clanmutter)*****
Wie das Universum insgesamt im Gleichgewicht sein muß, so auch die Geschlechter: Männliches und Weibliches ist gleichwertig, muß sich ergänzen. So werden auch bei der Erschaffung von Menschen Frauen und Männer meist zugleich geschaffen und keine Eva geht aus Adams Rippe hervor.*****

---

* Teil der Sioux, wobei Sioux der Name ist, den ihnen ihre Feinde gaben.

** 'wakan' (im englischen 'sacred', nicht 'holy') läßt sich eigentlich kaum ins Deutsche übersetzen: das Wort 'heilig', das ich mangels einer Alternative verwenden muß (auch allgemein als Übersetzung für 'sacred'), erweckt leicht den irreführenden Eindruck von Sündenlos-sein, angebetet werden. 'Wakan' enthält jedoch nicht diese moralischen Implikationen: es bezeichnet Dinge/Personen/Mächte, die ehrfurchtgebietende Macht besitzen und die gleichzeitig unerklärlich, außergewöhnlich sind (z.B. sunka wakan, das Pferd; maza wakan, das Gewehr; mi niwakan, der Whiskey. In diesem Sinne sind auch Verrückte und Homosexuelle oft 'heilig') – also mit dem Bereich spiritueller Mächte verbunden sind. 'wakan' sind ebenso Dinge, die ihren Platz im spirituellen Leben haben. (z.B. can wakan, der 'heilige' Baum des Sonnentanzes).

*** Wie 'wakan' bezeichnet 'manido/manito' als eine Art Adjektiv oft einen Bereich der Heiligkeit, Macht. 'manito kazo' (Ojibwa): in Kommunikation mit spirituellen Mächten treten/sich befinden, wahrsagen.

**** alle Zitate ohne Literaturangaben stammen aus eigenen Interviews (s. Anhang).

***** die einzige Parallele – allerdings mit umgekehrtem Vorzeichen – zu diesem jüdischen Mythos fand ich in einer Aussage über die Überlieferung der Nootka, daß dort der erste Mann aus der Hüfte der Frau erschaffen worden sei.

Frauen, weibliche Wesen insgesamt, haben dabei jedoch noch eine ganz besondere Rolle, denn sie verkörpern die Mutter Erde, Ursprung und Schoß des Lebens. 'Sie' führt die Menschen aus der Unterwelt, lehrt sie zu überleben und zu leben, gibt ihnen Atem, Name, Sprache. 'Sie' hat viele Gesichter, z.B.:

— die 'Erdenmutter' in den Großen Ebenen, die die Geister der Büffel in ihrem Unterwelt-Heim beherbergt; Sedna, die Mutter aller Meereslebewesen bei den Eskimo* und Indianern in den Küstengebieten des Nordwestens; die in der Unterwelt lebende 'Mutter aller Tiere' in den östlichen Wäldern;

— bei den Irokesen und Huronen (Wyandot) die 'Frau, die vom Himmel fiel', die die Schöpfung der Erde initiiert und Ahnin der Menschen wird; sowie die drei, manchmal fünf 'Nahrungsspendenden Schwestern';

— die 'Mais-Mutter' bei den Choctaw, Arikara, Pawnee, Hopi und bei den Tewa Pueblos, wo 'Blauer-Mais-Mutter' und 'Weißer-Mais-Mädchen' jedem Kind seine Seele geben;

— bei den Pawnee Abendstern, 'Göttin' der Nacht und des Keimens, die Mais und Büffel gibt, Wolken, Wind, Blitz und Donner befehligt, dem 'Himmel' bei der Schöpfung hilft und die Menschen Geschlechtsverkehr, Ackerbau und Hausbau lehrt, ihnen das Wissen über das Universum vermittelt und ihre politisch-religiöse Gesellschaftsstruktur gibt;

— 'Großmutter-Schöpferin' bei den Shawnee; 'Keta Skwaywe', Schöpferin der Huronen; Iatiku, deren drei Töchter die Acoma (Pueblo) erschaffen;

— Mutter Wirbelwind; Mutter Ya'ya, die Schöpferin von guten Gedanken, und die Frauen der vier Himmelsrichtungen, des Zenit und Nadir bei den Zia (Pueblo);

— die 'Mutter der Weißen Muscheln' bei den Zuni: Ozeangöttin, Schwester des Mondes und Patronin der Schönheit und Anmut, die die Mädchen lehrt, Mais zu mahlen;

— in den Erzählungen vieler Völker Frauen/Geister, die Tiere mit besonderer Bedeutung repräsentieren, wie etwa die 'Bär-Mutter' Rhipsunt (Haida), 'Spinnen-Frau' bei den Navajo und Hopi (dort auch Hüterin des Feuers);

— 'Salz-Frau' bei den Navajo und Laguna (Pueblo); und

— Estan-ah-thlehay, Changing Woman (etwa: die Frau, die immer wieder wird), eine zentrale Figur innerhalb der Überlieferung der Navajo und Vorbild für die Frauen. Sie schafft nach einer Zeit der Zerstörung aus Staub von ihrer Brust, mit Maismehl und Wasser vermischt, neue Menschen, und gibt ihnen

---

* Eskimo (eigener Name: Inuit) sind keine Indianer, werden aber als Teil der amerikanischen Urbevölkerung in dieses Buch miteinbezogen.

Pflanzen, Tiere, Werkzeuge, Zeremonien, Heirat, Schwangerschaft und Alter, sowie die vier ursprünglichen Navajo Clans. Im ewigen Kreislauf der Jahreszeiten, von Geburt und Tod, erneuert sie sich immer wieder von einer alten Frau zu einem jungen Mädchen und ist so Spenderin von Fruchtbarkeit und Leben.

*

Ts'ita'tsi'nako, Gedanken-Frau
sitzt in ihrem Raum
und alles, was sie denkt
erscheint.

Sie dachte an ihre Schwestern,
Nau'ts'ity', und I'tcts'ity'i,
und zusammen erschufen sie das Universum
diese Welt
und die vier Welten darunter.

Gedankenfrau, die Spinne,
nannte die Dinge beim Namen und
als sie sie benannte
erschienen sie.

Leslie Mormon Silko[5]

Mutter Erde[6]

O, ho, yo
Zu Dir, mein Leben,
Zu Dir, meine Frau,
Zu Dir, meine Mutter –

Wer sind diese, die viele ernähren?
Haufen von Hörnern,
Hügel von Pelz –
Zu Dir komme ich, um Nahrung zu haben,
Meine Mutter,
O, ho –

So sagt der Frühling,
So sagt der Vogelflügel,
So sagt meine Mutter –

Ich hörte das Trommeln der Füße –
Mein Ohr unten,
am Boden –
Ja, ich wandt meine Lippen Dir zu und trank ein Lied,
Meine Mutter,
O, ho –

So ruft der Baum,
So ruft das Meer,
So ruft meine Mutter –

Da hörte das Wort
der Kaktus,
der einsam stand –
Ja, durch die Zypresse wirst Du mich lehren,
Meine Mutter,
O, ho –

So geht das Licht,
So geht die Nacht,
So geht meine Mutter –

Sogar zu den langen schwarzen Schatten
geht das zarte Ding,
Abendstern –
Wohin Du gehst und Dein Lächeln, gehe ich,
Meine Mutter,
O, ho –

So brütet die Dunkelheit,
So brütet die Baumrinde,
So brütet meine Mutter –

Unter der Decke der Baumrinde waren die kleinen Menschen –
Die Sechsfüßigen,
Schwarz und rot bemalt –
Bei Dir will ich mich verbergen zu schlafen,
Meine Mutter,
O, ho –

Zu Dir, o Atem
Zu Dir, o Tod
Zu Dir, meine Mutter –

Ich sah sie, ja, in einem Traum sah ich sie –
Meine Seele
sich erhebend vom Schlaf –
Am Morgen wirst Du mich rufen,
Meine Mutter.

O, ho, yo
O, ho, yo,
Zu Dir, O –
Yo.

Vor langer Zeit, als die Indianer gemacht wurden, lebte einer al-
lein, weit weit weg von allen anderen. Er kannte das Feuer nicht
und hielt sich mit Wurzeln, Rinde und Nüssen am Leben. Dieser
Indianer sehnte sich sehr nach Gesellschaft. Er war es schließlich
müde, Wurzeln auszugraben, verlor seinen Appetit und lag mehre-
re Tage lang träumend in der Sonne. Als er aufwachte, sah er et-
was in der Nähe stehen und hatte zunächst sehr große Angst.
Aber als es sprach, war sein Herz froh, denn es war eine schöne
Frau mit langem hellem Haar, gar nicht wie das einer Indianerin.
Er bat sie, zu ihm zu kommen, doch sie wollte nicht; und immer,
wenn er versuchte, ihr näher zu kommen, schien sie sich weiter
zu entfernen. Er sang ihr von seiner Einsamkeit und ersuchte sie,
ihn nicht zu verlassen; und schließlich sagte sie ihm, daß er sie
immer bei sich haben werde, wenn er sich genau an ihre Anwei-
sungen hielte. Er versprach es.
Sie führte ihn zu einer Stelle mit trockenem Gras und wies ihn an,
zwei sehr trockene Stecken zu holen, sie schnell aneinanderzurei-
ben und sie dabei ins Gras zu halten. Bald sprang ein Funke auf,
das Gras fing Feuer und blitzschnell war der Boden kahl gebrannt.
Dann sagte sie: ,,Wenn die Sonne untergeht, nimm mich bei den
Haaren und zieh mich über den verbrannten Boden." Er wollte
das nicht tun, doch sie sagte ihm, wo immer er sie hinziehen wür-
de, würde etwas Ähnliches wie Gras aus dem Boden hervorkom-
men und er sähe ihr Haar zwischen den Blättern, dann wären die
Samen reif. Er tat wie sie ihn geheißen und bis zu diesem Tag wis-
sen die Indianer, wenn sie die seidigen Fäden an den Maiskolben
sehen, daß sie sie nicht vergessen hat.

Abnaki[7]

*

Frauen waren es dann auch, die das zeremonielle Leben bestimmter Völker erneuerten: den Lakota brachte die 'Weiße Büffel
Frau' vor 16 Generationen die 'sacred pipe' (heilige Pfeife), die
von da an im Zentrum des zeremoniellen Lebens der Lakota stand
und steht, die Menomini erhielten ein paar Jahrhunderte später
von einer Frau die Trommel des Traumtanzes (ni-mihe-twan).
Auch bei der Entstehung des Kachina-Kults*, einer zentralen zeremoniellen Institution der Pueblos, spielten Frauen die Mittler-

---

* Kachinas: spirituelle Mächte, Geister, oft Repräsentanten von Natur-
kräften (Wolken, Sonne etc.) und Tieren. Sie bringen Regen und allgemei-
nes Wohlergehen.

rolle: Die Zuni erzählen, daß zwei Mädchen im Heim der Geister-Kachinas aufgenommen wurden und dort lernten, wie man die Kachina-Masken herstellt und ihre Tänze durchführt. Sie kehrten dann zu ihrem Volk zurück und gaben diese Instruktionen weiter.

*

Die Weiße Büffel Frau

Eines Sommers vor unzähligen Jahren versammelten sich die Lakota-Gruppen zu ihrem jährlichen Treffen. Das Land war schön, die Prärie bedeckt mit Wildblumen und die Sonne schien auf alle — doch es gab kein Fleisch auf den Trockengestellen und außer wilden Rüben nichts zu essen; und die Leute hatten Hunger. So wurden zwei junge Männer ausgeschickt, um nach Büffeln Ausschau zu halten. . . .

Die beiden Männer suchten lange umsonst. Schließlich kamen sie auf einen Hügel . . . und von da aus sahen sie weit in der Ferne einen kleinen sich bewegenden Punkt, der näherkam. . . . Zuerst dachten sie, es wäre ein Büffel, doch dann entpuppte es sich als eine schöne junge Frau, schöner als sie je eine gesehen hatten. Ein Strahlen schien sie zu umhüllen. . . .

Die junge Frau sprach zu ihnen: ,,Ich bringe Gutes für Eure Leute. Die Büffel-Nation schickt mich mit einer Botschaft an die Lakota-Nation, einer guten Botschaft."

Einer der jungen Männer war so überwältigt von ihrer Schönheit, daß er seine Hand ausstreckte, um sie zu berühren, um sexuellen Kontakt mit ihr zu haben. Doch die Frau war lila wakan, *sehr heilig, und durfte nicht so ohne Respekt behandelt werden. Sobald der vorschnelle Jäger sie berührte, wurde er vom Blitz getroffen und eine Wolke verbarg ihn. Als sie sich auflöste, war von ihm nur noch ein Haufen trockener Knochen übrig.*

Nun war nur noch ein Jäger übrig, ein junger Mann, der der schönen Frau mit angemessenem Respekt und Bewunderung begegnete. Sie hieß ihn zu seinem Volk zurückkehren und es auf ihr Kommen vorbereiten. Die Leute sollten ein großes Tipi mit einem owanka wakan, *einem heiligen Altar und einem Büffelschädel und ein Gerüst von 3 Stangen aufstellen. . . . Am nächsten Morgen war alles bereit . . . und sie standen da und warteten, als die Sonne über dem Horizont aufging. Sie sahen, wie die schöne Frau auf eine heilige Weise näherkam, so als ob sie aus der aufgehenden Sonne käme. In ihrer Hand trug sie die heilige Pfeife. . . .*

Die Weiße Büffel Frau — so wird sie seitdem genannt — zeigte dann den Leuten, wie sie die Pfeife benutzen sollten. . . . Sie ging um den Altar, von Osten nach Westen, wie die Sonne. Das reprä-

sentierte den Kreis ohne Ende, den Weg allen Lebens. Die Frau legte dann ein Stückchen getrocknetes Büffelfleisch auf das Feuer und zündete daran die Pfeife an. Das war das Feuer ohne Ende, und der Rauch, der aus dem Pfeifenkopf stieg, war der Atem Wakan Tanka's. Dann zeigte die Weiße Büffel Frau, wie die Leute mit der Pfeife beten sollten: sie zum Himmel heben, zum Großvater, und zur Erde, der Großmutter, und dann zu den vier Richtungen des Universums. „Mit dieser heiligen Pfeife werdet ihr wie ein lebendes Gebet gehen", sagte sie „denn eure Füße ruhen auf der Erde, der Pfeifenstil reicht bis hinauf zum Himmel, und euer Körper formt eine lebendige Brücke zwischen dem heiligen Unten und dem heiligen Oben. Wakan Tanka lächelt über uns, denn jetzt sind wir eins — Erde, Himmel, alle Lebewesen, die Vierbeiner, die Geflügelten, die Bäume und die Gräser, zusammen mit den Menschen —, jetzt sind wir alle eine Familie, miteinander verwandt*. Diese Pfeife hält uns zusammen."

Danach sprach die Weiße Büffel Frau zu den Frauen und sagte ihnen, daß es das Werk ihrer (der Frauen) Hände und die Frucht ihres Körpers sei, was die Menschen am Leben hält. „Ihr seid von Mutter Erde", sagte sie. „Eure Aufgabe ist so groß wie die der Jäger und Krieger, eure Arbeit so bedeutend wie ihre." Und deshalb ist die heilige Pfeife auch etwas, das Frauen und Männer in einem Kreis der Liebe zusammenbindet. Frauen und Männer stellen sie gemeinsam her.

. . . Nachdem sie all dies getan hatte, nahm die Weiße Büffel Frau Abschied und ging in dieselbe Richtung, aus der sie gekommen war. Die Leute sahen, wie sie sich in der Ferne in ein Büffelkalb verwandelte. Es ging weiter, bis es hinter dem Horizont verschwand. Bald erschienen Büffel in großen Herden und ließen sich töten, damit die Menschen leben konnten.

Lame Deer, Lakota Medizinmann[8]

*

Genießen also Frauen einerseits Respekt wie alle Personen und Wesen in einem Universum, in dem alles seinen gleichberechtigten Platz hat, so haben sie darüber hinaus besondere Bedeutung durch ihre spezifische Macht, Leben zu geben (wie die Mutter Erde Leben und Nahrung hervorbringt). Das gibt ihnen einen Platz auf der Welt, der keiner weiteren Bestätigung mehr bedarf. Diese besondere Macht und Rolle der Frauen als Spenderinnen von Leben

---

* vgl. den traditionellen Gebetsschluß der Lakota "all my relations" — all meine Verwandten.

zieht sich wie ein Leitmotiv durch Existenz und Selbstverständnis der ersten Amerikanerinnen, im spirituellen wie auch ökonomischen und sozialen Bereich.

*

Die 'Frau, die vom Himmel fiel' brachte den Haufen Erde mit sich, mit dem die Erschaffung dieser Welt begonnen wurde. Und von ihrer Brust wuchs der Mais, und Squash (Gemüseart, U.W.) von ihrem Bauch, Bohnen von ihren Händen und Tabak von ihrem Kopf. So kommt alles, was wächst, von der Mutter Erde, wie die Kinder von der Mutter kommen. Außerdem haben die Frauen eine spezielle Beziehung zu Großmutter Mond, die viel mit Wachstum zu tun hat, der Zeit des Wachsens und der Zeit der Ruhe für alle Lebewesen.
Daher werden seit jeher die Frauen besonders respektiert, seit der Zeit der Schöpfung. Wir sind die Hüterinnen der Erde, des Ganzen. Deshalb gehört das Land der Frau und die Familie folgt der weiblichen Linie. Den Männern ist es aufgetragen, innerhalb dieses Kreises über das zu wachen, was von der Mutter kommt. Sie sind die Beschützer des Volkes.

Audrey Shenondoah, Onondaga

Alles, was Leben aufrechterhält, kommt von Mutter Erde, es kann nicht 'Vater Erde' sein. In der indianischen Religion werden die Dinge, die heilig und ehrfurchtgebietend sind, Mutter genannt.

Suzette Mills, Puyallup

Die Frauen haben eine sehr starke Position im spirituellen Leben. Ich meine, die Erde ist weiblich; die Männer werden das nie vergessen und die Frauen werden das nie vergessen. Und das gibt ihnen einfach mehr Stärke. Die Frauen machen keine große Affäre daraus, sie wissen einfach wo sie stehen, was getan werden muß und tun es. Es kommt nicht darauf an, eine Rolle zu erklären, es ist einfach.

Soge Tracks, Taos

Die Großmutter muß einen Namen für das Kind finden, und dann bei der Namensgebungszeremonie nehmen die Frauen die Kinder und sie sagen dem Chief – oder wer auch immer die Namensgebung durchführt – alle Details: den Clan der Mutter, den Clan des Vaters und den Namen, den sie gewählt haben für das Kind;

29

und dann verkünden dies die Männer. Wenn es ein Mädchen ist, wird sie nur ausgerufen und alle sagen 'Danke', wenn es ein Sohn ist, hat er ein Lied, das von einem der Männer seines Clans gesungen wird. Mit diesem Lied bekommt er seinen Platz auf der Erde, es ist ein Danklied an den Schöpfer, ein individuelles Lied. Die Frauen haben kein Lied. Sie haben bereits ihren speziellen Platz auf der Erde, sie sind damit geboren.

Audrey Shenondoah, Onondaga

*

Da aus dem in den Mythen überlieferten Wissen von den Gesetzmäßigkeiten des Universums dezidierte und verbindliche Handlungsanweisungen resultieren, bedarf es einer fortwährenden Vermittlung und Aktualisierung dieser Zusammenhänge. Dies leisten die Zeremonien, die jede wichtige Arbeit, jedes wichtige Ereignis begleiten.

„Das Universum ist ein Lebewesen und erfordert vom Menschen innere Konzentration und eine andauernde Aktion von Wunsch und Wille, so daß das Universum selbst 'weitergehen' kann. . . . Und diese innere Aktivität ist gleichzeitig mehr als jede andere praktisch notwendig und produktiv. . . . Diese unvergleichlichen religiösen Ausdrucksformen (die Zeremonien der Pueblos, U.W.) sind ebenso unvergleichliche Erziehungsinstanzen; sie formen die indianische Seele, das indianische Sein, erneuern es ständig, führen jede Generation in die Ganzheit des Erbes ein, halten die Gesellschaft aufrecht, disziplinieren und nähren ihre Mitglieder.“[10]

Bei den Navajo geschieht dies vor allem in der 'hozhonji'-Zeremonie, dem Blessingway (blessing = Segnung). In dieser mehrtägigen Zeremonie wird einem bestimmten Individuum, ebenso seinen Verwandten und Nachbarn und dem Hogan (traditionelles Wohnhaus der Navajo), in dem er/sie lebt, durch das Sich-Einstimmen auf die universalen Zusammenhänge Segen und Lebenskraft, Stärke und Gesundheit vermittelt – ganz allgemein Harmonie (wieder-)hergestellt. Die Pubertätszeremonie der Mädchen, von der später die Rede sein wird, ist Teil des Blessingways. Ein Blessingway wird außerdem oft veranstaltet für Navajos, die lange mit Nicht-Navajos zusammengelebt haben und zurückkehren, für schwangere Frauen, für Familien, in denen jemand gestorben ist, und ganz allgemein, wenn das Bedürfnis danach besteht:

„Der Blessingway schafft Struktur für eine Frau, die schwanger ist, die sich darauf vorbereitet, einem Kind das Leben zu geben: sie wird gesegnet und ihr Kind wird gesegnet, damit es gesund ge-

boren und ein gutes Leben haben wird. Er schafft Struktur für die Pubertät, wenn du zur Frau wirst, und er schafft Struktur für die Ehe. Der Blessingway verbindet die Zyklen des Lebens für die Frau, und für Männer.

Es gibt eine spezielle Art von Maiskuchen als 'Sakrament'. Doch das ist nicht so wie bei den Christen, wo du auf ein bestimmtes Verhalten verpflichtet wirst und sie dir Schuldgefühle machen, wenn du dich nicht an diese Ethik, oder was auch immer, hältst. Der Blessingway ist ein Geschenk, das du bekommst. Und du kannst immer zurückkommen, wenn du mehr willst − du kannst z.B. deine Pubertätszeremonie wiederholen −, um dein Leben in Harmonie zu leben." (Rain Parrish)

,,Im Kontext des Blessingway können wir die Rolle der Navajo Frauen mit all ihren Veränderungen betrachten; im Licht der Vergangenheit die gegenwärtigen Entwicklungen und Richtlinien für die Zukunft. Unsere Rituale fügen Anbetung und Heilung zusammen in einer machtvollen Vision des Lebens, einer Weisheit, die uns vielleicht den Weg in die Zukunft zeigt."[11]

Bei allen Nationen gab es (und gibt es zum Teil noch) Zeremonien zu zahlreichen Anlässen: sie begleiten den Wechsel der Jahreszeiten (z.B. Wintersonnenwende), das Freischlagen des Bodens vor dem Pflanzen, das Pflanzen, die Zeit des Wachsens (für Regen und gutes Wetter), die Ernte, das Sammeln von wilder Nahrung, die Jagd, das Aufschlagen des Lagers, das Errichten der Erdhäuser und Tipis, Kriegszüge und Handel, und den Lebenszyklus von Geburt, Namensgebung, Pubertät, Heirat und Tod. Ein wichtiger Bereich ist außerdem die Heilung von Kranken.

Frauen und Männer sind am zeremoniellen Leben gemeinsam beteiligt, ihre Mitwirkung ist von gleicher Wichtigkeit. *,,In jeder Zeremonie, die natürliche Dinge betrifft, ist Männliches und Weibliches nötig."*[12]

,,Unsere Zeremonien können nicht stattfinden ohne die Frauen. In der Tat müssen die Frauen zuerst gefragt werden, wann sie Zeit haben. Bei den Danksagungszeremonien geht das so vor sich, daß sich die weiblichen 'Faithkeeper'* mit den Clanmüttern treffen und beide zusammen entscheiden, wann die Zeremonie stattfinden soll. Das hängt mit der sehr wichtigen Beziehung zusammen, die sie zu Großmutter Mond haben.

Die Männer werden dann von der Entscheidung der Frauen verständigt und übernehmen die öffentliche Ankündigung. Die Es-

---

* Frauen und auch Männer, die besonders für das zeremonielle Leben zuständig sind (bei den Sechs Nationen/Irokesen) senvorbereitung ist Sache der Frauen, und alles andere wird gemeinsam gemacht." (Audrey Shenondoah, Onondaga)

Bei vielen Pueblos werden zwar bei den Tänzen auch weibliche Figuren durch Männer verkörpert (z.B. die Kachinas), doch haben dabei einzelne Frauen wichtige Rollen: die Kachinas z.B. werden bei den Tewa Pueblos von der 'Wegbereiterin' (Pathmaker), der 'Mutter der Kachinas', angeführt, die für sie aus Maismehl einen Weg in die Kivas streut. (Kivas sind unterirdische Bauten, in denen sich vorwiegend die Männer aufhalten und die auch zeremonielle Funktionen haben).

Bei den Pueblos, den Prärieindianern, den Creek und den 'Sechs Nationen' hatten und haben Frauen zusätzlich auch eigene Zeremonien.

Auch in manchen Jagdritualen haben Frauen Schlüsselrollen (auch wenn sie sich selbst nicht an der Jagd beteiligen): so die 'Mutter des Wildes' in Taos Pueblo, die in einer Zeremonie die von Männern verkörperten Tiere anführt und sie so leitet, daß sie gute Ziele für die Jäger sind und, eins nach dem anderen, symbolisch getötet werden:

„Dann kommen durch den Gang zwischen ihnen . . . die zwei 'Mütter des Wildes'. Gesetzte Frauen mittleren Alters mit langer Erfahrung, sind sie die besten Tänzerinnen im Pueblo. Zuversichtlich und langsam, wie Frauen tanzen, kommen sie, tanzend . . . Groß, undurchdringlich, schweigend kommen sie, tanzend. . . . Sie machen ihr alle Platz, . . . die wilden Hirsche und graziösen Antilopen, die massiven Büffel, die wilden Coyoten, die knurrenden Wildkatzen, die kleinen Berglöwen, die Kitze . . . Sie weichen alle zurück und kriechen erschauernd hinunter, mit seltsam tiefen Schreien, weichen zurück vor der heiligen, unverletzlichen Mutter des Wildes.. . . Dann, geführt von den Wild-Anführern, folgt ihr jede Reihe der Tänzer in großen Kreisen, Spiralen und Diagonalen, sie folgen ihr, tanzend im weichen Pulverschnee . . .

So geht es weiter in der Lichtung zwischen den Adobe*-Klippen . . . — dieses uralte Blutdrama von Urkräften, entfesselt in all seinen Kindern. Die hüpfenden, packenden schwarzen Augen. Die raschen Fluchtversuche, vereitelt durch die wachsamen Wild-Wächter. Und während der ganzen Zeit werfen die Anführer der Tiere ihre sich verästelnden Geweihe hoch, und die heiligen Mütter des Wildes tanzen sanft auf und ab vor den gefangenen Tieren, die ihnen Platz machen, wie das Männliche immer dem weiblichen Imperativ Platz macht."[13]

---

* eine Art Lehm, der auch zum Hausbau verwendet wird.

Bei den Eskimo heißt die Frau des erfolgreichen Bootskapitäns den toten Wal willkommen und bittet seinen Geist, zurückzugehen und den anderen Walen zu sagen, daß er gut behandelt worden ist. Und am oberen Missouri tanzten früher die Frauen, um die Büffel anzulocken.

Eine zentrale Rolle haben Frauen verständlicherweise bei allen Ritualen, die sich unmittelbar auf Fruchtbarkeit beziehen. Bei

Regentanz in Santa Clara Pueblo

allen ackerbauenden Nationen gibt es Tänze für den Mais, Ernte-rituale etc. Die Irokesen hatten zur Zeit der Ankunft der Weißen sogar nur solche Rituale, die sich auf Tätigkeiten der Frauen bezogen, Dankfeste für alles was die Erde hervorbringt, dagegen keine Feste im Zusammenhang mit Jagd und Krieg.

Manche dieser Rituale hatten früher auch sexuelle Dimensionen. Das Spektrum dabei reichte von Nackttanzen (Seneca) bis zum öffentlichen Geschlechtsverkehr (z.B. beim Sonnentanz der Cheyenne). Davon versprach man sich eine besondere Förderung der Fruchtbarkeit.

*

Bei den Flathead war das erste Ritual im Frühling immer die Erste-Wurzel-Zeremonie. Danach erst durften die für die Nahrung wichtigen Wurzeln gesammelt werden. In dieser Zeremonie führten zwei geachtete alte Frauen eine kleine Gruppe von Frauen zu einem Feld, dessen Fruchtbarkeit bekannt war. Wenn sie dort ankamen, hob die ältere der Matronen ihre Arme zur Sonne und betete für Erfolg, Sicherheit, Gesundheit und Glück für alle; dann sprach sie zur Erde, die sie um die selben Segnungen bat. Die Frauen gruben dann eine kleine Menge von Wurzeln aus und brachten sie zum Lager, wo sie von den Frauen des Häuptlings gekocht wurden. Wenn das Mahl fertig war, wurde die Nahrung, die alle Nahrung, die sie während dieser Jahreszeit sammeln würden, symbolisierte, wieder gesegnet mit Gebeten zur Sonne und zur Erde.[14]

Jedes Jahr findet der Sonnentanz (zentrale Zeremonie zur Erneuerung des Lebens bei den Prärieindianern, U.W.) statt, bei dem die Männer durch ihren Tanz alles Weibliche ehren, Pflanzen, Tiere und Menschen. Sie gehen durch all die Zeremonien der Reinigung, die Schwitzhütten, die die heißen und kalten Schauer der Frauen vor der Geburt repräsentieren; sie verbinden ihre Brust mit dem Baumwollbaum, wie das Baby durch die Nabelschnur mit der Mutter verbunden ist. Und wenn sie sich losreißen, ist das wie wenn sich Mutter und Kind bei der Geburt voneinander losreißen. Sie gehen durch diese Reinigung, durch dieses Leiden, aus Respekt für die Frauen, um sich darauf zu beziehen, was es für eine Frau heißt, zu gebären, um etwas von diesem Schmerz nachzuempfinden, den die Frauen erleben.

Wir wissen, daß die Frauen spirituell stärker als die Männer sind.

*Und in allen Zeremonien zeigt sich dieser Respekt für die Frauen,
denn unsere Mutter Erde ist eine Frau, wenn du die Frau nicht respektierst, respektierst du die Erde nicht, denn sie gibt Leben.*

Jessie Garcia, Chicana/Lakota

*

Im zeremoniellen Leben vieler Nationen spielen 'Societies' (Gesellschaften) eine wesentliche Rolle. Sie sind es dann, die die Zeremonien durchführen und oft auch allgemein kommunale Aktivitäten koordinieren. Es gibt solche 'Gesellschaften' zu verschiedenen Bereichen: Heilen, Jagd, Krieg, soziale Kontrolle (Clowns)*, Regenmachen etc. Einige haben nur männliche Mitglieder. Andere wiederum sind reine Frauengesellschaften, wie z.B. die 'Vierzig Alten Frauen' der Kiowa, die 'Gänse-Gesellschaft' und 'Weiße Büffelkuh-Gesellschaft' am Oberen Missouri, die 'Tipi-Dekorateure' der Cheyenne, die früher bei der Tipiherstellung eine geheime Zeremonie abhielten, Gesellschaften für Heilungs- und Fruchtbarkeitsrituale bei den Hopi und die Skalpgesellschaften bei vielen der östlichen Pueblos, die früher die erbeuteten Skalps aufbewahrten und für sie sorgten, sie z.B. 'ernährten'. Bei den Kutenai gab es eine Frauen-Medizingesellschaft, deren Mitglieder besondere Kräfte entwickelten:

„Vor langer Zeit, so sagt man, sagten die Geister zu den Kutenai Frauen, sie sollten die 'Verrückte-Eule-Gesellschaft' gründen, um Epidemien abzuwehren . . . .'. Ein Geist konnte jederzeit zu einem Mitglied dieser Gesellschaft kommen und sie eines der besonderen Lieder singen heißen. Wenn die anderen Mitglieder sie hörten, kamen sie zu ihrer Behausung und tanzten und sangen mit ihr. Sobald die Anführerin der Gesellschaft den richtigen Zeitpunkt für gekommen sah, begann sie eine Prozession. Sie führte sie erst zu jeder Behausung im Dorf und ging dann in den Wald, wo sie einen Baum spaltete und durch ihn hindurch ging, gefolgt von den anderen. Nachdem die erforderliche Menge von Bäumen durchquert war, fing die Führerin an, nach Westen zu rennen und die Gruppe folgte ihr. Bald verließen alle den Boden und rannten eine gewisse Entfernung in der Luft. Schließlich kamen sie wieder herunter und hielten einen Rat ab. Sie gingen auseinander in der Hoffnung, daß ihre Zeremonie ihre Familien eine Zeitlang vor Krankheit schützen würde." (erzählt 1941)[15]

---

* diese Clowns machen sich öffentlich über abweichendes Verhalten lustig und stellen Individuen bloß, die durch ihr Verhalten dem Pueblo Schaden zufügten. Sie machen so gewünschtes Verhalten deutlich und schaffen dabei auch ein Ventil (Lachen) für soziale Spannungen.

In der Midewiwin, der 'Großen Medizingesellschaft' der Chippe-
wa/Ojibwa, Menomini und anderer Nationen des Großen Seen
Gebiets, ebenso wie in den Medizingesellschaften der Pawnee,
Algonkin, Irokesen und Winnebago, in den 13 Gesellschaften der
Zuni und dem Kachina-Kult der (vor allem westlichen) Pueblos
und bei dem im 19. Jahrhundert entstandenen Peyote-Kult
(dann: Native American Church) waren/sind Männer und Frauen
gemeinsam vertreten. Frauen übernehmen dabei oft besondere
Rollen. Bei den Seneca z.b. gab es die 'Hüterin der Masken' bei
der 'False Faces' Medizingesellschaft und die 'Bündelhüterinnen'
und 'Hüterinnen der heiligen Macht' bei der geheimen 'Little Wa-
ter Company' (ebenfalls eine Medizingesellschaft. Von ihr wurde
gesagt, sie könne Tote wieder zum Leben erwecken). Bei den
Pueblos übernehmen die Frauen die Nahrungsversorgung und sind
manchmal, wie z.B. bei den Zuni und Laguna, für Fetische und
Masken verantwortlich.

Ein besonderes Ereignis sind in vielen Nationen die Pubertätszeremonien: z.B. bei Papago, Havasupai, Pomo, Luiseno, Hopi, Schoschonen, Ute und Paiute und Menomini. Bei den Navajo und Apachen sind sie eine der wichtigsten Zeremonien überhaupt und finden nur für Mädchen statt. *„Das Einsetzen der Menstruation wird
von den Navajo als Zeit der Freude angesehen und die Tatsache
wird der ganzen Gemeinde durch ein dramatisches 4-tägiges Fest
bekanntgegeben.“*[16] Diese Zeremonie, das 'Kinaalda', *„führt das
Mädchen in die Gesellschaft ein, gibt ihr Segnungen, sichert ihr
Gesundheit, Wohlstand* (was bei den Navajo im allgemeinen bedeutet: nie hungern müssen. U.W.) *und Wohlergehen und beschützt sie vor möglichem Unglück.“*[17] Sie bekommt diese Segnungen, vor allem Schönheit, Stärke und langes Leben, von
Changing Woman, denn diese stirbt nie und beginnt ihren Zyklus
immer wieder von neuem als junges Mädchen. Bei den Apachen,
deren Pubertätszeremonie sehr der der Navajo ähnelt, wird angenommen, daß das Mädchen während des Tanzes die Macht von
Changing Woman (hier auch: White Painted Woman, White Shell
Woman, White Bead Woman genannt) erhält und bis vier Tage
danach Kranke heilen und Regen bringen kann.
Bei einigen Pubertätszeremonien wird auch die Wichtigkeit kör-
perlicher Stärke und Disziplin betont, vor allem bei den Luiseno
und Havasupai, wo das Mädchen längere Zeit auf einem Gestell
über einer Grube mit heißen Steinen liegen muß.
Allgemein zu den Funktionen der Havasupai Zeremonie schreibt
Smithson:
*„Bei den Havasupai hat die Pubertätszeremonie die wichtigste
Funktion für das Mädchen selbst. Die Aufmerksamkeiten, die ihr*

(dabei) gewidmet werden, haben zum Ziel: 1) eine sehr schwierige Erfahrung für sie zu dramatisieren, indem sie als relativ wichtige behandelt wird, 2) ihr Ego zu bestätigen und zu bestärken durch verbale Darstellung ihrer zukünftigen Rollen und durch indirekte Anerkennung ihres neu erreichten Status, und 3) mögliche mit der physiologischen Veränderung verbundene Unannehmlichkeiten dadurch zu vermindern, daß die Aufmerksamkeit des Mädchens auf das Ritual und seinen Symbolismus gelenkt und die Wichtigkeit ihrer zukünftigen Pflichten gegenüber ihrer Familie betont wird."[18]

Den Feiern ging früher normalerweise (Ausnahme: Hopi) während der Tage der Menstruation ein mehrtägiger Rückzug in eine eigens dafür errichtete Behausung voraus. Dort durfte das Mädchen nur von Frauen besucht werden. Oft wurde sie während dieser Tage von der Mutter, Großmutter oder anderen älteren Frauen auf ihre Rolle als Frau (Arbeit, Kinder – Geburt und Erziehung –, Verhalten) vorbereitet. In manchen Nationen fastete sie und erlebte Visionen, die für ihr späteres Leben prophetische Bedeutung hatten. Ganz allgemein muß sie auch heute noch in dieser Zeit besonders auf ihr Verhalten achten, denn alles, was sie hier tut, beeinflußt ihr späteres Leben.

*

Das erste Kinaalda (in der Navajo Entstehungsgeschichte)

Changing Woman wuchs in vier Tagen auf und wurde kinaalda. Sie machte sich selbst kinaalda (hier im Sinne von: die Menstruation bekommen, U.W.). Als dies geschah, entschieden die 'Holy People' (mythologische Gestalten der Entstehungsgeschichte, 'Götter', U.W.), eine Zeremonie für sie zu halten. . . . Sie kamen alle und sangen Lieder für sie. Sie taten dies, damit sie heilig sein würde und Kinder haben könne, die Menschen mit genug Verstand sein würden, um selbständig zu denken und sich untereinander mit einer Sprache zu verständigen. . . . Salz-Frau, die erste Weiße-Muschel-Frau, gab Changing Woman ihren eigenen Namen 'Weiße-Muschel-Frau', kleidete sie in weiße Muschel-Kleider und bemalte sie mit weißer Muschel. . . .

Neun Tage danach gebar Changing Woman Zwillingsjungen: Naaghee neezhani (Monstertöter) und To bajishchini (Für das Wasser geboren). Diese beiden befreiten die Erde von den menschenfressenden Monstern. Sobald sie dies getan hatten, ging ihre Mutter Changing Woman . . . fort zu ihrem Heim im Westen, wo sie heute lebt. (Dort) erschuf sie die Navajo. Als sie dies getan hatte, hieß sie diese Menschen in ihre ursprüngliche Heimat

37

gehen, das Navajo-Land. Bevor sie losgingen, sagte sie: „Von nun an werden alle Mädchen, die euch geboren werden, zu bestimmten Zeiten, wenn sie Frauen werden, Perioden haben. Wenn die Zeit kommt, müßt ihr einen Tag festsetzen und das Mädchen auf Kinaalda vorbereiten; ihr müßt diese Lieder singen und alles tun, was zu dieser Zeit getan werden muß. Nach dieser Periode ist das Mädchen eine Frau und wird beginnen, Kinder zu bekommen."

erzählt von Frank Mitchell, Navajo, 1963[19]

Das wichtigste bei der Kinaalda–Zeremonie ist, daß das Mädchen ein erfülltes und glückliches Leben haben soll. Ihr werden dabei die Haare zusammengebunden und die Haarbänder werden zu den Strahlen der Sonne. Am Morgen, Nachmittag und Abend rennt sie nach Osten, wodurch sie stark wird, Glauben bekommt und ganz wird. Sie wird in besondere Kleider gekleidet und trägt Perlen, und Gebete begleiten dieses Ankleiden. Sie kann nicht einfach irgendetwas essen: es gibt ungesüßtes Maismehl, einen Brei. Außerdem muß sie das kalt essen. Warum ist das so? Wenn du süße und heiße Nahrungsmittel ißt, kannst du sehr schnell deine Zähne verlieren. Wenn du dann dein erstes Kind bekommst, hast du bereits keine Zähne mehr.
Das Mädchen wird massiert und geformt: Damit wird ihr vermittelt, daß sie auf sich achtgeben muß, damit ihr Körper nicht aus der Form gerät.
So ging ich durch mein Kinaalda. Ich war kein Kind mehr und wurde eine Frau. Ich dachte, ich hätte etwas verloren, aber das war nicht der Fall.

Ruth Roessel, Navajo[20]

Apache Pubertätsritual-Tanzlied

Ich komme zu der Weiß-Bemalten-Frau,
Für ein langes Leben komme ich zu ihr.
Ich komme zu ihr wegen ihrem Segen,
Ich komme zur ihr wegen ihrem Wohlstand,
Ich komme zu ihr für all ihre verschiedenen Früchte;
Für ein langes Leben, das sie verleiht, komme ich zu ihr;
Für diese heilige Wahrheit, in der sie geht.

Ich werde dieses dein Lied singen,
Dieses Lied vom langen Leben.
Sonne, ich stehe auf der Erde mit deinem Lied;
Mond, ich bin hereingekommen mit deinem Lied.[21]

Es gibt spezielle Dinge, die du nicht tust während dieser Zeit (der ersten Menstruation, U.W.). Du ißt z.B. keine Süßigkeiten, und du darfst über nichts lachen. Wenn du über alles lachst, kannst du nicht unterscheiden zwischen den Dingen. Schau, Teenager haben eine Tendenz, die ganze Zeit zu kichern und alle möglichen verrückten Sachen zu machen. Meine Tante sagte mir immer: Du wirst dumm, wenn du das machst.

Rain Parrish, Navajo

*

Frauen jeden Alters zogen sich während der Menstruation von ihren Stammesmitgliedern zurück. Dieses 'Menstruationstabu' — wie es oft in der Literatur genannt wird — war ein wichtiges Charakteristikum des spirituellen und auch alltäglichen Lebens indianischer Gemeinschaften und spielt auch heute noch eine große Rolle (Bei bestimmten Unternehmungen 'traditioneller' Indianer halten sich menstruierende Frauen z.B. in einem speziellen Teil des Lagers auf). Es wird angenommen, daß Frauen während dieser Zeit eine besondere, von ihnen nicht kontrollierbare Macht besitzen, die so groß ist, *„daß der übliche Lauf der Natur gestört würde, wenn keine Trennung von den normalen Unternehmungen der Männer stattfindet."*[22] Früher glaubte man z.B., daß Frauen in dieser Zeit allein durch einen Blick einen Mann krankmachen oder sogar töten können, daß sie durch die Berührung von Jagdwaffen die Jagd vereiteln, daß sie Tiere verkrüppeln und die Frucht auf den Feldern verderben können. Auch heute noch wird von vielen Wert darauf gelegt, daß menstruierende Frauen nicht für andere kochen. Auch Geschlechtsverkehr soll während dieser Zeit vermieden werden, denn das könne dem Mann „die Knochen brechen" (Navajo, Havasupai — Nach Ansicht einiger Navajo wird dadurch aber auch unmittelbare Schwangerschaft garantiert, so daß manche dieses Risiko eingehen).[23] Es versteht sich von selbst, daß die Frauen während der Zeit ihrer Periode von Zeremonien fernbleiben müssen.

Bei einigen Nationen allerdings zogen sich die Frauen nicht in besondere Behausungen zurück: die Assiniboin Frauen z.B. konnten sich frei bewegen, denn die Männer nahmen einfach die Medizinbündel aus dem Haus. Auch Navajo-Frauen gingen nicht unbedingt in die Isolation, es kam für die anderen nur darauf an, mit dem Menstruationsblut nicht in Berührung zu kommen. Die Zuni-Frauen blieben ebenfalls zuhause, wobei ihnen bestimmte Arbeiten (z.B. Wasserholen) abgenommen wurden. Bei den Pomo und Papago dagegen gingen auch die Ehemänner in partielle Isolation.

Trotz dieses Menstruationstabus ließen sich viele junge Männer offensichtlich nicht davon abhalten, bei den Mädchen in den abgeschiedenen Menstruationshütten ihr Glück zu versuchen, so z.B. bei den Ojibwa, Winnebago[24] und Kaska. Wie sehr oder wie wenig diese Praxis verbreitet war, läßt sich schlecht beurteilen.

*

Deine intuitiven Kräfte sind am stärksten, wenn du in deinem Mond bist*, weil du dich da reinigst und das Alte geht. Du gehst während dieser Zeit in die Moon Lodge und dort tust du, was du gerne tun willst. Eine Schwester kümmert sich um deine Kinder. Du kochst nicht für einen Mann, weil du alle Lebensenergie aus der Nahrung nimmst und in dich selbst aufnimmst, denn du hast während dieser Zeit eine ungeheure Kraft der Anziehung (drawing power). Deshalb lassen sich auch Medizinmänner nicht von dir berühren, weil du ihnen Macht und Energie nimmst. Du gehst nicht zu Heilungszeremonien, denn alle Macht dieser Zeremonien würde nur in dich gehen. Eine Frau konnte einen Mann verhexen, wenn sie mit ihm schlief, während sie in ihrem Mond war, sie konnte ihm Macht wegnehmen und sein Denken verwirren.
Die Frauen träumten in den Moon Lodges und als erstes am Morgen, solange der Traum noch frisch im Gedächtnis war, mußten sie zu einem/r Medizinmann/frau oder dem Führer des Dorfes gehen und ihn erzählen, denn diese Träume leiteten die Leute.[25]

Früher ging die Frau in eine Hütte und eine ältere Frau kümmerte sich um sie. Und sie durfte nicht für andere Leute kochen.
Das ist jetzt, wo wir individualisiert wurden und die Familien für sich alleine wohnen, natürlich anders. Doch manche Leute, besonders hier (in Onondaga, U.W.), halten sich noch daran. Vielleicht wohnt noch eine andere Person im Haus, die zu dieser Zeit das Kochen übernimmt.
Aber weißt du, die Frauen schliefen nie mit einem Mann, wenn sie ihre Periode hatten. Die Männer hatten Angst, sie würden blind werden und die Zähne und Haare würden ihnen ausfallen. Ich sage immer, daß das vielleicht der Grund ist, warum weiße

---

* 'on the moon' oder 'in the moon' sein: die Zeit der Menstruation, die bei einem Leben im Einklang mit den natürlichen Kräften mit dem Vollmond zusammenfällt (auf der westlichen Erdhalbkugel). 'Moon Lodge' ist der heute bei Indianern übliche Begriff für den Ort (Hütte, Zelt etc.), an den sich die Frau zurückzieht.

Männer glatzköpfig sind (lacht). Und schau dir all diese Männer an, die jetzt keine Zähne mehr haben!
Für die Frauen sind diese Tage auch eine Zeit der Reinigung. Männer haben keine solche Zeit und auch deshalb sind Frauen stärker als Männer, in vielen Dingen. Natürlich habe ich auch spirituell starke Männer getroffen, doch das sind Ausnahmen.

Alice Papineau, Onondaga Clanmutter

*

Für die Frauen waren diese Tage der Zurückgezogenheit (nicht unbedingt monatlich, wegen Schwangerschaften und langen Still-Perioden) wahrscheinlich keine unerfreuliche Abwechslung. So mutmaßt C. Niethammer:
,,Abgesehen von der Furcht, vom Feind angegriffen zu werden, während sie vom schützenden Dorf entfernt waren, war der Aufenthalt allein in einer Hütte in Frieden und Ruhe, oder mit ein paar anderen Frauen zur Gesellschaft, wo sie nur das eigene Essen kochten und im Fluß badeten, kein schlechter Urlaub."[26]
Außerdem konnten sie sich dadurch sexuellen Aktivitäten entziehen, wenn ihnen nicht danach zumute war, und in einzelnen Fällen auch Einfluß auf Unternehmungen der Männer nehmen: in manchen Nationen durften Männer, deren Frauen sich in diesem machtvollen Zustand befanden, nicht an kriegerischen Aktivitäten teilnehmen.
Ähnliche Tabus und Phasen der Trennung von der Gemeinschaft gab es bei vielen Nationen in Zusammenhang mit Schwangerschaft und Geburt — bei den Ute auch für die Ehemänner.

Die Macht, die die Frau durch die Menstruation bekommt, kann sie im allgemeinen nicht in positiver Weise für sich nutzen. Es gibt jedoch noch andere Quellen der Macht. Überhaupt hat das Erlangen von spiritueller Macht für die amerikanischen Ureinwohner große Bedeutung, vor allem für die Männer, aber auch für Frauen. In vielen Nationen (im Hochplateau, bei den Algonkin um die Großen Seen, bei den Prärieindianern, den Nationen in der Wüste des Großen Beckens und bei den Yuma und Pima im Südwesten) suchten die Individuen (Männer meist etwas öfter als Frauen) nach richtungsweisenden Visionen und nach persönlichen Helfern in der 'Geisterwelt', 'guardian Spirits' (Schutzgeistern). Zumindest bei den Prärieindianern ist dies heute noch für Mädchen und Jungen üblich. Sie ziehen sich dafür an einen einsamen Platz zurück, etwa auf einen Berg oder Hügel, und bleiben dort mehrere Tage ohne zu essen, nach Möglichkeit auch ohne zu schlafen. In einer Vision werden dann dem/der Jugendlichen ein besonderer Helfer offenbart und/oder andere Dinge gezeigt, die für sein/ihr Leben von Bedeutung sein werden.

Manchmal werden Individuen in solchen Visionen – oder auch in Träumen, die sie ohne ihr Zutun haben – zur Tätigkeit als Medizinmann/frau 'berufen': es wird ihnen in diesem Fall der Bereich ihrer Heiltätigkeit und dazugehörige Heilmittel gezeigt. In vielen Fällen sind auch Mutter oder Großmutter Medizinfrauen und geben der jungen Frau ihr Wissen weiter, manchmal wird sie von einer anderen älteren Frau als Nachfolgerin bestimmt, in einigen Fällen (Ojibwa, Cheyenne) lernt sie vom Ehemann, und bei den Nisenan in Kalifornien gab es früher sogar ein formales Training. All diese Formen der 'Berufung' finden in der Jugendzeit der Frau statt. Normalerweise praktiziert sie aber erst nach der Menopause als Medizinfrau, weil sie dann keine kleinen Kinder mehr zu versorgen hat und vor allem nicht mehr dem Menstruationstabu unterliegt, das eine Ausübung ihrer Tätigkeit sehr erschweren würde.

Medizinfrauen gab es früher in nahezu allen Nationen; bei den Yurok in Kalifornien waren sogar nur Frauen in dieser Position. Auch heute gibt es noch Medizinfrauen, allerdings weniger häufig, da das Weiße* Gesundheitssystem teilweise ihre Funktion übernommen hat – wenn auch für viele Indianer der Gang zu Medizinmann/frau oft ultima ratio bleibt.**

Der wichtigste Arbeitsbereich für diese Frauen ist die Heilung von Kranken*** und die Hilfe bei Schwangerschaft – manche können z.B. die Position des Kindes im Mutterleib verändern – und Geburt. Sie haben ein immenses Wissen über Kräuter und andere Heilmittel. In einigen Erzählungen wird davon berichtet, daß sogar schon Verstorbene wieder ins Leben zurückgebracht wurden. Sanapia, eine zeitgenössische Comanche Medizinfrau, sagte z.B. von ihrer Mutter, sie habe im Alter von 10 Jahren eine Spiel-

---

* Wo 'weiß' gebraucht wird, um eine Kultur und ihre Erscheinungen – und weniger eine Hautfarbe – zu bezeichnen, wird es von mir großgeschrieben.

** manchmal treten durch diese 'Konkurrenz' auch Probleme auf: eine Menomini Medizinfrau wurde z.B. 1957 wegen Anwendung illegaler Medizin verhaftet.36

*** und nicht Krankheiten: nach indianischem Verständnis hat Krankheit immer etwas mit der Person zu tun, die sie befällt. Ursachen können sein: Verletzung von Tabus und Verhaltensregeln und Hexerei – allgemein: Störung des Gleichgewichts. Heilung ist also weit mehr als die Beseitigung von Krankheitssymptomen.

kameradin wieder zum Leben erweckt und meinte dazu: *„Sie konnte alles tun.“*[27] Auch ihr selbst gelang einmal das gleiche: *„Einmal behandelte ich meine Nichte. Sie hatte Leberkrebs und der Arzt, der weiße Arzt, hatte sie aufgegeben. Sie entließen sie aus dem Krankenhaus und sie ging heim. Jemand kam zu uns an diesem Nachmittag und sagte, daß L. im Sterben läge. Ich sagte zu meinem Mann: „gehn wir zu ihr!“ . . . Als wir dorthin kamen, lag sie auf dem Rücken, weiß wie die Wand und ihre Lippen waren blau. Sie merkte nicht einmal, daß ich hereinkam. Ich weckte sie auf und sagte: „Schläfst du? Was ist los mit Dir?“ Sie sagte: „Ich sterbe. Ich werde heute nacht sterben oder jedenfalls bald. Das hat mir der Doktor gesagt. Kannst du mir helfen?“ Ich sagte zu J.: „Geh und hol deine Brüder. Ich werd sie wieder hinkriegen. Mit diesem Krebs werde ich leicht fertig.“ (. . .) Wir brachten sie zu unserem Haus und hielten ein Peyote-Treffen für sie. Wir nahmen das Peyote und gaben dann ihr davon. Ich betete und sprach zum Peyote, so wie ich mit Dir spreche. Ich sagte: „Wenn Du sie nicht gesund machst, will ich Dich nicht. Wenn Du keine Macht hast, will ich Dich nicht mehr verwenden.“ So hatten wir ein Peyote-Treffen in dieser Nacht und die Nacht danach, und in der vierten Nacht . . . starb sie. Sie erlosch einfach. Sie war blau, die Fingernägel waren blau und die Lippen waren blau. Ich sagte zu ihnen: „Nehmt die Trommelhaut raus!“ (der Peyote-Trommel, U.W.) Und sie nahmen sie, wuschen sie aus und wrangen sie, und ich sagte: „Gebt sie mir“. Und ich legte sie ihr auf den Kopf. Ich rieb ihr das Gesicht damit, viermal, und dann sang ich mein Medizinlied. Nur wenn jemand stirbt, singe ich dieses spezielle Lied, das ich bekommen habe. . . . Und alle gingen hinaus und es regnete draußen und der Wind heulte. Ich sang dieses Lied und ich fächerte ihr Luft zu und verarztete sie, gab ihr diese Medizin, ich weiß nicht wie oft. Und nach einer Weile öffnete sie die Augen und sagte: „Hab ich einen Durst!“ Danach wurde sie gesund.“*[28]

Die Tätigkeit der Medizinfrau war und ist nicht einfach und oft auch körperlich anstrengend und schmerzhaft. Yurok Medizinfrauen z.B. saugten den Schmerz aus ihren Patienten. Um dazu fähig zu sein, unterzogen sie sich einem langen und harten Training, auf dessen Höhepunkt sie eine Nacht in den Bergen zubrachten. Dort tanzten sie um ein Feuer und der Schmerzgeist kam und ging mehrmals in ihrem Körper ein und aus. Das setzte sich solange fort, bis sie schließlich in der Lage waren, den Schmerz auf Wunsch kommen und gehen zu lassen. Eine weitere körperliche Härte sind die Nahrungstabus, die es in den meisten Nationen für Medizinfrauen (und -männer) gibt.
Aufgrund dieser Leistungen und Entbehrungen, die sie dafür in

Kauf nehmen, genießen die Medizinfrauen ein hohes soziales Ansehen.

„Als Medizinfrau . . . ist sie am Zenit des Prestiges und der gesellschaftlichen Macht, wie sie nach traditioneller Definition von einer Frau in der Gesellschaft der Comanchen erreicht werden kann", sagt Jones von Sanapia.[29]

Auch ökonomisch sind sie abgesichert, denn es ist üblich, Medizinmännern und -frauen für ihre Tätigkeit je nach Vermögen Geschenke zu geben, bzw. sie zu bezahlen.

*

Wir haben Männer hier, die viel von Medizin verstehen, aber bei den Irokesen (die Onondaga sind eine der 6 Nationen der Irokesenliga, U.W.) sind es die Frauen, die Medizinleute sind. Sie haben das große Wissen von der Medizin und sie sind die Hebammen.

Alice Papineau, Onondaga

Traditionell waren die Ojibwa Doktoren mürrisch, mißtrauisch, jähzornig, gewalttätig, und wurden natürlich sehr von den anderen Leuten gefürchtet. Sie verlangten dauernde Bestätigung ihrer Wichtigkeit und jeder, der diesen mächtigen Männern nicht mit dem nötigen Respekt begegnete, riskierte, das Opfer von Zauberei zu werden.

Weibliche Doktoren haben sich offensichtlich nicht so als Primadonnen verhalten. Da sie als Kinder nicht dazu erzogen worden waren, heftigen Stolz oder Scham zu fühlen, konzentrierten sich die meisten Medizinfrauen einfach auf ihre Arbeit und verwendeten wenig Energie auf Verdächtigungen oder Demonstrationen von Arroganz.[30]

Copper-Eskimo Frauen konnten sich hohen Respekt in ihren Gemeinden erwerben, wenn sie Schamaninnen (Schamanen= Medizinleute, Zauberer, U.W.) wurden. Um die Privilegien einer Schamanin zu genießen, mußten sie bestimmte Opfer bringen, im allgemeinen ein Nahrungstabu befolgen. D. Jenness, der die kanadische Arktik (1913-1918, U.W.) erforschte, hörte von zwei Schamanen, die begannen, eine Seance abzuhalten, aber in deren Verlauf entschieden, etwas Wildblut zu trinken, was ihnen von den Geistern, die ihnen Macht gegeben hatten, verboten worden war. Der Geist des Mannes verließ diesen sofort und er verlor alle seine Schamanen-Macht. Die Frau, deren Name Mittik war, stand auf und ging aus dem Dorf hinaus, der Sonne entgegen. Als sie an einem Hügelkamm entlang ging, verschwand sie plötzlich im Boden und einen Augenblick später sprang ein Hund aus der Stelle, wo sie verschwunden war. In der nächsten Minute verschwand der Hund und Mittik war wieder da. Diese Verwandlung geschah drei oder viermal vor den Augen der erstaunten Eskimo. Schließlich ging Mittik ins Lager zurück, doch ihre Fähigkeiten hatten gelitten. Die anderen Schamanen legten ihr die Hände auf und mit Hilfe ihrer (der anderen Sch., U.W.) Geister waren sie in der Lage, sie wiederherzustellen. [31]

Lied einer Schamanin

Das große Meer bewegt mich.
Das große Meer läßt mich treiben.
Es läßt mich schwanken wie das Gras
auf einem Stein im Fluß.

Erde und Himmel bewegen mich.
Der starke Wind weht durch meine Gedanken
Er führt mich mit sich,
und Freude schüttelt mich.
                    Uvavnuk, Iglulik Eskimo [32]

                    *

Manchmal stößt man in der Literatur auf die Ansicht, daß die 'höheren' spirituellen Bereiche Männern vorbehalten gewesen seien. Doch auch die Macht der (Medizin-)Frauen umfaßt nicht 'nur' das Heilen. Es gibt Prophetinnen, die z.B. den Erfolg einer Jagd, die Gefahren geplanter Unternehmungen und Todesfälle voraussehen oder über Ursachen von Krankheiten und Unglück und den Aufenthaltsort verlorener Dinge Auskunft geben (wie die 'Hand Trembler'* und 'Stargazer' bei den Navajo). Von manchen Frauen wird gesagt, daß sie Regen bringen und vertreiben und generell das Wetter beeinflussen können:
„Einmal wurde eine Frau, die chronisch krank war, zu einem Treffen in einem der großen Dörfer (der Lummi im Nordwesten, U.W.) gebracht. Bei diesem Treffen gelang es ihr mit Hilfe der

---

* so genannt nach ihrer Methode der 'Wahrheitsfindung': nach Gebet und Lied streckt sie einen ihrer mit Maisstaub besprenkelten Arme aus und die Hand beginnt zu zittern. Während sie an bestimmte mögliche Krankheiten denkt, zeichnet die Hand Figuren in den Sand und wischt sie solange wieder aus, bis die 'hand trembler' an die richtige Krankheit denkt. Auf diesselbe Weise wird auch die richtige Heilmethode ermittelt.

*Trommler, die geschickt auf ihre Bemühungen um Ausdruck ein-
gingen, ihr Medizinlied zu singen. Erstaunlicherweise war sie in
der Lage, sich von ihrem Krankenbett zu erheben und, mit einer
scheinbar übernatürlichen Kraft, ihren Geistertanz durchzuführen.*Als sich jemand abfällig über die Echtheit dieser Erfahrung äußerte, sang die Frau ein Lied von einem schneebedeckten
Kanu. Am nächsten Morgen fanden die Bewohner zu ihrer großen
Überraschung die Stadt von tiefem Schnee bedeckt. Jetzt baten
sie, die vorher nicht geglaubt hatten, die Frau inständig, den
Schnee zum Verschwinden zu bringen. Sie bemalte (daraufhin)
ihr Gesicht, ging mutig in den eiskalten Ozean, kam schweigend
heraus und ging zurück nach Hause. Fast unmittelbar danach begann ein leiser Regen zu fallen, der den Schnee noch vor Tagesanbruch wegschmolz.*"[33]
Auch Tiere können herbeigerufen werden. So wird z.B. von einer
Salish-Schamanin berichtet, die über Nacht eine vorher leere
Reuse mit Lachsen füllte. Sie nahm danach ein Bad im Fluß — was
Frauen sonst in der Nähe von Reusen untersagt war — und
bemerkte dazu lakonisch: *„Ich war es, die die Lachse kommen
ließ. Es ist in Ordnung, wenn ich hier schwimmen gehe."* (1938)[34]

Die Macht solcher Frauen ist oft so groß, daß sie Angst erweckt
und sie werden oft der 'Hexerei' verdächtigt. Auch andere Personen, Männer wie Frauen, können Hexen sein (bei Indianern
immer ein negativer Begriff). Es heißt von ihnen, daß sie ihre besonderen Fähigkeiten — z.B. sich in Tiere und jede Person verwandeln oder fliegen zu können — dazu benutzen, Krankheit, Ver-
stümmelung und Tod zu verursachen. Bei den meisten Nationen
gab es dafür früher harte Strafen, oft Tod (z.B. bei Creek, Irokesen, Apachen, Zuni, Tlingit, Lummi). Wenn es auch in jüngerer
Zeit zu Tötungen von Hexen kaum mehr kam, wird doch von den
meisten 'traditionellen' Indianern auch heute noch kaum bezwei-
felt, daß es Personen gibt, die Macht in verhängnisvoller Weise
gegen andere gebrauchen. Als potentielle Opfer werden vor allem
Medizinleute gesehen und Personen, die durch ihre soziale Position (Wohlstand, Prestige etc.) den Neid anderer hervorrufen.
Manche Medizinmänner liefern sich oft regelrechte Kriege auf
dieser Ebene ('spiritual wars'). Wenn man durch Indianerland
reist, stößt man immer wieder auf solche Vorfälle und Erzählungen von zumindest merkwürdigen 'Unfällen', Krankheiten und

---

* Bei den Lummi war es üblich, daß eine Person, die 'ihren' 'Spirit Helper'
gefunden hatte, ihr Medizinlied der Öffentlichkeit präsentierte und in
einem ekstatischen Tanz zeigte, welchen Geist sie zu ihrem Helfer/ihrer
Helferin gewonnen hatte.

Todesfällen und es ist dabei oft kein Trost, daß sich die Prakti-
zierung von 'bad medicine' letztendlich gegen den Täter selbst
richtet, weil sich die Geister dann gegen ihn wenden und er seine
Macht verliert.

*

*Eine Medizinfrau, die berüchtigt war für ihre unglückbringende
Zauberei, ist vor nur wenigen Jahren gestorben und es scheint,
daß viele Comanchen jetzt Sanapia, die einzige noch lebende
Medizinfrau, nicht nur mit wohlbemessenem Respekt, sondern
auch mit Mißtrauen und einer gewissen Angst betrachten.
Die Bezeichnung 'Hexe' wurde von keinem meiner Informanten
direkt auf Sanapia angewandt, doch einige Comanchen machten
Bemerkungen über ihr explosives Temperament und sagten, sie
kennen andere, die Angst hätten, mit ihr etwas zu tun zu haben,
weil sie vielleicht ihren Zorn erregen würden und dieser sich gegen
sie richten könnte. Sanapia streitet natürlich ab, daß sie eine andere Person verhexen würde, doch sie weicht Fragen danach aus,
ob sie die Macht hätte, jemanden zu verhexen, wenn sie das wollte.*[35]

*Meine Urgroßmutter verdiente sich ihren Hexenbeutel durch Fa-
sten. Sie füllte ihn mit Medizinen. Sie ging an die Arbeit und holte
sich Teile von Schlangen. Sie hatte so viel Macht! Sie holte Knochen von begrabenen Kindern – ich hab sie gesehen. Nachts
sprach sie zu ihrem Beutel und verschwand. Ich weinte: sie jagte
mir Angst ein. Sie konnte sich in alles verwandeln – Hund oder
was auch immer. Wenn jemand sie wütend machte, verwandelte
sie sich in einen Truthahn und machte eine Menge Lärm, und sie
verhexte sie, sie kämpfte und sie lebten nicht mehr – oder waren
verkrüppelt und krank. Sie verwandelte sich in eine Katze. Manchmal wenn sie kam, kam ein Feuer mit ihr.*

Menomini Medizinfrau[36]

*Eine Frau, die ihren Mann wirklich haßte, konnte ihn töten, in-
dem sie eines seiner Haare in die Kiemen einer Salzwasserforelle
wickelte, die einen Süßwasserfluß hinaufschwamm um zu laichen.
Die Frau sprach dabei eine Beschwörungsformel und schickte
die Forelle auf ihren Weg flußaufwärts. Der Zauber in dem Fisch
machte den verhexten Mann einsam und deprimiert und in seiner
Verzweiflung sprang er vielleicht ins Wasser und ertrank.*

Lummi (Nordwesten)[37]

*

Die Frauen sind das Leben der Nation

Die 'Macht' der Frauen in Familie, Clan und politischer Struktur

> *Die Kette der Kultur ist die Kette der Frauen, die die Vergangenheit mit der Zukunft verbindet.*
>
> Shirley Hill Witt, Mohawk

> *Wir gingen drei Meter hinter den Männern, doch wir taten dies, um ihnen sagen zu können, wohin sie gehen sollen.*
>
> Bea Medicine, Sioux

Die Frage, ob wir es bei den indianischen Nationen, oder zumindest einigen von ihnen, mit Matriarchaten zu tun haben, läßt sich nicht (mehr) eindeutig beantworten. Ein Grund dafür ist, daß die Berichte der ersten Forscher (incl. Eroberer und Missionare) durch deren christlich-abendländisch geprägte patriarchalische Wahrnehmungsstruktur verzerrt sind. Außerdem gab es schon Einflüsse der Weißen Kultur auf indianische Nationen, bevor diese ersten persönlichen Kontakte zustandekamen, Einflüsse, die sich oft nachteilig auf die Position der Frauen auswirkten. Das prägnanteste Beispiel dafür ist die Kultur der Prärieindianer, die im späten 17. Jahrhundert entstand: Durch die Verbreitung der Pferde (die den Spaniern im Süden davongelaufen waren) und später der Gewehre entwickelte sich in den Großen Ebenen eine einseitige (Büffel-)Jäger und Kriegerkultur, unter Aufgabe des Ackerbaus (der Domäne der Frauen). Durch diese einseitige Verlagerung verloren die Frauen an Macht und Einfluß, was sich auch im Wechsel von matrilinearer zu bilinearer (s. S. 50) Struktur niederschlug. Es ist kein Zufall, daß gerade diese Kultur, deren Blütezeit kaum ein Jahrhundert währte, zum Kino-Klischee indianischer Kultur überhaupt wurde.

Bei den Navajo allerdings verlief die Entwicklung eher entgegengesetzt: durch die Einführung der Schafe im 17. Jahrhundert (ebenfalls durch die Spanier), deren Pflege und Verwertung in den Zuständigkeitsbereich der Frauen fiel, erlangten diese eine dominierende ökonomische und dadurch auch soziale Position. Manche Anthropologen vertreten sogar die Ansicht, daß die Navajo erst damals matrilinear geworden wären.

Vor allem aber stellt sich bei der Beantwortung der obigen Frage das Problem, daß Uneinigkeit darüber besteht, was überhaupt unter dem Begriff Matriarchat verstanden werden soll. Die Mohawk-Anthropologin Shirley Hill Witt weist zurecht darauf hin, daß eine Definition, die Matriarchat einfach als Umkehrung von Patriarchat begreift, nicht geeignet ist, nicht-patriarchalischen Gesellschaften gerecht zu werden:

„Es gibt da ein Problem bei der Definition des Wortes 'Matriarchat' und das Problem sind die Anglo-Männer*, denn die Anglo-Männer definieren Matriarchat als das umgekehrte Abbild, das absolute Gegenteil des angloamerikanischen Patriarchats. Ich glaube dagegen, daß es da eine Reihe von Abstufungen gibt in den Unterschieden zwischen dem außergewöhnlich übertriebenen Patriarchat, wie es von Anglo-Männern in unserer Zeit praktiziert wird und anderen Arten des Patriarchats. Ich glaube, es gibt Patriarchate, die weitaus weniger repressiv sind, z.B. Gruppen mit niedrigem Organisationsgrad, die sich im Prozeß der Stammesbildung befanden und meistens männliche charismatische Führer hatten.

Ich glaube, man kann da von einem Kontinuum des Verhaltens sprechen, und auf der rechten äußeren Seite – politisch wie philosophisch – finden sich Repräsentanten einer außerordentlich übertriebenen Form von Patriarchat. Dann gibt es weniger ausgeprägte Patriarchate, und man kann das Spektrum weiterverfolgen zu Gesellschaften wie z.B. an der (nordamerikanischen) Nordwestküste, wo sich die Beziehungen zwischen Mann und Frau auf eine Weise entwickelten, die man weder als patriarchalisch noch als matriarchalisch bezeichnen kann. Und dann gibt es Abstufungen des Matriarchats. Ich glaube nicht, daß wir jemals

---

* von 'Anglo-Saxons': die englisch-sprechenden amerikanischen Einwanderer. 'Anglos' wird vor allem von den spanisch sprechenden Minderheiten verwandt als Bezeichnung für alle Angehörigen der dominierenden Weißen Kultur.

ein Beispiel eines äußerst übertriebenen Matriarchats finden werden, das dem Patriarchat der Anglo-Männer vergleichbar wäre, doch ich glaube es gab schwächere Formen, weniger dramatische Formen in der Geschichte der Welt und ich glaube, viele der Irokesen und andere, wie z.B. Navajo, Apachen, Arikara und Mandan, praktizierten ein solches Matriarchat."

In der Literatur wird denn auch der Begriff 'Matriarchat' selten verwandt. Stattdessen finden sich die Bezeichnungen 'matrilinear' und 'matrilokal'. 'Matrilinear' bedeutet, daß Abstammung und verwandtschaftliche Zugehörigkeit sowie (falls üblich) Vererbung in weiblicher Linie verläuft; 'matrilokal' heißt, daß der Mann bei der Heirat zur Familie der Frau zieht. Beides fällt meistens, wenn auch nicht zwangsläufig, zusammen, und man/frau kann daraus im allgemeinen auf eine starke Position der Frau, oft ihre Dominanz, schließen.

Es lassen sich zwar keine Bedingungen angeben, bei denen eine Gesellschaft quasi zwangsläufig matrilinear, bzw. patrilinear wird*, doch kann man bestimmte Korrelationen feststellen:

Patrilinear sind vor allem Gruppen, die vom Jagen und Sammeln leben. Es gibt dazu die Theorie, daß die Männer der Familie zusammenbleiben müssen (die Frauen deshalb zum Haushalt des Mannes ziehen), weil sie nur so sich die intime Kenntnis des jeweiligen Terrains erwerben, die für Jäger notwendig ist. Wo das Sammeln – eine Frauentätigkeit – wichtiger als die Jagd ist, träfe diese Erklärung allerdings nicht zu.

Diese Gruppen zeichnen sich außerdem durch einen geringen Organisationsgrad – man spricht vom 'band level' – aus: sie mögen sich als zugehörig zu einer Nation verstehen, haben aber keine entsprechenden politischen Organe. Auch innerhalb der Gruppe gibt es keine komplexe soziale und politische Struktur, meist werden die Aktivitäten von einem 'headman' (etwa: Oberhaupt) koordiniert.

Matrilineare Gesellschaften dagegen sind meist komplexer strukturiert, haben Clans, 'Stammesräte', etc. Ökonomisch spielt hier der Ackerbau die entscheidende Rolle. Da er in den meisten Fällen von Frauen betrieben wird, sind sie es, die zusammenbleiben: *„Es besteht eine enge Arbeitseinheit von Frauen, die miteinander und mit dem Land aufgewachsen sind."*[38] Ein 'Nebeneffekt' der Matrilokalität besteht in der politischen Stabilität, die damit er-

---

* Im 19. Jahrhundert ging einer der vorherrschenden kulturwissenschaftlichen Ansätze (z.B. Bachofen) davon aus, daß alle Gesellschaften zunächst matrilinear waren. Diese These ist zwar logisch einleuchtend, wird aber in der neueren Anthropologie wegen Mangels an empirischen Belegen abgelehnt.

reicht wird: Da die Männer als die potentiellen Aggressoren – sie
sind die Krieger – von ihren Familien getrennt leben, ihr aber
weiterhin als Verwandte zu Loyalität verpflichtet sind, ebenso
wie den Verwandten der Frau, bei der sie leben, können sie innerhalb der Nation nicht kämpfen. Die kriegerischen Auseinander-

Comanche Frauen

setzungen werden weit nach 'draußen' verlagert, zu Nationen, mit denen keine (Heirats-) Beziehungen bestehen.

Ein matrilineares System findet sich außerdem oft dann, wenn es vor allem den Frauen obliegt, die gesellschaftliche Stabilität zu wahren. Das ist z.B. der Fall, wenn die Männer häufig und lange abwesend sind, auf Jagdzügen und anderen Unternehmungen:

„Die Anthropologen verwenden Begriffe wie 'matrilineare Familien'. Im Prinzip war das einfach eine Sache des gesunden Menschenverstands. Jemand mußte sich um die Dinge kümmern, während die Männer wie kleine Jungen die Landschaft mit Pfeilen voll schossen und Witwen statt Babies machten. Jemand mußte das Feuer im Heim am Brennen halten. Weiß du, eine Büffelhaut war keine Sozialversicherung. Die matrilineare Familie war die einzige Überlebensversicherung, die wir hatten." (Assiniboin Frau)[39]

Von den indianischen Nationen in Nordamerika sind matrilinear/ lokal: Im Osten die dort lebenden Stämme der Sioux-Sprachfamilie (z.B. in den atlantischen Küstenebenen), die Algonkin im südlichen Neu-England (Mohegan, Delawaren etc.), die sechs irokesischen Nationen (Onondaga, Mohawk, Oneida, Cayuga, Seneca und Tuscarora) ebenso wie andere Gruppen der Irokesen-Sprachfamilie (Wyandot/Huronen etc.); im Südosten die Algonkin der Powhatan-Konföderation in der Gegend des heutigen Virginia, die Cherokee, Muskogee (Creek, Seminolen, Chickasaw, Choctaw) und Natchez; im Mittelwesten und der Prärie die Mandan, Hidatsa, die Stämme der Caddo-Sprachfamilie (Pawnee, Wichita, Arikara etc.), die Missouri, Shawnee und Crow (Krähen); im Südosten die Navajo, Apachen, Seri und die westlichen Pueblos (Hopi, Hano, Zuni, Acoma, Laguna), Isleta, ursprünglich auch die Keresan sprechenden Pueblos; im oberen Nordwesten die Tlingit (matrilinear, aber oft patrilokal), Haida und die meisten Athapasken der Subarktik (Ausnahme: Chipewyan, ein offensichtlich extrem patriarchalischer Stamm – vielleicht der einzige dieser Art in Nordamerika). Matrilokal sind außerdem die Cheyenne (Ebenen), Meskwaki (Mittelwesten), die Salish-Völkergruppe im Hochplateau und an der oberen Westküste und die Stämme des Großen Beckens (Schoschonen, Ute, Paiute), wobei bei diesen letztgenannten der Wohnsitz auch manchmal danach bestimmt wird, welche Eltern die jungen Leute am meisten brauchen oder mit wem das Verhältnis am besten ist.*

Patrilinear sind die Algonkin der östlichen Subarktik (Cree u.a.),

---

* Beschreibung der Kulturzonen und Auflistung indianischer Nationen, ihrer ursprünglichen Territorien sowie heutigen Standorte, s. Anhang und Karte.

die Chippewa/Ojibwa und Menomini bei den oberen Großen Seen, einzelne Gruppen in den Großen Ebenen (Omaha, Kansa, Iowa, Osage), Völker der Yuma Sprachfamilie (Havasupai, Mohave) und Pima/Papago im Südwesten und einige Gruppen in Kalifornien.

Manche Nationen in den Ebenen, in Neu England und an der mittleren Atlantikküste, sowie die Eskimo, Klamath (und andere Völker des südlichen Teils des Nordwestens), die Yaqui und die Tanoan Pueblos im Südwesten (Tewa, Tiwa und Towa Sprachgruppen) sind bilinear, d.h. mütterliche und väterliche Linie sind gleichbedeutend.

Wie groß war nun die Macht der Frauen in diesen Gesellschaften tatsächlich? Wenn man heute Indianerinnen danach befragt, so weisen sie immer auf die Bedeutung des Gleichgewichts hin: daß kein Geschlecht das andere beherrscht hat und beherrschen soll:

„Man bezeichnet Taos Pueblo als patriarchalisch, doch wir glauben, daß kein Geschlecht besser oder stärker ist – sie müssen miteinander im Gleichgewicht sein. Wir denken nicht in Begriffen wie patriarchalisch und matriarchalisch – da sind Vater und Mutter, er und sie, und sie haben ihren Platz und keine(r) ist stärker."
(Soge Tracks, Taos Pueblo)
„In unserer Gesellschaft haben Frauen die selbe Freiheit wie die Männer. Die physischen Beschränkungen sind so etwa die einzigen Grenzen, die du hast. Deine Funktion innerhalb der Regierung, den religiösen Ereignissen, der Gemeinde und was auch immer, war immer genauso wichtig wie die des Mannes. Beide hatten gleichen Status. Sogar heute ist das immer noch ziemlich genauso, wenn wir auch vom Weißen Mann beeinflußt wurden." *(Audrey Shenondoah, Onondaga)*

Wir müssen uns dabei vor allem vor Augen halten, daß sich indianische Gesellschaften ganz grundsätzlich in ihrer Struktur von der westlichen kapitalistisch-patriarchalischen Gesellschaft unterscheiden, aus der unsere Erfahrungen, Wertvorstellungen und Beurteilungskriterien stammen:

Da haben wir auf der einen Seite eine in Teilbereiche zersplitterte Gesellschaft, nur von einer Produktion zusammengehalten, die sich selbst, d.h. die Maximierung des dort erzielten Profits, zum Zweck hat. Das Heim rückt hier quasi an den Rand des Geschehens, obwohl die dort geleistete Arbeit – vor allem die Erziehung der Kinder – auch für diese Gesellschaft unentbehrlich ist. Sie wird jedoch nicht geachtet, denn sie ist in den Augen des Kapitals unproduktiv, ist lästige Notwendigkeit, um auch in der Zukunft Arbeitskräfte zu haben. Die Frau erlebt sich in diesem Heim wie auf einem Abstellgleis, denn das, was als gesellschaftliches Leben definiert wird, findet 'draußen' statt.

Auf der anderen Seite haben wir Gesellschaften, die charakterisiert sind durch den natürlichen Zusammenhang von Produktion und Reproduktion des Lebens aller Lebewesen. Mann und Frau sehen sich hier als selbstverständlich zugehörig zu dieser ihnen nicht entfremdeten menschlichen und nicht-menschlichen Umwelt − das vereinzelte Individuum, das in der westlichen Ideologie so heroisiert wird, hat in Stammesgesellschaften keinen Sinn, keinen Platz und keine Überlebenschance. Die Gesellschaft ist auf den verwandtschaftlichen Beziehungen aufgebaut: jedes Individuum steht in solchen Beziehungen zu den anderen, und wo dies nicht 'natürlich' der Fall ist, schaffen Adoptionen, 'fiktive' Verwandtschaften, Blutsbrüderschaften etc. die Verbindung (Der Begriff 'Großer Weißer Vater' ist in diesem Sinne zu verstehen als 'Adoption' des U.S. Präsidenten, damit sein Status von dem eines Feindes zu dem eines Freundes werden kann). Man kann sich die Struktur dieser Gesellschaften vorstellen als ein Gefüge konzentrischer Kreise: im Zentrum die unmittelbare Familie, dann der Haushalt, der Clan oder die Gruppe, der Stamm, die Nation. Alle gesellschaftlichen Abläufe sind in dieses Gefüge integriert. In dem innersten Kreis könnte man dann noch einen Mittelpunkt angeben: die Frau. Durch die zentrale Rolle im Heim hat sie bei dieser Gesellschaftsstruktur, in der Heim und Familie im Zentrum stehen, eine zentrale Rolle in der Nation.

*

Ohne die Familie sind wir nichts, und in den alten Zeiten, bevor die Weißen kamen, hatte jeder bei allem, was er tat, zuallererst die Familie im Auge. Die Familie war alles und niemand vergaß das je. Keine(r) war etwas außerhalb dieser durch das Blut zusammengefügten Gruppe, und das Individuum wußte, daß es die Unterstützung all seiner Verwandten bekommen würde, wenn irgendetwas passierte.[40]

Das Heim war das Zentrum der Lakota-Gesellschaft. Hier wurden gute Mitglieder der Gesellschaft geformt und hieraus floß die Stärke des Stammes. Die Nachkommen lernten hier ihre Pflichten gegenüber Eltern, Haus, Gruppe, Stamm und gegenüber sich selbst.

Chief Standing Bear, Lakota[41]

Ich glaube immer noch, daß es ein Privileg ist, zuhause bleiben und für seine Familie sorgen zu können. Und hier bei uns ist es auch noch so — wie in allen kleineren Gemeinden, nehme ich an —, daß alle Leute zusammen an bestimmten Dingen beteiligt sind, es ist nicht so, daß die Frauen mit anderen nur über ihre Kinder reden könnten. Doch da, wo Industrie und Fabriken kamen und die Städte größer und größer machten, begann die Isolation.

Audrey Shenondoah, Onondaga

*

Eine besonders bedeutende Position haben Frauen dann dort, wo Familien- und Clanzugehörigkeit nach der mütterlichen Linie bestimmt werden und durch den Brauch der Matrilokalität die Frauen ihr ganzes Leben lang im selben Heim leben.* In einem solchen Haushalt leben zusammen: die Mutter mit ihrem Mann, ihre Töchter mit ihren Männern, unverheiratete Söhne und die Kinder der Töchter. Die Frauen stellen die Stabilität her, sie, besonders die (Groß-)Mütter, besitzen die Autorität und treffen die Entscheidungen (und dies nicht nur in matrilinearen Gemeinschaften):

„Was die Großmutter sagte, wurde normalerweise gemacht."[42] heißt es von den Navajo, wo die Frauen in traditionell lebenden Großfamilien auch heute noch alle Entscheidungen in finanziellen Angelegenheiten treffen, auch solche, die das persönliche Eigentum ihrer Männer betreffen. Ähnliches wird gesagt von den Hopi:

„Ein Mann zeigt großen Respekt gegenüber seiner Mutter als dem Oberhaupt des Haushalts und fragt bei allen wichtigen Entscheidungen nach ihrem Rat."[43]

Und von den Irokesen:

„Die Matrone regierte als oberste Instanz im Langhaus (. . .) und die häuslichen Arrangements waren so, daß alle Frauen die dominierende Position im Haushalt hatten."[44]

Von den Seri-Frauen heißt es:

„Die Frauen herrschen autokratisch. Der Ehemann ist schwer zu identifizieren, weil er unvergleichlich jünger als die Frau ist und keine Autorität besitzt. Seine Beziehung zum Haushalt bleibt unklar, denn wie elend und provisorisch die Hütte auch sein mag, er darf sie nie betreten, nur die Brüder der Frau dürfen dort woh-

---

* Die Bedeutung der Frauen in solchen Gesellschaften zeigt sich auch an Dingen wie der bei Irokesen und Huronen geltenden Regelung, nach der die Strafe für die Tötung einer Frau doppelt so hoch war wie für die eines Mannes.

nen. Es ist nicht sicher, ob Vaterschaft überhaupt anerkannt wurde, es gibt kein Wort dafür.

In jedem Disput hat die Clanmutter die Entscheidungsgewalt, die ehrfürchtig akzeptiert wird. Rechtsprechung wird nur von den Frauen ausgeübt, die ihre Brüder damit beauftragen, das Urteil zu vollstrecken."[45]

Sogar bei den nicht (mehr) matrilinearen Lakota waren nach Meinung einer meiner Gesprächspartnerinnen die Frauen das "stärkere Geschlecht": *„Sie hatten die Kontrolle im Lager und sie trafen auch die Entscheidungen über die Jagd."* (Kay Cedarface, Oglala = eine der 7 Lakota-Gruppen)

*

Die Frauen werden als Haushaltsvorstand betrachtet, einfach weil sie dafür sorgen, daß die Familie zusammenbleibt und Harmonie herrscht. Und die Männer akzeptieren das ziemlich; nicht Haushaltsvorstand zu sein, heißt ja nicht, daß sie deswegen als Männer weniger wertvoll wären. Es ist nur die Weiße Gesellschaft, die das den Leuten einimpft.

Suzette Mills, Puyallup

Mein Vater war ein stiller Mann, er überließ alles ziemlich meiner Mutter. Meine Mutter traf fast alle Entscheidungen. Ich glaube, daß überhaupt die Mütter sehr viel zuhause zu sagen hatten. Nur bei sehr wichtigen Entscheidungen, z.B. wenn ein Mädchen irgendwo auf die Schule gehen sollte, in ein Internat oder so, wurde auch der Vater gefragt, denn er mußte einverstanden sein.

Alice Papineau, Onondaga

Unsere Frauen waren immer ziemlich unabhängig. Ich würde meinen, daß die Abhängigkeit der Männer von den Frauen größer ist.

Audrey Shenondoah, Onondaga

*

Zu den Rechten/Aufgaben der Frauen gehörte die Kontrolle über den Nahrungsmittelvorrat: sie halfen in Notzeiten ihren Verwandten und anderen Mitgliedern der Gemeinschaft aus und sorgten ganz allgemein dafür, daß niemand hungrig von ihrer Tür ging — in einer Gesellschaft, in der Großzügigkeit und Gastfreundschaft das soziale Ansehen bestimmten und oft zur Überlebensfrage wurden, eine sehr wichtige Position. Bei den Irokesen stellten sie die Nahrung für Jagd- und Kriegsexpeditionen, sowie für die Ratstreffen, und übten dadurch eine gewisse Kontrolle über diese Unternehmungen aus, besonders im Fall von Krieg (s. S. 63 f.). Die Haushaltsgegenstände und oft (in matrilinearen Gesellschaften immer) die Häuser gehörten ihnen und wurden, falls sie nach ihrem Tod nicht verbrannt wurden, an ihre Töchter oder nächsten weiblichen Verwandten vererbt. Die Männer besaßen im allgemeinen nur ihre Arbeitsgegenstände und Kleidung.

Oft werden die Häuser selbst als etwas Weibliches verstanden: in der Sprache der Sioux z.B. ist das Wort für Tipi weiblich und seine Teile werden nach den Körperteilen der Frau benannt. Ähnlich ist es beim Erdhaus der Pawnee:

„Das Haus war gleichzeitig das Universum und der Schoß einer Frau, und die Aktivitäten des Haushalts repräsentierten ihre reproduktiven Kräfte. Die Schlafstätten der Frauen entlang den kreisförmigen Wänden wurden dem Alter entsprechend angeordnet und repräsentierten so die Hauptabschnitte im Leben einer Frau: die jüngste Frau dem Westen nahe, wo der Garten des Abendsterns (weiblich, U.W.) lag, die erwachsenen Frauen in der Mitte jeder Seite, nach Norden und Süden, und die Schlafstätten der alten Frauen nahe dem östlichen Ausgang, denn in ihrem Alter waren sie 'auf dem Weg nach draußen'.“[46]

In einem Navajo Hogan

Im Hogan der Navajo sind die in den vier Himmelsrichtungen stehenden Pfeiler benannt nach Erde-Frau, Berg-Frau, Wasser-Frau und Mais-Frau:

„Die Heime der Navajo sind buchstäblich gestützt auf ihre Frauen – und würden ohne sie zusammenbrechen."[47]

Der (Ehe-)Mann bleibt in der matrilokalen Haushaltsstruktur mehr oder weniger Außenseiter: *„Der Haushalt dreht sich um einen zentralen und bleibenden Kern von Frauen; die Männer sind periphär, mit geteiltem Wohnsitz und geteilter Loyalität"*[48], schreibt Eggan über die Hopi. In einer solchen Rolle haben sie es nicht leicht, da sie sowohl für den Haushalt der Frau arbeiten, als auch weiterhin bestimmte Dienste für ihre Mutter und Schwestern leisten müssen (eine männliche Variante der 'Doppelbelastung'). Wenn es zu einer Trennung der Ehe kommt, kehren sie in den Haushalt der Mutter zurück (dazu genauer S. 103).

Die Frauen haben fast überall die hauptsächliche Verantwortung für die Kinder und oft, vor allem in matrilinearen Gesellschaften, die nahezu ausschließliche 'Erziehungsgewalt'. Manchmal wird sogar die Rolle des Vaters bei der Zeugung als sekundär betrachtet. An der Erziehung sind allerdings mehrere Personen beteiligt, worauf auch die häufig üblichen Bezeichnungen Mutter/Vater für die Geschwister der Eltern und Bruder/Schwester für die Cousins/ Cousinen hinweisen:

„Viele Stammesvölker betrachten die Schwestern einer Frau als natürliche Mütter ihrer Kinder. Dieses Teilen mütterlicher Pflichten ermöglicht ein größeres Ausmaß an Aktivitäten seitens der . . . (leiblichen, U.W.) Mutter. In solchen Kulturen wird angenommen, daß andere ein Kind genauso lieben und versorgen können wie die Frau, die es gebar."[49]*

Außerdem können die Kinder bei den meisten Nationen durch zeremonielle Freundschaften (Patenschaften) und Adoptionen ein weiteres 'Elternpaar' bekommen.

Eine wesentliche Rolle spielt für das Kind oft die Großmutter mütterlicherseits, da sie mehr Zeit hat als die Mutter, um sich mit den Kindern zu beschäftigen.

Bei den Hopi z.B. wird das Kind nach der Entwöhnung ihr übergeben, damit keine zu starke Mutterfixierung entsteht. In jedem Fall ist die Beziehung der Kinder zur Großmutter von herzlicher Zuneigung geprägt, ebenso wie die zum (leiblichen) Vater. Für Disziplinierung ist dagegen eher, neben der Mutter selbst, der Bruder der Mutter zuständig (z.B. bei Navajo, Pueblos und im Nord-

---

* so ist es dann auch möglich, daß eine Frau, die keine Kinder bekommen kann, ein Kind ihrer Schwester als ihr eigenes erhält.

Ojibwa Frau und Kind, 1971

westen). Bei den Hopi ist der Bruder der Mutter außerdem rituel-
ler Haushaltsvorstand. Oft übernimmt es auch eine Person außerhalb der Familie, die Kinder zurechtzuweisen und zu bestrafen.
Bei den Völkern im Hochplateau wird dazu eine angesehene und
nicht-verwandte Person ausgewählt, der 'Whipper-Man' (Mann mit
der Rute).
Besonders intensive und solidarische Beziehungen bestehen innerhalb der Familie zwischen Personen gleichen Geschlechts, insbe-

sondere zwischen Schwestern und zwischen Mutter und Tochter:
„Eine Frau mit einem weiblichen Kind betrachtet ihr Leben als erfüllt oder zumindest als auf dem besten Weg dazu." (Hopi)[50]

*

Großmutter war gleich nach der Mutter die wichtigste Person im Heim. Ihr Platz konnte in der Tat von niemand anderem eingenommen werden (. . .) und je älter sie wurde, so schien es, desto abhängiger wurden wir Kinder von ihrer Aufmerksamkeit.
Chief Standing Bear, Lakota[51]

Was ich heute bin, wurde größtenteils beeinflußt durch das, was mich meine Mutter gelehrt hat, und besonders meine Großmutter, denn Mütter haben oft nicht so viel Zeit, sie haben viel zu tun. So viele Großeltern hier haben die Kinder aufgezogen! Das wurde als etwas sehr Schönes angesehen, nicht als etwas Schlimmes, denn Kinder sind glücklich mit ihren Großeltern. Und ich weiß, ich werde es nie zulassen, daß ein Enkelkind von mir arm ist, und wenn ich dafür die Straßen von Syracuse schrubben müßte, um Geld zu verdienen. Den weißen Leuten sagen wir das meistens nicht, denn sie halten es für eine Schande, wenn die Großeltern ihre Enkelkinder aufziehen 'müssen'. Doch wir sind glücklich, wenn wir das tun können.
Meine Onkel wiesen mich zurecht, wenn es nötig war . . . und die Schwestern der Mutter sind auch sehr wichtig für die Kindererziehung. Für meine Kinder waren meine Schwestern wie Mütter und meine Nichten und Neffen sind wie meine eigenen Kinder für mich.
Meine Mutter wies uns zurecht, sie hatte dazu auch eine kleine Weidenrute. Mein Vater rührte mich nie an. Er sagte nicht viel, doch es genügte uns völlig, wenn er einfach da war. Wenn z.B. meine Mutter abends weg war auf einer Totenwache oder bei einer Heilungszeremonie, blieb mein Vater mit uns zuhause und wir waren zufrieden.
Alice Papineau, Onondaga

*

Der Kreis der Familie ist eingebettet in einen größeren Kreis: In den matrilinearen und auch vielen anderen Nationen ist das der Clan, in dem die Familien gleicher Abstammung zusammengeschlossen sind. Ein matrilinearer Clan hat folgende Struktur:

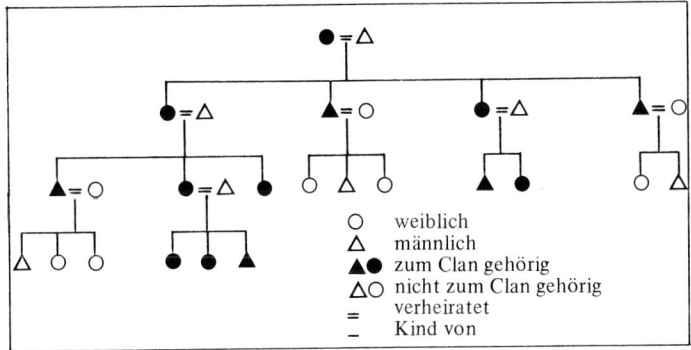

○	weiblich
△	männlich
▲●	zum Clan gehörig
△○	nicht zum Clan gehörig
=	verheiratet
_	Kind von

Wo Clans bestehen, sind sie *die* Institution gesellschaftlicher Integration. Sie regeln die Produktion (z.B. wer welches Land bebaut) und Eigentum und seine Vererbung, strukturieren Wohnverhältnisse (Clans, bzw. Teile von Clans lebten früher meist zusammen) und Ehe (keine Heirat innerhalb des Clans möglich = 'Exogamie'*). Sie kümmern sich um die Sozialisation ihrer Mitglieder und haben eine entscheidende Funktion im zeremoniellen Leben (incl. Vererbung zeremonieller Gegenstände). Im Clan findet das Individuum soziale Sicherheit, und mit Recht bezeichnet Steiner dieses Verwandtschaftssystem als 'Indian Social Security System'**. Es gab z.B. *„immer männliche Familienmitglieder, die sich um Frauen kümmerten, die keinen Mann hatten oder deren Mann nicht in der Lage war, zu jagen, zu fischen, Fallen zu stellen oder was auch immer nötig war"* (Audrey Shenondoah). Andererseits ist auch das Individuum gegenüber seinem Clan verpflichtet, denn der Clan trägt die Verantwortung für Schulden und Verbrechen seiner Mitglieder. Die politische Struktur ist auf den Clans aufgebaut und oft ist es jeweils ein bestimmter Clan, der die politischen Führer stellt.
Durch den Einbruch der Weißen Kultur wurden die Clans geschwächt, aber nicht beseitigt, wenn sie auch viele ihrer Funktionen verloren haben: *„Die matrilineare Großfamilie hat sich . . . viel von ihrer alten Form erhalten und die grundlegende Struktur und Funktion des individuellen Haushalts hat sich wenig verändert,"*[52] schreibt Basso von den Apachen, und ähnliches läßt sich

---

* Exogamie hat eine entscheidende friedensstiftende Funktion: „marry out instead of being killed out" = durch die Ehe werden potentielle Feinde zu Verwandten gemacht.

** social security = Sozialversicherung, die US-Version des Sozialstaates.

von Teilen der Navajo sagen. Eine Gruppe von Cherokee hielt sogar in Los Angeles 12 Jahre lang ihre Clans aufrecht (sie kehrte dann nach Oklahoma zurück).

Besonders stark sind die Clans noch bei den 'Sechs Nationen' der Irokesen, bei denen das auf Clans aufgebaute Regierungssystem unverändert weiterbesteht. Wie sich das im sozialen Leben auswirken kann, zeigte sich in folgendem Fall: Seit Ende letzten Jahrhunderts arbeiten viele Irokesen, vor allem Mohawk, als Stahlarbeiter im Hochbau, wofür sie ihre Schwindelfreiheit besonders geeignet macht. Als bei einem großen Unglück mehrere Männer umkamen, waren es die Clanmütter, die entschieden, die Anzahl der Männer, die jeweils bei einer solchen Arbeitsstelle arbeiteten, zu beschränken.[53]

*

Du bist, was deine Mutter ist. Du siehst die Welt und alles, was auf ihr ist, durch die Augen deiner Mutter. Was du später von den Vätern lernst, ist etwas anderes. Die Kette der Kultur ist die Kette der Frauen, die die Vergangenheit mit der Zukunft verbindet.

Shirley Hill Witt, Mohawk[54]

Die Clans waren den Navajo von Changing Woman gegeben worden, um ihre Solidarität untereinander zu sichern. Das Wort für Clan, daʼahoɫchihiggii = 'die durch eine Kette von Geburten miteinander verbunden sind', weist hin auf die Bedeutung der Mütter dabei. . . . Als Mitglied desselben matrilinearen Clans sprechen sich Navajo mit 'shima' = 'meine Mutter' an, womit eine Position gekennzeichnet wird, in der man erwarten kann, Nahrung, Obdach, ökonomische Unterstützung, zeremonielle Zusammenarbeit und Erbe zu erhalten. . . . Der Navajo-Clan ist eine Weltanschauung: die Aufrechterhaltung einer intensiv persönlichen Welt in dem Wissen, daß „alle Verwandten gute Mütter sind."[55]

Nach dem Canadaigua Vertrag von 1794 (zwischen den 6 Nationen und den USA, U.W.) gab es große Veränderungen, und natürlich kamen die Schulen, und die Missionare kamen und sagten, wir müßten in Häusern wohnen (statt in Langhäusern, U.W.). So wurde das Clansystem, was das Zusammenleben als Clan betrifft, größtenteils zerstört, wir haben jedoch noch ein sehr starkes Clansystem in den Zeremonien und der Namensgebung und auf vielen anderen Ebenen. Hier bist du kein Indianer, wenn du keinen Clan hast, auf diese Weise können wir bestimmen, wer zu unserer indianischen Nation gehört.

Alice Papineau, Onondaga

Du darfst nicht innerhalb deines Clans heiraten. Wenn du das tust, bringt es deine Gedankenkräfte durcheinander. Viele junge Leute heiraten innerhalb ihres Clans, sie kennen ihr Clansystem nicht mehr. Deshalb sind die Leute heute irgendwie verrückt.

Rain Parrish, Navajo

*

An der 'Spitze' des Clans steht oft eine Clanmutter, manchmal auch mehrere (bei den Irokesen je 3, die bei Clantreffen gewählt werden). Sie hat vielfältige Aufgaben: Die Clanmütter der Irokesen z.B. kontrollierten die Feldarbeit, verteilten Nahrung bei öffentlichen Angelegenheiten, verwalteten das öffentliche Eigentum (Wampum*, Nahrungsvorräte) und bestimmten die Lodiyaner (Einzahl: Loianer), die 'Häuptlinge'. Diese letztgenannte, 'politische' Funktion haben sie bei den Irokesen auch heute noch. Alles, was damit zusammenhängt ist niedergelegt im 'Großen Gesetz des Friedens' (Kaianarekowa) der Liga der 'Sechs Nationen' (die ursprünglichen 5 irokesischen Nationen Onondaga, Mohawk, Oneida, Seneca und Cayuga und die Tuscarora, die im 18. Jahrhundert beitraten, adoptiert von den Oneida). Danach werden die Titel der Lodiyaner in bestimmten Familien vererbt, deren Frauen den Titel Otianer (Einzahl: Oianer) 'Edle' tragen. Sie wählen mit Hilfe des Clanrats — in dem hauptsächlich die Frauen des Clans zusammenkommen — unter den männlichen Mitgliedern ihrer Familie/Verwandtschaft die Delegierten des Clans aus, die diesen im Rat der Liga, dem obersten politischen Gremium der Sechs Nationen, vertreten.** Sie haben ferner das Recht, einen Loianer, der seinen Pflichten nicht nachkommt, zu

---

* Dokumente in Form von auf Gürteln befestigten Muschelröhrchen (später Glasperlen). Unter anderem wurden alle Verträge mit anderen Nationen, incl. den USA, auf diese Weise festgehalten.

** manchmal regierte auch eine Clanmutter für einen Loianer, wenn dieser dazu zu jung war, das waren jedoch Ausnahmefälle. Die Lodiyaner sind ansonsten immer Männer.

ermahnen und zu korrigieren. Bei Verfehlungen wie häufiger Abwesenheit von Ratstreffen und Handeln gegen das Wohl des Volkes und die Regeln des Großen Gesetzes können sie ihn nach dreimaliger Warnung absetzen.

Die Frauen/Clanmütter können außerdem Empfehlungen an den Ligarat geben und werden bei allen wichtigen Entscheidungen von ihren Lodiyanern zu Rate gezogen.

*

Die Clanmütter sind die Hüterinnen des Landes und denken immer an die ungeborenen Generationen. Sie repräsentieren das Leben und die Erde. Clanmütter! Ihr gabt uns das Leben — setzt nun auch weiterhin unsere Füße auf den richtigen Weg.

Aus dem 'Großen Gesetz des Friedens' [56]

Ihr habt unsere Stimme gehört, wir ersuchen Euch nun, Eure Ohren zu öffnen und eine Rede von unseren Schwestern, den Frauen unserer Regierung, zu hören. Brüder, unsere Vorfahren betrachteten es als ein großes Vergehen, den Rat ihrer Frauen zurückzuweisen, besonders den der Frauen, die uns regieren. Sie wurden als die Herrinnen des Bodens angesehen und geachtet. Wer, sagten unsere Vorväter, bringt uns auf die Welt? Wer bebaut unser Land, entzündet unsere Feuer und kocht mit unseren Töpfen, wer als die Frauen? (. . .) Die Frauen unserer Regierung bitten um die Erlaubnis zu sprechen, mit der Freiheit, die den Frauen gestattet ist und im Einvernehmen mit dem Geist unserer Vorfahren. Sie ersuchen den großen Häuptling, seine Stärke walten zu lassen und sie in Frieden zu bewahren, denn sie sind das Leben der Nation.

Good Peter, Oneida Chief,
bei einem Ratstreffen in Albany, 1788 [57]

Von einer Clanmutter wird erwartet, daß sie sich um ihre Familie kümmert, zeigt, daß sie gute Urteilskraft besitzt in den Entscheidungen, die sie über sich selbst und ihre Familie treffen muß, daß sie, natürlich, den Weg des Langhauses fortsetzt und ihre Aufgaben bei den Zeremonien wahrnehmen kann. Es sind so ziemlich die selben Anforderungen, wie sie auch an die Chiefs gestellt werden. (. . .)
Wenn sich die Chiefs im Rat treffen, haben sie manchmal schwerwiegende Probleme, und in solchen Fällen verlassen sie sich immer auf die Meinung der Frauen, sie fragen danach, das ist eine

ganz selbstverständliche Sache. So war das immer. Ich glaube, dahinter steht der Gedanke, das Wissen, daß die Frauen das Leben geben und eine sehr enge Beziehung zu unseren Kindern und den zukünftigen Generationen haben; und ich glaube, auch der Gedanke, daß Frauen in engerer Verbindung leben mit den Dingen, die wachsen, eine bessere Möglichkeit haben zu beobachten, wie Dinge und Menschen sich verändern.

Aufgrund dieses Wissens, wenn es auch nicht immer so ausgesprochen wird, geht man davon aus, daß man bei allen wichtigen Entscheidungen auf die Beobachtung der Frauen angewiesen ist, darauf, wie sie die Situation beurteilen, jede Situation, ob es sich um Leute oder Land oder was auch immer handelt. (. . .) Die Clantreffen sind meistens mehr oder weniger Treffen von Frauen. Das hängt wiederum damit zusammen, daß sich die Chiefs, die Männer, auf die Frauen verlassen, auf ihr Urteil. Sie haben ein Gefühl der Sicherheit, daß die Frauen die richtigen Entscheidungen treffen können, auch ohne die Männer.

Audrey Shenondoah, Onondaga Clanmutter

Bei den Irokesen . . . bestimmen die Frauen, welche Männer sie repräsentieren sollen. So, wenn du die Macht hast zu heuern und zu feuern, würde ich meinen, daß du der Boß bist.

Shirley Hill Witt, Mohawk

*

Ein wichtiger Teil der Rolle der irokesischen Clanmütter war früher der Einfluß, den sie auf kriegerische Unternehmungen ausübten. Dazu die Mohawk-Anthropologin Shirley Hill Witt:

,,Wir haben eine Geschichte, die sich auch in der griechischen Mythologie so ähnlich findet, die erzählt, wie einmal in unserer Geschichte die Männer dauernd in den Krieg zogen, hier- und dorthin rannten und kämpften und kämpften. Schließlich sagten die Frauen: Wir haben genug davon. Sie handeln verantwortungslos gegenüber den Frauen und Kindern, sie haben Pflichten, die mehr beinhalten, als sich davonzumachen und zu kämpfen. Wir haben lange Zeit kein Fleisch mehr gehabt. Wir müssen etwas in dieser Angelegenheit unternehmen.

Als die Männer wieder einmal von einer Schlacht zurückkamen, sagten ihnen die Frauen: ,,Wir haben Neuigkeiten für Euch. Von jetzt an wird es für Euch weder etwas zu essen geben, noch einen Platz zu schlafen, noch werden wir mit Euch schlafen, es wird keine Babies mehr geben, nichts mehr — bis ihr den Frauen für alle Zeiten das Recht gebt, zu entscheiden, wann ihr in den Krieg zieht. Denn nach dem Krieg sind es die Frauen, die trauern. Ich glaube, das ist vielleicht die erste Demonstration für den Aufstieg der Irokesen Frauen zur Macht, in der politischen Sphäre wie auch im alltäglichen Leben. Und ich glaube, das sollte in der Tat ebenso der Fall sein in diesem Land (USA) und in Deinem Land (BRD, U.W.) und in jedem Land der Welt – es sollten nur, ausschließlich, die Frauen sein, die entscheiden, wann die Männer in den Krieg ziehen. Das ist meine aufrichtige Überzeugung."

Manchmal wird dieser 'Streik' der Frauen in Verbindung gebracht mit der Gründung der Irokesenliga, die den Kämpfen zwischen den '5 Nationen' ein Ende setzte. In jedem Fall hatten sie das Recht auf Entscheidung über Krieg und Frieden durchgesetzt: Waren sie mit einem Krieg, den die Männer erklärten, nicht einverstanden, so verboten sie einfach ihren Söhnen, daran teilzunehmen und/oder weigerten sich, das Unternehmen mit Nahrung zu versorgen:

,,Bei manchen Gelegenheiten, wenn die Sachems (Lodiyaner, U.W.) Krieg erklärt und das Ratsfeuer zugedeckt hatten, haben die Frauen es wieder aufgedeckt und, unterstützt von den Kriegern, ein Überdenken der Entscheidung erzwungen."[58]

Auf der anderen Seite *,,konnten sie auch einen Kriegszug initiieren, denn sie waren berechtigt zu verlangen, daß ein getötetes Clanmitglied durch einen Gefangenen ersetzt wird."*[59] Eine solche Aufforderung – formell durch Übergeben von Wampum – war gesetzlich verpflichtend. Die Frauen führten dann auch die Folter durch und entschieden über Tod oder Leben (im allgemeinen Adoption in die Nation) der Kriegsgefangenen:

,,Wenn sie (die Clanmutter, U.W.) den Tod eines Kriegsgefangenen fordert, kann ihn niemand mehr retten."[60]

Sie konnte außerdem die Elimination eines Clanmitglieds verfügen, das den Clan und sein Ansehen schwer schädigte.

Eine solche Entscheidungsgewalt über Krieg und Frieden hatten Frauen auch anderswo: bei den Shawnee z.B. war es in der Position der 'Peace Woman' (Friedens-Frau) institutionalisiert. Dieses Amt wurde von der Mutter oder einer anderen engeren Verwandten des Chiefs ausgeübt. *,,Ihre Pflicht"*, so Niethammer, *,,war es, durch ihre Bitten und Argumente unnötiges Blutvergiessen zu verhindern"*:

,,Wenn der War Chief* einen Kriegszug vorhatte, der dem Rest

---

* Kriegs'häuptling': In den meisten Fällen gab es eine Arbeitsteilung bei der Führung der Nation in Krieg und Frieden. Während im allgemeinen Weisheit, Friedfertigkeit und Fähigkeit zur Konfliktvermeidung und -schlichtung von einem Chief erwartet wurden, mußte der War Chief vor allem ein guter Krieger sein.

der Leute nicht gefiel, appellierten die Männer des Rates an die Friedens-Frau. Sie ging dann zum War Chief und erinnerte ihn daran, welche Qual es für die Mütter des Stammes bedeutet, ihre Söhne in den Tod ziehen zu sehen. Sie plädierte ebenso für die unschuldigen Frauen und Kinder des feindlichen Stammes und wies ihn darauf hin, daß diese nichts getan hatten, um das Unglück zu verdienen, das sie im Falle eines ausgedehnten Krieges treffen würde. Es heißt, daß die Friedens-Frau im allgemeinen ihren Standpunkt durchsetzen konnte."[61]

Ein ähnliches politisches System wie die 'Sechs Nationen' hatten die Huronen/Wyandot und die Cherokee, die beide zur irokesischen Sprachfamilie gehören. Die Wyandot hatten einen Clanrat, Stammesrat und einen Ligarat, und auch hier waren es die Clanmütter, die die Chiefs bestimmten. Die Frauen der Familien wählten 4 Frauen für einen Clanrat, die dann ihrerseits aus den Reihen ihrer männlichen Clanmitglieder einen Chief wählten. Die Clanräte zusammen bildeten den Stammesrat, der sich so aus 4/5 Frauen und 1/5 Männern zusammensetzte.[62]
Bei den Cherokee wählten die Frauen in den 7 Clans jeweils 1 Vertreterin pro Clan für den Frauenrat und bestimmten seine Leiterin, die 'Beloved Women' (Geliebte Frau), deren Stimme als die des 'Großen Geistes' galt, 'der' durch sie redet. Sie sprach für die Frauen beim Treffen der Chiefs und entschied über Leben und Tod von Gefangenen. Die Frauen wählten außerdem in jeder Stadt einen männlichen Chief. Eine weitere wichtige Organisation waren die 'Pretty Women' (Schöne Frauen), eine Schwesternschaft von 'heiligen' Personen, die eine Heldentat vollbracht hatten oder Mütter von Kriegern waren. Sie berieten über Strategie und Taktik bei kriegerischen Unternehmungen und über Kriegsgefangene.
Von den Cherokee Frauen (insbesondere wohl denen im Rat) heißt es: ,,*Diese Frauen zögerten nicht, die Autorität der Häuptlinge zu überstimmen, wenn das dem Wohl des Volkes diente.*"[63]

Bei den Navajo, bei denen die Frauen eine sehr starke Position hatten, war die politische Organisation dagegen nur lose. Männer und Frauen wählten 'headmen' oder auch 'headwomen' (Anführer/innen) in ihren jeweiligen Gemeinschaften. In den einzelnen Camps (2-3 Hogans mit 7-30 Leuten) wurden (wird) im allgemeinen die älteste Frau als Oberhaupt betrachtet. Aufgabe der Männer war es lediglich, die Beziehungen mit der Außenwelt zu regeln.
Von den Tlingit, einer matrilinearen Nation im Nordwesten (Kanada bis Alaska) heißt es: ,,*Einige Frauen genossen so hohes*

*Ansehen in den Dörfern, daß sie die eigentlichen Führer waren
deren Urteil die Männer gerne folgten";* und bei den nördlich
von ihnen lebenden Eyak wurde *„die Meinung der Frauen bei
allen wichtigen Entscheidungen eingeholt".*[64] Die Frauen der
Sinkaietk (Teil der Salish) am unteren Columbia River *„zeigten
eine Freiheit und Unabhängigkeit, die bei den benachbarten
Stämmen unbekannt war. Besonders die alten Frauen genossen
hohen Respekt und wurden bei allen wichtigen Angelegenheiten
zu Rate gezogen."*[65]
Die Clans bei den Pueblos hatten und haben Clanmütter, die für
Familienangelegenheiten und Streitfälle zuständig sind. Politisch
ist ihr Einfluß eher 'inoffiziell', mit Ausnahme der 'Hüterin des
Feuers' bei den Hopi, die dem Führer des Dorfes zur Seite steht
und ihn berät und einer Frau in der 9-köpfigen 'Regen-Priester-
schaft', einer der führenden religiösen und damit auch politisch
führenden Gruppen.
Bei den Seri (im heutigen nördlichen Mexiko) gab es Frauen-
räte, die über die alltäglichen Unternehmungen des Stammes entschieden und Sitz und Stimme beim Kriegsrat der Männer hatten.

In der Position des 'Häuptlings' waren Frauen jedoch selten. Das
heißt nicht, wie sich schon aus dem Vorhergesagten ergibt, daß
sie in der Politik nichts zu sagen hatten: Ein Chief war lediglich
Beauftragter und Repräsentant seiner Nation und stets von der
Zustimmung der Leute, die ihn gewählt oder ernannt hatten, abhängig. Er war kein 'König', wie die Engländer solche Männer
zu nennen pflegten, kein absoluter Führer. Die Chiefs entschieden
z.B. wo und wie das Lager aufgeschlagen werden soll, wo und wie
gejagt werden soll etc. Sie hatten im allgemeinen (Ausnahmen:
Natchez, Powhatan-Konföderation) keine Macht, die Durchsetzung ihrer Entscheidungen zu erzwingen. Eigenschaften, die
von ihnen erwartet wurden und wegen derer sie gewählt wurden,
waren: Sachverstand, Urteilsvermögen, Demut, ein gutes Herz,
Weisheit, Großzügigkeit, Friedfertigkeit, Mut, Geduld etc.
Wenn es auch nicht die Regel war, so gab es doch einige Frauen-
Chiefs, vor allem im Südosten (Chickasaw, Creek, Seminolen,
Coosa), im Hochplateau (z.B. Salish) bei einigen Algonkin
der Ostküste (z.B. Wampanoag, Narrangeset, Shinnecock, Powhatan-Konföderation); ferner im Gebiet der Großen Seen bei den
Winnebago, Potawatomi, Shawnee, Kickapoo, Kaw Indianern;
im Mittelwesten und Prärie bei den Caddo, Osage, im 19. Jahr-
hundert bei den Lakota; im Südwesten bei den westlichen Apachen, im Großen Becken bei den Ute und in Kalifornien bei
Chumash, und Nisenan. Nur in wenigen dieser Fälle sind nähere

Einzelheiten bekannt. Von den weiblichen Chiefs der Nisenan heißt es, ihre Aufgabe sei es gewesen, den Rat zu beraten, Frauenaktivitäten (das Sammeln von Nahrung) und Gemeinschaftsaktivitäten insgesamt, auch Feste und Feiern zu organisieren, in Streitfällen zu entscheiden und als Gastgeberinnen zu fungieren. Weibliche Chiefs der westlichen Apachen — meist Frauen von männlichen Chiefs — organisierten ebenfalls die Frauen bei ihrer Arbeit, gaben Rat bei Kindererziehung und sprachen manchmal im Rat. Ähnlich war es bei den Shawnee. Diese Fälle zeigen bereits, daß der Begriff 'Häuptling' von den Berichterstattern unterschiedlich verwendet wird: es könnte sich hier genauso gut um Clanmütter handeln. Ebenso unklar ist, was man sich unter jenen mysteriösen 'Königinnen' vorstellen soll, die der spanische Forschungsreisende De Soto (16. Jahrhundert) beschreibt: die 'Königin der Yuchi' in Cutifachique oder Cofitachique (vermutlich ein Creek Stamm) und die 'Königin von Quivira' (ebenfalls im Südosten).

Die Engländer hatten es manchmal mit Frauen zu tun, die ihren getöteten Männern als Chiefs nachfolgten, wie z.B. die 'Squaw Sachem' von Massachusets[66] und Wetamo von den Wampanoag. Wetamo organisierte ihr Dorf zum Kampf, nachdem ihr Mann wegen eines zusammen mit Metacom ('König Philipp') geplanten Aufstandes von den Engländern umgebracht worden war. Die Krieger *„kämpften unter ihr tapferer als unter jedem anderen Führer"*[67], heißt es von ihr. Schließlich überfielen die Engländer ihr Lager, töteten sie und erwiesen ihr die 'Ehre', ihren abgeschlagenen Kopf auf einem Pfahl in Plymouth neben dem von Metacom 'auszustellen'. Auch bei den Lakota wurden Frauen Chiefs, als eine große Zahl der Männer den Kriegen zum Opfer gefallen waren: so werden etwa 7 Frauen erwähnt, die als Chiefs zusammen mit Sitting Bull auftraten.

Freilich waren solche Frauen nicht 'Ersatz'. Sie genossen offenbar den besonderen Respekt ihrer Leute, und das nicht nur zu Kriegszeiten. So sagte z.B. eine Osage Frau zu einem US-Regierungsbeamten im Jahre 1875: *„Ich glaube, mein Stamm gehorcht mir besser, als er einem Mann gehorchen würde"*[68]; und ein Beamter des Büros für Indianische Angelegenheiten (BIA) kennzeichnete einen weiblichen Chief der Kickapoo 1901 als *„eine Frau, die in der Lage ist, die Eifersüchtigen im Stamm zu versöhnen. Sie regiert ihr Volk mit eiserner Hand und ist eine Frau von großer Entschlossenheit; ihr Wunsch und Wille sind absolut unwiderruflich, doch sind ihre Aktionen normalerweise in reiflicher Überlegung begründet."*[69]

Von den Ute sagt Shirley Hill Witt:

„Sie haben eine lange Tradition, Frauen als Führer zu wählen, als Repräsentantinnen ihrer Gruppe, ihrer Stämme. Es waren immer

sehr beeindruckende, aggressive Frauen, aggressiv im besten Sinne des Wortes."

Welche Rolle die Frauen nun auch hatten, ob sie die Chiefs bestimmten oder selbst Chiefs waren, ob sie im Vordergrund oder im Hintergrund wirkten: politische Entscheidungen wurden nicht ohne sie getroffen. *,,Oft waren sie die de-facto Regierung."*[70]
,,In jenen Tagen brauchten Frauen nicht in die Führerschaft gewählt werden, denn sie hatten sie bereits als Kern der Verwandtschaftsfamilie. Frauen waren Führer, weil sie Frauen waren und Stamm und Familie durch ihr Dasein zusammenhielten."[71]
,,Man liest darüber, wie die Chiefs eine Entscheidung trafen, und es steht nicht dabei, daß sie sich mit den Frauen berieten, daß sie nach der Meinung der Frauen fragten. Das war für alle Indianer so selbstverständlich, daß es nicht mehr betont zu werden brauchte." (Audrey Shenondoah)
Diese Selbstverständlichkeit des Aufeinander-Hörens und Miteinander-Entscheidens wurde etwas beeinträchtigt, als Einflüsse von außen in das soziale und politische Gefüge eingriffen. So wurden einzelne indianische Männer dadurch zu 'Chiefs', daß weiße Händler sie zu Mittelsmännern im Handel machten und ihnen damit Reichtum und Macht von außen verschafften, die nicht mehr von der Gemeinschaft kontrolliert werden konnten. Ganz allgemein bezogen sich die Weißen in ihren Geschäften und politischen Beziehungen lieber auf die indianischen Männer. Trotzdem wurde Politik zunächst noch nicht zu einer Männersache:
,,Die Männer sind im inneren Kreis, . . .und die Frauen sitzen hinter ihnen. (. . .) Die Frauen wissen so viel wie die Männer und man fragt sie oft nach ihrem Rat. (. . .) Sie interessieren sich immer dafür, was ihre Männer machen und denken darüber nach." (Sarah Winnemucca Hopkins, Paiute, Ende 19. Jahrhundert)[72]
,,Ich erinnere mich, wie in unseren Ratstreffen in der Vergangenheit die Frauen nicht mit den Männern zusammensaßen — sie beobachteten eher das Ganze und analysierten alles, was die Männer präsentierten. Sie kamen zu diesen Treffen, weil sie eine Menge Dinge wahrnahmen, die dort vor sich gingen und die vielleicht einigen der Männer entgingen. Und wir hatten Diskussionen unter den Frauen darüber, wen nach ihrer Meinung ihre Männer unterstützen könnten oder was auch immer. Ihre Rolle war so wichtig, weil sie eine objektive Sicht hatten von allem, was präsentiert wurde." (Regina Brave, Lakota)
Heute stellt sich die Frage nach der politischen Rolle der Frauen auf einer neuen Ebene: der einer nach U.S.amerikanischen 'Demokratie'vorstellungen organisierten Regierungsstruktur (1934 in der Mehrheit der Reservationen eingeführt). Die traditionelle

Arbeitsteilung und die mit ihr verbundene Kontrolle über die Regierenden funktioniert hier nicht mehr und die Frauen sehen sich zum erstenmal einer Situation gegenüber, in der sie keinen politischen Einfluß haben, wenn sie nicht formale Ämter übernehmen. Dies macht neue Definitionen des traditionellen Selbstverständnisses erforderlich.

Es war immer eine gemeinsame Anstrengung

Arbeit und Arbeitsteilung: Sammeln, Jagd, Ackerbau, Krieg, Kindererziehung

> *Wir tun, was unsere Mütter und Väter uns lehrten. Das Körbeflechten lernte ich von meiner Schwester, das Teppichweben und die Vorbereitung des Webstuhls lernte ich von meiner Mutter und Großmutter. So ist es und so wurden wir Frauen.*
>
> Navajo Frau

> *Uns ging es nur darum, uns gegenseitig zu helfen; ohne unsere Männer konnten wir nicht überleben und ohne unsere Frauen konnten wir nicht überleben. Wir respektierten unsere Männer wie sie uns respektierten.*
>
> Regina Brave, Lakota

Im Kreis der Verwandtschaftsfamilie und der Gruppe, der Jahreszeiten und allen Lebens kann auch Arbeit, d.h. die materielle und kulturelle Sicherung der eigenen Existenz und der der zukünftigen Generationen, nur als kollektiver Prozeß gedacht und geleistet werden. In diesem Prozeß haben alle Beteiligten eine unentbehrliche und gleichermaßen geachtete Funktion. Es würde einem 'Stammesmenschen' wahrscheinlich absurd erscheinen – und das ist es ja auch –, den Beitrag anderer Menschen zum Leben und Überleben, von dem er/sie existentiell abhängig ist, als minderwertig zu betrachten (wie bei uns manche 'Frauenarbeit'). Prestige ist somit nicht mit der Art der Arbeit verbunden, sondern mit der Art ihrer Ausführung. Es gab im allgemeinen auch keine Spezialisierung im Sinne von Berufen*, jedoch eine Ar-

---

* Ausnahme: der Südosten zur Blütezeit der 'Mound-Kultur' (um 1200, s. Anhang): damals gab es dort Städte mit 30 000 oder mehr Menschen, Märkte, Arbeitsteilung nach Berufen, Werkstätten etc.

beitsteilung zwischen den Geschlechtern. Diese Arbeitsteilung war zwar nicht so total, wie sie von manchen Anthropologen gesehen wird, es wurden hier aber doch unterschiedliche Schwerpunkte gesetzt. Ehe hatte somit eine ganz lebenspraktische Funktion: Eine Frau brauchte die Arbeitsleistung eines Mannes und ein Mann die einer Frau. Ein Geschlecht allein konnte nicht überleben. Die Beziehungen der Geschlechter zueinander waren geprägt von Respekt und Anerkennung der Leistung des anderen und von gegenseitiger Hilfe.

„Es läßt sich wirklich nicht sagen, daß die Rolle des Mannes oder die der Frau wichtiger ist. Es ist einfach so, daß jede(r) sich auf den/die andere(n) verlassen muß; die Arbeit muß von beiden zusammen getan werden, ob das nun der Gartenbau ist oder das Zusammenhalten von Familie und Nation. Es war immer eine gemeinsame Anstrengung. Die einzigen Beschränkungen, die es gab, waren die physischen: Frauen mußten nicht die schwere Arbeit leisten, die die physische Stärke eines Mannes erforderte."
(Audrey Shenondoah, Onondaga)

„Traditionell waren Frauen und Männer gleich, das Überleben des Stammes hing von der Frau genauso ab wie vom Mann. Und die Aufgabe der Frauen, sich um die Kinder zu kümmern, wurde als genauso wichtig angesehen wie die Aufgabe der Männer zu jagen und in den Krieg zu ziehen, denn die Kinder bedeuteten die Zukunft, die Kontinuität des Stammes.
Ich glaube, das ist etwas, was die weißen Frauen nicht verstehen: daß die indianischen Frauen immer schon diese (gleichberechtigte) Position hatten, für die die Frauen der Weißen Gesellschaft kämpfen.
Vielleicht wird jetzt auch das Sorgen für die Kinder nicht mehr als so wichtig betrachtet. Der ganzen Welt scheint nicht mehr so viel an Kindern zu liegen, das ist keine Beschäftigung mit hohem Status und das ist wirklich schade." *(Opal Cahune, Salish)*

In der folgenden Tabelle werden Tätigkeiten von Männern und Frauen im Rahmen traditioneller Kultur und Ökonomie im einzelnen dargestellt und gegenübergestellt:

Frauen	*gleiche Beteiligung beider*	*Männer*
Verantwortung für und Hauptanteil an Kindererziehung; Disziplinierung und Ausbildung der Kinder (vor allem Mädchen)		Ausbildung der Kinder, vor allem Jungen. In eingeschränktem Maß Disziplinierung.

Frauen	gleiche Beteiligung beider	Männer
Pflege von Kranken und Verletzten, Geburtshilfe. Krankenheilung		Krankenheilung
Sammeln von Früchten, Wurzeln, Nüssen, Kräutern, Muscheln, Seegras, Beeren, Kaktus etc.		In wenigen Fällen Hilfe beim Sammeln (Schoschonen)
In verschiedenen Fällen Beteiligung an der Jagd. Begleitung bei längeren Jagdexpeditionen zu Beuteverarbeitung, Nahrungszubereitung und Transport. Teilweise Kleinwildjagd.		Jagd
Teilweise Fischen und Fallenstellen	Fischen und Fallenstellen bei Ojibwa	Fischen und Fallenstellen
Garten- und Akkerbau (Pflanzen, Pflege, Ernte)	Ackerbau bei Papago, Apachen, Navajo, Havasupai	Vorbereitung der Felder, Hilfe bei der Ernte. Bei Pueblos auch Pflanzen und Pflege
Schafherden		Rinderherden (in jüngerer Zeit)
Verarbeitung von Fleisch, Fisch und anderer Nahrung: Kochen, Lagern, Konservieren. Hausarbeit		Teilweise Hilfe beim Kochen und bei der Hausarbeit.

Frauen	gleiche Beteiligung beider	Männer
Vereinzelt Beteiligung an Kriegs- und Raubzügen		Schutz der Gemeinschaft, Krieg, Rache, Raubzüge
	Handel	
Hausbau im Mittelwesten (Erdhaus), den südlichen (Grashaus) und nördlichen (Tipi) Ebenen. Kontrolle über und Beteiligung an Hausbau bei den Pueblos	Hausbau bei Eskimo, im Großen Becken (Schoschonen u.a.), Navajo, Havasupai, Pueblos, und in Kalifornien	Hausbau im Südosten, in den östlichen Wäldern (Irokesen u.a.) und im Nordwesten
Transport des Camps, Auf- und Abbau der Tipis		
Holzsammeln, -hacken, -fällen (oft mit Hilfe der Männer)		Holzsammeln und -hacken bei Pueblos und Navajo
Wasserholen (oft mit Hilfe der Männer)		Wasserholen bei Navajo. Bei Pueblos Brunnenreinigung
Feuer (Eskimo, Navajo, Irokesen)		
Häuteverarbeitung (incl. Herstellung von Mokassins), Spinnen, Nähen, Färben, Weben (dies bes. bei Navajo und im Nordwesten bei Chilkat und Tsimshian)		Häuteverarbeitung und Weben bei Pueblos, Havasupai und teilweise in Kalifornien. Häuteverarbeitung u. Herstellung von Mokassins bei Navajo.

Frauen	gleiche Beteiligung beider	Männer
Herstellung von Körben, Matten, Verarbeitung von Rinde	Körbeherstellung bei Irokesen	Herstellung von Körben bei Pueblos
Holzverarbeitung für den Hausgebrauch, bei Apachen Herstellung von Wiegen*		Holzverarbeitung, Schnitzen, Herstellung von Kanus, Jagd- und Kriegswaffen. Verarbeitung von Knochen, Horn, Stein, Metall
Töpferei Schmuckherstellung und Dekoration (Stachelschweinborsten, Perlen, heute auch Silberschmiedearbeit)		Schmuckherstellung und Silberschmiedearbeit bei Navajo und Pueblos Malerei (Pueblos)

Insgesamt gesehen überwogen die 'produktiven' Tätigkeiten der Frauen oft die der Männer. Darin reflektierte sich die Rolle der Frau als Spenderin und Bewahrerin des Lebens: Sie, die die Kinder zur Welt bringt, ist in gleicher Weise 'zuständig' für das Leben, das die Erde hervorbringt. Sie bepflanzt die Felder und erntet, sammelt Früchte, Wurzeln, Kräuter etc. und verarbeitet diese Nahrung und andere Produkte der Erde in vielfältigster Form. Demgegenüber lag der Hauptakzent der Arbeit des Manes auf seiner Rolle als Beschützer, Jäger und Krieger. Es gibt sogar Anhaltspunkte dafür, daß mehrere Jahrtausende lang die Nahrung rein vegetarisch war, so daß die Frau als Sammlerin Alleinversorgerin der Familie war und die Rolle des Mannes sich auf die des Beschützers beschränkte.[73] Die oft spekula-

---

* gemeint ist das bei den Indianern übliche 'cradleboard' (auch mit Wickelbrett übersetzt): eine Art Bett befestigt auf einem Brett, in das die Babies fest eingebunden werden. In Kopfhöhe ist eine Art 'Vorbau' angebracht, so daß dem Kind nichts passieren kann, wenn das 'cradleboard' umfällt.

Hesquiat Frau, die nach Wurzeln gräbt

tiven Theorien vieler männlicher Anthropologen, die den angeblich höheren Status der Männer mit der überragenden Bedeutung der Jagd begründen, werden dadurch in Frage gestellt. Wie dem auch sei — das Nahrungsaufkommen aus der

Sammlertätigkeit der Frauen war insofern ökonomische Grundlage, weil der Ertrag stetig, verläßlich und weniger vom Glück abhängig ist als der Jagdertrag. In einigen der Jäger/Sammler-Gesellschaften lieferten die Frauen 80% der Nahrung der Familie.[74] In der Ackerbaugesellschaft der Cherokee z.B. kannten die Frauen über 800 verschiedene Arten von Pflanzen für Nahrung, Medizin und Werkzeuge.

So war es wahrscheinlich auch die Frau, die aufgrund ihrer Erfahrung mit den Pflanzen den Ackerbau 'erfand' (in Amerika ca. 2000 v. Chr.). Mit Ausnahme der Pueblos und Papago war Ackerbau primär ihre Domäne, wenn auch die Männer bei der Vorbereitung der Felder und der Ernte halfen:*

„Man nahm an, daß die Erde keine Frucht tragen kann, wenn sie nicht von Frauen bebaut wird, und die Irokesen, die immer Hacken benutzt hatten, wehrten sich lange Zeit gegen die Einführung des Pflugs, da dieser zu schwer für die Frauen war."[75]

Den Frauen 'gehörten' (d.h. sie hatten die Kontrolle) im allgemeinen die Felder und Gärten, auch in patrilinearen Stämmen. Ihnen gehörten ebenso die dazugehörigen Arbeitsgegenstände, Saatgut etc., und sie verfügten über die Ernte. Wie schon erwähnt, sind sie bei den Navajo auch heute noch zuständig für die Schafherden.

Auf den Feldern arbeiteten die Frauen zusammen (manchmal auch mit Hilfe von Kindern, Alten und Behinderten). Mary Jemison, eine Weiße, die Ende des 18. Jahrhunderts von den Seneca adoptiert wurde, beschreibt einen solchen Arbeitsprozeß:

„Unsere Arbeit war nicht zu schwer und jedes Jahr fast die gleiche. (. . .) Im Sommer pflanzten, pflegten und ernteten wir unseren Mais, und hatten im allgemeinen all unsere Kinder dabei; doch keinen Herrn, der uns überwachte oder antrieb, so daß wir uns Zeit nehmen konnten, soviel wir wollten. (. . .) Die Feldarbeit führten wir so durch, wie es im allgemeinen bei den Indianerinnen üblich ist: Um sich die Arbeit zu erleichtern und gleichzeitig die Gesellschaft der anderen zu genießen, arbeiten sie alle in einem Feld zusammen oder wo auch immer gerade Arbeit anfällt. Im Frühling wählen sie eine alte aktive Frau, die im kommenden Jahr die Arbeit vorantreiben und überwachen soll. Sie nimmt diese Ehre an und die anderen betrachten sich als verpflichtet, ihr zu gehorchen.
Wenn die Zeit zum Pflanzen kommt, und der Boden vorbereitet ist, werden die Frauen am Morgen zusammengerufen und in ein

---

* Heute wird Ackerbau meist nicht mehr in großem Maßstab betrieben. Zum Teil haben sich dabei traditionelle Konzeptionen erhalten, wie z.B., daß den Frauen das Land 'gehört'.

Ackerbau in Florida, gemalt von Le Moyne 1564: Die Männer hacken den Boden auf (rechts), die Frauen graben kleine Löcher, in die sie die Samen streuen

Feld geführt, wo jede eine Reihe pflanzt. Dann gehen sie in das nächste Feld . . . und so machen sie weiter, bis alle Felder des Stammes bepflanzt sind. (. . .) Nach dieser Regel führen sie alle ihre Arbeiten aus, und jede Eifersucht, daß etwa eine mehr getan habe als die andere, ist dadurch wirksam ausgeschaltet. "[76]

Bei der Ernte bildeten die Seneca Frauen dann drei Gruppen: eine schälte den Mais und warf die Kolben in Körbe, die andere trug ihn zu den Vorratsstätten und die dritte Gruppe kochte ein Festessen für alle Arbeiterinnen.

Eine Ausnahme bilden, wie schon erwähnt, die Pueblo: während die Frauen auch dort die Gartenarbeit betrieben, bebauten oft die Männer die Felder — in dem dürren Klima ihres Landes ist es harte Arbeit, dem trockenen Boden einen Ertrag abzuringen und häufig sind dazu Bewässerungsanlagen nötig. Außerdem war früher der Weg zu den manchmal relativ weit von den Klippensiedlungen entfernten Feldern nicht ungefährlich; man konnte dabei von feindlichen Stämmen überfallen werden. Die Felder 'gehörten' aber dennoch den Frauen und die Produkte gingen nach der Ernte, bei der manchmal auch Frauen halfen, in ihre Verfügungsgewalt über. In diesen Nationen war das Mahlen des Mais eine Hauptarbeit der Frauen und wurde (im Gegensatz zur Darstellung in US-Western) weder von den Männern noch von den Frauen gering geachtet. So sagte z.B. eine Hopi-Frau über diese Tätigkeit:

„Ich mahle mit Dankbarkeit für den Reichtum unserer Ernte und nicht mit unguten Gefühlen, zu hart zu arbeiten. Ich habe viel bekommen und bin bereit, viel zurückzugeben."[77]

Ähnlich Ruth Roessel, eine Navajo:

„Der Mahlstein ist das Werkzeug der Frau. Er beschützt uns und gibt uns gute Gedanken, und wir haben Lieder für diese Tätigkeit. Ich konnte schon Mais mahlen, als ich drei oder vier Jahre alt war, und ich lernte Brot zu backen, indem ich meiner älteren Schwester zusah. All diese Dinge machten mir Spaß.

Auch das Feuer gehört zur Nahrungsvorbereitung. Es ist heilig, denn Mutter Erde und Gedankenkräfte sind in ihm, und es gibt uns Frauen Stärke im Planen. Deshalb haben wir immer auf die Frauen gehört.

So machen wir Nahrung mit dem Feuer und wir essen davon. Und du wächst, indem du all das ißt, was wächst, den Mais, den die Holy People für uns dagelassen haben."[78]

Die Jagd war, wie schon erwähnt, in erster Linie Domäne der Männer. Manchmal waren jedoch auch die Frauen dabei. Sie begannen oft noch an Ort und Stelle mit der Verarbeitung der Jagdprodukte und erfüllten auch bestimmte Funktionen bei der Jagd selbst: Sie halfen z.B. beim 'stampeding', der alten Methode der Büffeljagd, bei der die Tiere eingekreist und durch Schreie und laute Geräusche in einen Abgrund getrieben wurden. Gruppenjagden mit Männern und Frauen gab es ferner bei den Algonkin und Eskimo (Seehundjagd). Bei Apachen und Modoc begleiteten manchmal Frauen einzelne Jäger oder jagten sogar selbständig.

Oft kam es auch vor (z.B. bei den Irokesen und Eskimo), daß einige Frauen die Männer auf längeren Jagdexpeditionen begleiteten und dabei kochten, das Fleisch trockneten, Häute gerbten und andere Nahrung sammelten. Blieb die Frau zuhause, so kam der Mann und lud die Beute vor ihrer Tür ab, denn der Jagdertrag gehörte ihr. Von den Assiniboin wird berichtet, daß ein Jäger nichts zu lachen hatte, wenn er mit leeren Händen nach Hause kam, dann ging seine Frau nämlich sofort zu Verwandten und Freunden, während er sich und sein Pferd selbst versorgen mußte.

Auch Frauen gingen manchmal auf, allerdings kürzere, Expeditionen, wo sie Pflanzen sammelten und an Ort und Stelle verarbeiteten. Der größte Teil ihrer Arbeit fand jedoch im Dorf und seiner näheren Umgebung statt, was wohl in erster Linie damit zusammenhing, daß sich die Arbeit so besser mit der Sorge für die Kinder vereinbaren ließ. Aktivitäten, die weit vom Zuhause stattfanden, die nicht unterbrochen werden konnten und gefährlich waren, waren nie der primäre Tätigkeitsbereich der Frauen. Weiße Besucher in Indianerdörfern wurden so oft zu der Annahme verleitet, die Frauen, deren Tätigkeiten sie mehr beobachten konnten, seien die 'Arbeitstiere' der Männer, die manchmal nur 'untätig' herumsaßen.* Diese 'Trägheit', d.h. eine Phase der Erschöpfung und Entspannung, war jedoch notwendiges Produkt einer Arbeit, die hohen Energieaufwand erforderte:

„Wochen-, monate- oder sogar jahrelang legte der Mann bei der Jagd, dem Fischfang oder auf dem Kriegspfad hunderte von Meilen zurück und war den Härten und Gefahren von Jagd und Kampf und den Unbillen des Wetters unterworfen, oft ohne angemessene Nahrung und Unterkunft. "[79]

Die Arbeit der Frauen hatte dagegen einen mehr stetigen Charakter, mit niedrigerem, dafür aber gleichbleibendem Energieaufwand. Doch auch sie arbeiteten natürlich nicht Tag und Nacht. Es gab Feste, Tänze und Spiele, darunter auch reine Frauenspiele wie z.B. eine Art von Hockey, und einige Ball-, Würfel- und Glücksspiele. ‚Gambling‘ (Glückspiele, Wetten) unterlag keinen moralischen Restriktionen und manche Frauen waren mehr oder weniger gewohnheitsmäßige Spielerinnen. Tätigkeiten, die heute als 'Sport' bezeichnet werden, waren ebenfalls häufig und beliebt, wie Schwimmen, Reiten, Rennen (zu Fuß oder mit Pferden), Schlittenfahren, bei den Kutchin am Yukon River auch Ringen.

*

Blaues Kleid.
Roter Schal.
Hirschhufe, tanzend im Haar, tanzend in der Luft.
Nerzbänder, tanzend am Boden, tanzend in der Luft.
Adlerfedern sehen mich an, behüten mich
tanzen in der Luft.
Schwanenschals singen in Schönheit,
schwingen und verbergen sich,
tanzen in der Luft.
Knochen schlagen zusammen, glänzen, rasseln,
tanzen in der Luft.

---

* ein gern gebrauchtes Beispiel für diese scheinbare 'Arbeitstier'-Rolle der Frau ist auch der Transport des Camps bei den Prärieindianern, wo die Frau das Gepäck trägt, während der Mann auf einem Pferd reitet. Er tat dies jedoch nicht zum Vergnügen: es war seine Aufgabe, nach Feinden und anderen Gefahren auszuspähen und entlang des Wegs zu jagen, evt. auch zu kämpfen, so daß er beweglich bleiben mußte.

Mutter Erde tanzt mit mir,
Zeigt mir
die Schönheit aller Frauen,
tanzend in der Luft.

Dorene Day[80]

*

Ojibwa Frauen beim Tanz

Auch Arbeit war oft ein geselliger Prozeß. Die Frauen trafen sich
beim Wasserholen und tauschten Neuigkeiten aus, sie saßen beim
Töpfern, Korbflechten und Maismahlen zusammen, sie stellten
gemeinsam Ahornsyrup her. Die Produktivität der Arbeit wurde
oft diesem Aspekt der Geselligkeit untergeordnet – Frauen waren
gern mit Frauen zusammen. Ein Gespräch, von dem das Anthro-
pologen-Ehepaar Yolanda und Robert Murphy in ihrem Buch
über die (südamerikanischen) Mundurucu Indianerinnen berichtet, ließ mich besonders deutlich spüren, was eine solche Gemein-
samkeit – und ihr Fehlen – für Frauen bedeutet:
„Einmal fragte eine Frau Yolanda, wohin sie zum Wasserholen
ging in ihrem Dorf in Amerika. Yolanda erklärte, daß wir nicht
zu einem Fluß gehen, sondern das Wasser durch eine hohle Röhre

leiten, wie durch ein Stück Bambus, direkt in unsere Häuser. Die Frauen waren nicht beeindruckt, nur bestürzt: ‚Aber wenn ihr nicht zusammen mit den anderen Frauen zum Wasserholen und Baden geht, seid ihr da nicht einsam?'
Yolanda dachte einen Augenblick darüber nach und antwortete: ‚Doch, wir sind einsam.' "[81]

In Nationen, in denen die Frauen weniger Macht haben, kann dieses Zusammensein zu einer Bastion der Stärke gegenüber der Männerwelt werden, wie das von den Ojibwa beschrieben wird:

„*Während die Frauen arbeiten, sprechen sie. Sie reden eine ganze Menge, aber nie mit müßigen Händen. Männer dagegen können nur reden, wenn sie nicht arbeiten, was sich aus der Natur ihrer Arbeit ergibt. Sie sprechen in den entspannten Stunden des Rauchens nach der Jagd und bei Festen über die 'wichtigen' Dinge innerhalb ihrer Erfahrungswelt: Abenteuer in Jagd und Krieg, Streitigkeiten zwischen Schamanen, Metaphysisches des* mide *Ritus (vgl. S. 36 U.W.) In ihrer Welt wird die Arbeit der Frauen normalerweise ignoriert und Frauen treten als Einzelpersönlichkeiten dort nicht hervor.*

In Abwesenheit der Männer jedoch formen die Frauen eine geschlossene, von der der Männer gänzlich getrennte Welt, wo jede Frau Bedeutung hat, wo die Arbeit der Frauen Wert besitzt und wo die Wertvorstellungen der Frauen gelten. In ihren geschäftigen Stunden, wenn die Männer von zuhause fort sind, reden sie über ihre *wichtigen Erfahrungen: Anzahl und Eigenheiten ihrer Ehemänner, Anzahl ihrer Kinder, die Gründe für einen Fall von Ehebruch, Einwände gegen die Praxis, mehr als eine Frau zu heiraten, die seltsamen Eigenheiten einiger Frauen, die in den Krieg ziehen, jagen und wahrsagen wie die Männer, die Verdienste einzelner Frauen als Häutegerberinnen, Perlenstickerinnen oder Hebammen, die Verdienste einzelner Arbeiten in Bezug auf Technik oder Einfallsreichtum der Muster, sexuelle 'Abweichungen' wie Inzest, vermutete Homosexualität, uneheliche Kinder und Abtreibung, und die privaten Motive hinter interessanten Aktionen.* "*[82]

Es gab Frauengesellschaften für bestimmte Altersstufen, für Ledige und Witwen (Sioux) und für bestimmte 'Handwerke' (z.B. bei Hidatsa, Mandan, Pawnee und Cheyenne): Häute gerben, Schmuck herstellen (aus Stachelschweinborsten u. Perlen), besondere Methoden des Gartenbaus. Bei den Ojibwa kommen Frauen oft von weit her, um bei 'Expertinnen' zu lernen oder Bestellungen aufzugeben. Manchmal fanden früher auch Wettbewerbe im Nähen, Weben und den anderen erwähnten Tätigkeiten statt: Bei den Sioux z.B. stellten Frauen in einer solchen 'Konkurrenz' Mokassins, Kleidungsstücke, 'cradleboards', perlenbestickte Gürtel etc. aus und verzeichneten auf einem Elch-geweih, wieviel sie produzierten (z.B. ein Kreis für 100 gegerbte Häute, ähnlich dem 'counting coup'* der Männer). Wichtige Tätigkeiten waren außerdem oft von Festen begleitet, z.B. das Maismahlen bei den Zuni und das Herstellen der Tipis bei den Prärieindianerinnen.

Wie anfangs schon angedeutet, war die Arbeitsteilung nicht ri-gide und unveränderlich. Sie paßte sich oft der Situation an, und abgesehen von der biologisch bedingten Mutterrolle der Frauen waren beide Geschlechter in der Lage, Tätigkeiten, die normaler-weise vom anderen Geschlecht ausgeübt wurden, zu übernehmen, wenn die Notwendigkeit dazu bestand. So kochten die Sioux-Männer auf Jagdzügen selbst und die Ute und Paiute übernah-men die Arbeit ihrer Frauen, wenn diese Kinder bekamen. Ojib-wa und Sioux Frauen jagten, wenn kein Mann dazu zur Verfü-gung stand, und viele Witwen bei den Ojibwa verzichteten be-wußt auf Wiederheirat und übten permanent sowohl 'männli-che' als auch 'weibliche' Tätigkeiten aus. Bei diesem Volk sowie bei den Navajo kam es auch vor, daß Mädchen von den Eltern als 'Jungen' erzogen wurden, wenn die Situation es erforderte. Gegenseitige Hilfsbereitschaft, Flexibilität und Orientierung an dem „was getan werden muß" prägten die Tätigkeiten von Män-nern und Frauen im allgemeinen mehr als starres Festhalten an 'Männlichem' und 'Weiblichem'.

*

Ich jagte wie die Männer:
Ich trug Waffen,
erschoß einen Karibu Bullen,
eine Kuh und ein Kalb,
ja, tötete sie mit meinen Pfeilen,
mit meinen Pfeilen,
eines Abends im Winter,
als die Dämmerung fiel
weit im Landesinneren.
        Ija-je-ja.

Kibkarjuk, Caribou Eskimo[83]

---

* Ein System, mit dem die Errungenschaften der Krieger gemessen wurden. Am meisten 'Punkte' brachte das Berühren des Feindes, ohne ihn zu verletzen, während Töten weit weniger oder gar nichts zählte.

In meinem Stamm halfen in früheren Zeiten einige Männer ihren Frauen in deren Gärten, manche nicht. Die, die ihren Frauen nicht halfen, redeten gegen die anderen und sagten: ,,Die Frau dieses Mannes macht ihn zu ihrem Diener!" Und die anderen gaben zurück: ,,Schaut her, dieser Mann bürdet alle harte Arbeit seiner Frau auf!"
Mein Vater Small Ankle arbeitete gern im Garten und half seinen Frauen oft. Er sagte mir, so wäre es am besten. ,,Was immer du auch tust", sagte er, ,,hilf deiner Frau bei allem!" Er lehrte mich, den Garten sauberzuhalten, bei der Maisernte zu helfen, zu hacken und zu rechen. Mein Vater sagte, daß der Mann am besten lebe und genug zu essen habe, der seiner Frau hilft.

Pawnee[84]

Wenn früher Leute zu Besuch kamen, vielleicht deine Schwestern und ihre Familie, so halfen alle mit, beim Kochen des Essens, Saubermachen, die Kinder ins Bett bringen oder was auch immer. Und wenn jemand eine Menge Arbeit zuhause hatte, kam man und half. Auch die Männer halfen bei der Hausarbeit. Es ist eine gemeinsame Aufgabe.

Audrey Shenondoah, Onondaga

Während wir im Gefängnis waren, blieben nur noch die Frauen und Kinder und vielleicht ein paar alte Männer hier zurück. Sie hatten sehr wenig Nahrung, doch wie durch ein Wunder gab es eine Menge Kaninchen und anderes Wild, so daß sie durch dieses Fleisch den Winter überleben konnten. Es war eine schwere Zeit. . . . Die Frauen mußten selbst das Holz sammeln. Meine Mutter erzählte mir oft, wie sie Gruppen für die Jagd bildeten und zur Hilfe Hunde mitnahmen. Wir hatten eine kleine Schafherde, die sie versorgten, während wir weg waren. Während der Zeit des Wachsens pflanzten sie, pflegten die Felder und taten all die Arbeit, die normalerweise Männer tun, um zu überleben.

Dan Katchongva, Hopi[85]*

*

---

* 1906 vertrieb der regierungsfreundliche Führer Oraibis die traditionellen Hopi aus ihrem Dorf. Sie gründeten Hotevilla, wo dann jedoch US-Truppen auftauchten und die Männer verhafteten. Sie wurden 1 1/2 Jahre lang unter Zwangsarbeit bei Keams Canyon gefangengehalten. Damit wollte man sie zwingen, Bedingungen der US-Regierung zu akzeptieren, z.B. ihre Kinder in US-Schulen zu schicken.

So waren denn auch mit den verschiedenen Arbeitsformen keine generellen Vorstellungen von 'typisch männlichen' und 'typisch weiblichen' Charaktereigenschaften verbunden. Die meisten von Indianern als erstrebenswert betrachteten Eigenschaften wurden von beiden Geschlechtern erwartet: Tapferkeit, Mut, Selbstdisziplin, Großzügigkeit, Freigebigkeit, Ehrlichkeit, Freundlichkeit, Bescheidenheit. Nur Fleiß scheint bei Frauen immer besonders betont zu werden, ansonsten sind die Kriterien auch regional unterschiedlich: während manche Stämme Passivität bei Frauen schätzten, erwarteten andere (z.B. Hopi) Aggressivität und energisches Auftreten.

„Wir wurden nicht geplagt von den Dingen, von denen die Weissen geplagt werden: wir mußten nicht ein bestimmtes Aussehen und Maße von 38-24-36 (inches, U.W.) haben, um schön zu sein oder wie auch immer ihr das nennt. Unsere Männer haben uns nie auf diese Weise zerstört." (Regina Brave, Lakota)

Wo von Frauen ein spezifisches 'weibliches' – im Sinne von Unterordnung, Zurückhaltung etc. – Verhalten erwartet wurde, gab es immer Frauen, die diese Anforderungen ablehnten – ohne deswegen diskriminiert zu werden. Bei den Piegan (Teil der Blackfeet) waren 1939 15% der Frauen solche 'manly-hearted women' (Frauen mit dem Herz eines Mannes), d.h. *„Frauen, die den Männern in deren Fähigkeiten ebenbürtig sind, ebenso wie in Reichtum, Kontrolle über Eigentum, sexueller Kühnheit und religiöser Aktivität; die sich losreißen von Beschränkungen, die nach Aussagen anderer ihrem Geschlecht angemessen wären."*[86]

O. Lewis, der 1939 bei den Piegan eine Untersuchung durchführte, beschreibt ihr Verhalten wie folgt:

„In gemischten sozialen Treffen, wenn andere Frauen mit heruntergeschlagenen Augen dasitzen, ihren Schal fest um sich wickeln und kaum ein Wort zur Konversation beitragen, bewegen sich 'manly-hearted women' zwanglos, sie nehmen ihren Schal ab und sprechen frei zu den Männern. Sie zögern nicht, Reden in der Öffentlichkeit zu halten, sie scherzen und hänseln und geben ihren Meinungen Ausdruck, 'als ob sie Männer wären' . . .

Auch in nahezu jeder häuslichen Situation verhalten sich m.-h.w. unabhängiger, selbstsicherer und aggressiver als andere. Sie werden von Männern mehr respektiert und erledigen in vielen Fällen ihre Angelegenheiten ohne Einmischung. In der Meinung der meisten Leute dominieren sie ihre Männer. (. . .) Ein alter Informant sagte es so: ‚Es ist leicht, eine m.-h.w. zu erkennen; der Ehemann hat schlicht nichts zu sagen'. Wenn er etwas verschenken will oder ein Pferd verkaufen oder etwas kaufen, muß er seine Frau um Rat fragen und ihre Zustimmung erhalten. Sie läßt sich weniger von ihrem Mann gefallen als andere Frauen. Wenn sich die Dinge nicht ihren Wünschen entsprechend ändern lassen, verläßt sie das Tipi und heiratet einen anderen. (. . .) Die Witwe G. z.B. ließ sich nie schlagen ohne zurückzuschlagen, was bei Piegan Frauen selten ist. Als ihr Mann sie einmal schlug und ihr mit dem Tod drohte, weil sie nicht zu einem Tanz gehen wollte, sagte sie zu ihm: ,Dein Körper ist nicht aus Eisen und ich kann dich auch töten.' Er bekam solche Angst, daß er wegrannte. (. . .) Die gesicherte Position, die m. h.w. im Tipi haben, ist größtenteils ein Resultat ihrer aktiven Sexualität. Man sagte, sie seien leidenschaftliche Frauen und ihr diesbezügliches unkonventionelles Verhalten bietet viel Anlaß zum Klatsch. Sie nehmen z.B. die männliche Position beim Geschlechtsverkehr ein.

(. . .) Die Bezeichnung 'manly' bedeutet jedoch nicht maskulines Aussehen und hat nichts zu tun mit Homosexualität, sondern bezieht sich auf Eigenschaften. Die Haltung gegenüber 'manly-heartedness' ist ambivalent. (. . .) Männer profitieren davon, mit einer m.-h.w. verheiratet zu sein, denn sie ist eine begehrenswerte Sexualpartnerin, eine geschickte Arbeiterin und ökonomisch gesehen eine Errungenschaft. Andererseits verweigert sie ihrem Mann die Dominanz im Haushalt und er wird deshalb leicht ausgelacht. Frauen betrachten dieses unkonventionelle Verhalten als unanständig, sprechen jedoch manchmal auch mit Neid und Bewunderung von Mut und Geschicklichkeit der manly-hearted-women. "[87]

Was immer der Grund dafür war, daß eine Frau 'männliche' Tätigkeiten ausübte — ob sie äußere Notwendigkeiten dazu zwangen oder ob sie sich aufgrund persönlicher Vorlieben dazu entschied —, sie wurde auch in diesen Aktivitäten geachtet. So heißt es von den Menomini:

„*Eine Frau, die gut fischte, gut rannte, gut jagte oder wie ein Mann tanzte, genoß hohen Respekt*"[38];

und von den Ojibwa:

„*Es gibt für Frauen, die Männerarbeit ausüben, keine spezielle Bezeichnung, sie tragen keine andere Kleidung und sprechen nicht anders, sie werden nie sexueller Abweichungen verdächtigt, obwohl manche von ihnen nie heiraten, . . . und sie werden nie verspottet. . . . Die Männer betrachten sie eher im Licht der Tätigkeiten, die sie ausüben: für sie ist ein Mädchen, das sich als Kriegerin auszeichnet, eine Kriegerin und nicht ein komisches Mädchen.* "[89]

Es war jedoch nur eine Minderheit von Frauen, die sich zu einem solchen Rollentausch entschied. Das mag an der 'Macht der Gewohnheit' gelegen haben, der geschlechtsspezifischen Sozialisation etc., vielleicht aber auch ganz schlicht daran, daß die männlilichen Aktivitäten den Frauen nicht attraktiver erschienen als ihre eigenen. So sagt z.B. die Crow Medizinfrau Pretty Shield:

„Büffeljagen war Angelegenheit der Männer. Jedesmal, wenn ich etwas mit einer Büffelherde zu tun hatte, wäre ich lieber an jedem anderen Ort gewesen."[90]

Das besondere Prestige, das man/frau sich bei einigen Nationen (Ojibwa, Prärieindianern) als gute(r) Jäger(in) und Krieger(in) erwerben konnte, war für viele Frauen offensichtlich eine unzureichende Entschädigung für die Gefahren und körperlichen Härten einer solchen Tätigkeit. So waren es auch meist besondere Gründe praktischer oder spiritueller Natur, die sie dazu bewegten, in den Krieg zu ziehen: die Arikara Frauen z.B. kämpften, als die Männer allein nicht mehr in der Lage waren, die Gemeinschaft zu verteidigen, Sioux Frauen zogen in den Krieg aufgrund eines Traumes oder um nahestehende Verwandte zu rächen, die Ojibwa Frau Chief Earth Woman folgte einem Traum und verhalf durch ihre prophetische Gabe einem kriegerischen Unternehmen zum Erfolg und kinderlose Frauen bei den Blackfeet *„gingen oft lieber mit ihren Männern auf die ermüdende und gefährliche Unternehmung des Pferdestehlens in fernen feindlichen Dörfern als zuhause zu bleiben und für ihre Männer zu beten und sich um ihre Sicherheit Sorgen zu machen."*[91]

Berichte von Kriegerinnen finden sich bei vielen Nationen, vor allem im Südwesten, Südosten, im Hochplateau und bei den Prärieindianern. Diese Kriegerinnen übertrafen oft ihre männlichen Gefährten an Mut und Erfolg. Von der Crow Kriegerin Pine Leaf, die den Tod ihrer Zwillingsbrüder durch die Tötung von 100 feindlichen Kriegern rächte, wird gesagt:

„Niemand war mutiger als sie und sie wußte es; manche waren kräftiger, doch ihre geringere Muskelkraft wurde mehr als wettgemacht durch ihre katzengleiche Behendigkeit, und sie tötete bereits ihren Mann (gemeint: den Gegner), während andere sich noch auf die Attacke vorbereiteten."[92]

Bedeutende Kriegerinnen waren ferner 'Women Chief' (Gros Ventre/Crow), die ihre eigenen Kriegstrupps gegen die Blackfeet führte und später Chief wurde, und Lozen (Loyen), Schwester des Apachenführers Victorio, die alle Männer ihres Stammes bei Jagd und Pferdestehlen übertraf, mit den Männern zusammen Kriegsstrategien entwarf und die Gabe besaß, den Aufenthaltsort des Feindes zu 'sehen'.[93]

*

Einmal, als wir (Pawnee, U.W.) im Dorf Phaku lebten, kamen die Ponca . . ., um uns anzugreifen. Sie hatten Heu in ihren Taschen,

*um damit das Dorf anzuzünden. Unsere Männer sahen, wie sehr
sie zahlenmäßig unterlegen waren und ergaben sich ihrem Schicksal: sie blieben in den Häusern und warteten darauf, verbrannt
zu werden.*

*Als der Feind immer näher kam, entschied sich diese alte Frau
(Grieves-the-Enemy, U.W.), etwas dagegen zu tun. Sie war damals
über 50 Jahre alt. Sie rieb sich etwas Ruß über die Augen (was
bedeutet, jedem Zorn und besonders Feuer Trotz zu bieten) . . .
und ging mit ihrer Kriegskeule dem Feind entgegen. Dabei rief
sie: „Wir müssen irgendwas tun. Ihr Männer sitzt nur da und
tut nichts!" Die Männer wurden aufgeregt und sagten: „Schaut
euch diese alte Frau an! Wir müssen rausgehen und kämpfen!"
So rannten sie alle nach draußen. Sie hatten Pfeil und Bogen wie
die Ponca, während die alte Frau lediglich einen Knüppel in der
Hand hatte. Doch damit tötete sie einen Ponca, direkt neben dem
Haus.*

*Wegen ihrer Tapferkeit konnte sie später alles tun, was Männer
tun, und frei sagen, was immer ihr in den Sinn kam, denn sie hatte
das Leben aller gerettet. Viel später, als die Pawnee mit den Ponca
über diesen Vorfall sprachen, . . . sagten diese: „Als wir diesen alten Mann sahen, dachten wir, daß das der tapferste Mann sei, den
wir je gesehen hätten, und das hielt uns zurück." Darauf sagten
ihnen die Pawnee, daß es eine Frau gewesen war.*[94]

*Einmal lebte da ein Mädchen des Cottonwood Clans, die nicht auf
Vater oder Mutter oder Onkel hörte. Sie sagten ihr immer, sie
solle sich wie ein gutes Mädchen benehmen, doch sie wurde sehr
schnell zornig. Schließlich wurden sie es müde, sie zu ermahnen
und ignorierten sie einfach. Einmal, als sie gerade beim Maismahlen war, kamen viele Feinde dicht ans Dorf heran. Ihr Onkel kam
zu ihr, packte sie am Arm und sagte: „Nimm Deinen Pfeil und
Bogen und kämpf mit den Feinden, die da kommen. Du hast
nicht auf uns gehört und dich wie ein Junge benommen. Jetzt
ist es Zeit für dich zu gehen und zu kämpfen und tapfer zu sein."
Das Mädchen lachte "Ha ha!" und sagte: „Ich will sehr gerne
gehen und gegen die Feinde kämpfen. Ich hab keine Angst. Ich
will tun, was ich kann." (Nachdem sie alle Vorbereitungen getroffen hatte, U.W.) ging sie den Feinden entgegen, singend und
lachend, glücklich, daß sie kämpfen würde. Bevor sie die Feinde
traf, zog sie ihr Kleid viermal hoch, um ihnen zu zeigen, daß sie
ein Mädchen war. Dann kämpfte sie und sie tötete alle Feinde an
einem Tag. Als sie danach zurückkehrte, sahen die Männer, daß
sie eine Maske trug — eine Seite war blau, die andere gelb und sie
hatte lange Zähne. Die Männer hatten Angst vor ihr, doch sie folg-*

ten ihr in die Stadt, während sie sang und lachte. Diese Schlacht verhalf ihr zu dem Namen "Pohaha" — Po heißt naß, denn man sagte, daß sie naß zwischen ihren Beinen war, während sie kämpfte, und haha für ihr Lachen.

In dieser Nacht kamen Pohaha's Onkel zu ihrem Haus und sagten ihr, daß sie der Ansicht seien, sie sei ein Mann und entschieden hätten, sie als Kriegshäuptling einzusetzen. Selbst wenn sie ein Mädchen sei, sei sie ein Mann. Als Kriegshäuptling müsse sie ihr Volk gegen die Feinde führen, vor Krankheit beschützen und sie als ihre Kinder behandeln. . . .

Als sie starb, hinterließ sie ihre Maske und sagte, diese würde sie repräsentieren, selbst wenn sie tot sei. ,,Ich werde immer bei Euch sein", sagte sie, ,,die Maske bin ich." Deshalb bewahrten die Cottonwood Leute die Maske auf.

Tewa[95]

*

Von diesen Fällen abgesehen, wo Frauen aktiv am Krieg teilnahmen, unterstützten sie ihn durch Fasten und Gebete, kümmerten sich um Verletzte, führten nach der Heimkehr der Männer den Skalptanz durch (ihre Gelegenheit zur Aggressionsabfuhr) und entschieden bei vielen Nationen (besonders im Osten und Südosten) über die Gefangenen. Oft folterten und töteten sie diese selbst (Cherokee, Irokesen, Creek, Natchez, Apache). Sofern sie sich nicht aktiv als Kriegerinnen beteiligten, wurden sie nicht getötet, aber oft gefangengenommen. Als Gefangene wurden sie im allgemeinen adoptiert, manchmal aber auch 'versklavt', d.h. zu harter Arbeit gezwungen (Nordwesten, Flathead). Vergewaltigung war verboten.

In den alltäglichen Ablauf von Arbeit und Leben gliederten sich die Kinder bruchlos ein. Es gab — und gibt — für die amerikanischen Ureinwohner keine spezielle 'Kinderwelt' gegenüber einer von ihr getrennten und nach anderen Gesetzen funktionierenden 'Erwachsenenwelt', ja es gibt in den indianischen Sprachen nicht einmal das Wort 'Kind': sie sind die 'kleinen Leute', die Erwachsenen die 'großen Leute'. Die 'kleinen Leute' waren immer dabei. Die Mutter trug das Baby auf dem Rücken oder wickelte es in das 'cradleboard', das sie dann während der Arbeit an einen Baum hängte, von wo aus das Kind 'die Welt überblicken' konnte. Auch heute noch trennen sich die Mütter ungern von den Kindern und

Hopi Mutter

lehnen darum z.B. oft Kindertagesstätten ab.* Bei indianischen
Treffen fiel mir immer wieder auf, wie selbstverständlich es für
die Erwachsenen ist, daß dabei Kinder anwesend sind.

---

* Bei der Untersuchung von Bowman (a.a.O.) sagten 3/4 der Frauen, sie
würden ihre Kinder lieber bei Verwandten oder Freunden lassen.

91

,,Ich nehme immer meine Kinder mit. Wenn ich sie nicht mitneh-
men kann, gehe ich nicht."[96]

Wenn die Kinder größer wurden, gliederten sie sich mehr und mehr in die Arbeitsprozesse der Erwachsenen ein. Dabei hatten sie aber auch genügend Zeit für Spiele und 'Sport', ihre Arbeitskraft wurde nicht etwa 'ausgenutzt'. Die Haltung der Indianer zu ihren Kindern war (ist) geprägt von Großzügigkeit, Liebe und Respekt. Sie sind die Zukunft der Nation und alle Aktionen der Gemeinschaft haben ihr Wohl und das der ungeborenen Generationen im Auge. Prügel gab es nicht − *,,Kindesmißhandlung war ein Verbrechen gegen die ganze Nation"* (Janet McCloud). Kinder wurden diszipliniert in dem Maße, wie sich alle, Erwachsene und Kinder, einer Disziplinierung unterwerfen mußten, die begründet war in den Erfordernissen des Lebens und Überlebens: *,,Die Schwierigkeiten und Gefahren, die den Kindern das Leben schwer machen, sind genau dieselben, mit denen es auch die Erwachsenen zu tun haben."*[97]

Die Einhaltung dieser Disziplin wurde, wo nicht durch die Lebensumstände selbst, gesichert durch soziale Kontrolle, durch Lob/Ansehen oder Tadel/Ablehnung.

Jungen und Mädchen wurden von ihren Eltern in gleicher Weise geschätzt. Oft war es allerdings so, daß Mütter besonders gern ein Mädchen und Väter besonders gern einen Jungen bekamen, wegen der Unterstützung, die sie von einem Kind ihres Geschlechts später bei der Arbeit erhielten. Von den Irokesen, Huronen, Zuni und Hopi heißt es, weibliche Kinder seien bevorzugt worden, was wohl seinen Grund darin hatte, daß in diesen Nationen die Mädchen im Haushalt blieben und nicht wie die Jungen ihre Eltern bei Heirat verließen. Die Kinder der Tochter konnten dann den Großeltern im Alter behilflich sein.

*

Kleines Kind!
Kleine Süße!
Kleines Mädchen!
Noch ein Baby
wirst du doch schon
bald mit einem Baby
spielen.
Kleines Mädchen!
Kleine Frau so wunderbar!

Zuni-Wiegenlied für ein Mädchen[98]

Ich merkte, daß die westliche Zivilisation die Kinder nicht Re-

spekt lehrt. Sie geht von einem Extrem zum anderen: entweder Ihr seid zu hart mit ihnen oder zu weich. Kinder brauchen Disziplin, die richtige Art von Disziplin. Ich glaube nicht, daß Kinder geschlagen werden sollten – niemals. Du brauchst deine Kinder nicht zu schlagen. Binde sie in ihr 'cradleboard' und hänge sie in einen Baum, wenn sie jung sind. Auf diese Weise richtet sich ihr Bewußtsein nach außen, auf die ganze Welt, und sie hören auf, darüber nachzudenken, was es war, worüber sie geschrieen hatten und bekommen eine richtige Perspektive der Realität.[99]

Die Eltern erzogen die Kinder durch ihr Beispiel und mußten deshalb besonders auf ihr eigenes Verhalten achten, mehr noch als auf das der Kinder. Die Augen und Ohren der Kinder waren durch ihre robuste Gesundheit und den engen Kontakt zur Natur geschärft und sie beobachteten die Eltern und Alten genau bei dem was sie sagten und taten. Daher mußten die Älteren so freundlich und würdevoll handeln wie möglich.

Chief Standing Bear, Lakota[100]

*

Viele Aktivitäten der Kinder – wie z.B. die Aufsicht über jüngere Geschwister – waren nicht geschlechtsspezifisch. Bei den Navajo hüteten Mädchen wie Jungen die Schafe und oft machten auch Mädchen Jungenarbeit – und umgekehrt –, weil es ihnen gefiel oder weil kein Junge/Mädchen da war:

„*Ich glaube, ich war ein 'tomboy' (ein Mädchen, das wie ein Junge ist, U.W.), denn ich tat gern Männerarbeit. Ich fühlte, daß es nichts gab, das ich nicht tun konnte. Ich half beim Bau des Hogans, bei der Feldarbeit und beim Bewässern und ich hackte Holz und brachte es nach Hause. Ich konnte die Pferde zusammentreiben und ritt häufig von hier nach Round Rock, ohne Sattel, falls nötig sogar in der Nacht. . . . Ich wurde bald als 'Sohn von Salt Man' bekannt (lacht). Es war mir nicht unangenehm. Ich tat, was getan werden mußte.“ (Ruth Roessel, Navajo)*[101]

Auch die Einübung von körperlicher Stärke und Ausdauer war für beide wichtig:

„*Ihr Jungen sollt nach draußen gehen und rennen, damit Ihr als Krieger schnell sein werdet. . . . Ihr Mädchen sollt Euch im Rennen üben, denn so könnt Ihr in Kriegszeiten Euer Leben retten.“ (Papago)*[102]

Gemeinsam fanden ebenso viele Spiele statt, bei denen die Kinder das Leben der Erwachsenen imitierten.

Gleichzeitig oder erst ab einem bestimmten Alter übten sie sich
ein in die spezifischen Tätigkeiten ihres Geschlechts, die ihnen
von Eltern, älteren Geschwistern und Verwandten vermittelt wurden:

*„Das Mädchen wurde in der Fruchtbarkeit der Erde unterwiesen,
der Form des Erdhauses, der Natur der Sprache und des Landes
draußen. Der Mann bekam die Kleidung des Kriegers und lernte,
wie man über die Erde reist, Krieg führt und jagt, und seine
Rolle im Akt der Fortpflanzung." (Pawnee)*[103]

*

*Ich komme aus einer Familie mit 6 Kindern und ich bin die älte-
ste der Mädchen. Deshalb trug ich besonders viel Verantwortung
Ich mußte mich um meine Brüder und Schwestern kümmern, die
Windeln waschen usw., ich stellte Butter aus der Kuhmilch her
und ich half bei der Konservierung von Fleisch, denn zu dieser
Zeit gab es keine Elektrizität und keine Kühlung, wir mußten alles
trocknen oder einpökeln. Und ich trug das Wasser zum Haus und
wusch meine eigene Wäsche. Im Sommer schwammen wir in unserem Bach und wir fischten. Ich suchte immer Krabben, indem
ich Steine umdrehte. Ich wuchs mit sehr viel Freiheit auf und der
Wald war mein Spielplatz.
Ich erinnere mich, daß ich ein großes Gefühl des Erfolgs hatte bei
den Dingen, die ich tat. Ich weiß nicht mehr, wann ich zum erstenmal Feuer in unserem Ofen machte, zum erstenmal kochte, zum
erstenmal Brot backte – all dies geschah quasi automatisch während ich aufwuchs. Und ich tat das, bevor meine Mutter nach
Hause kam, denn meine Mutter hatte viel zu tun, sie half immer
anderen Leuten in unserer Gemeinde. Es war einfach wichtig
für uns, diese Dinge zu tun, davon hing unser Überleben ab. Die
Schule kam erst an zweiter Stelle. Und ich war wirklich glücklich,
diesen Aufgaben nachzukommen, ich erinnere mich an diese Zeit
als der glücklichsten Zeit meines Lebens. Und ich hatte nebenbei
Zeit zum Schwimmen und Spielen.*

Alice Papineau, Onondaga

*Da gibt es körperliche Unterschiede, aber natürlich können alle
Kinder so ziemlich dasselbe tun, Mädchen wie Jungen. Bei den
Dingen, mit denen sie sich beschäftigen, ist nichts dabei, was
einem Geschlecht unmöglich wäre. In unserer Schule ist das z.B.
Kochen und Wandern, Häute gerben, Silberarbeiten, Töpfern –
da gibt es keine Trennungslinie zwischen Mädchen und Jungen.
Und es gelten dieselben Verhaltensregeln, dasselbe Wertsystem.*

Beide sollen sich gegenseitig respektieren. Es kommt z.B. manchmal in der Schule vor, daß ein Junge sagt, ein anderer verhalte sich wie ein Mädchen, dann sprechen wir darüber: Wir fragen ihn, warum er glaubt, daß das eines Mädchens Verhalten wäre und machen ihm klar, daß das nur in seinem Kopf so ist, daß offenbar niemand anderer so denkt. Wir wollen den Kindern vermitteln, die persönliche Art und Weise jedes(r) einzelnen zu respektieren, denn jede(r) ist verschieden. Das zeigt sich vielleicht beim Turnen oder beim Rennen. Dann müssen wir ihnen manchmal klarmachen, daß nicht jede(r) in der Lage ist, dasselbe wie die anderen zu tun. „Vielleicht wird diese Person nie so wie die anderen rennen oder wie ihr meint, daß ein Junge rennt. Doch das ist nur in eurem Kopf, die Vorstellung, wie ein Junge rennen oder sich verhalten soll. Wir sollten ihn aber als Person betrachten.
Audrey Shenondoah, Onondaga

*

Liebe geben mit den Mitteln, die wir haben

Beziehung zwischen Männern und Frauen, Ehe, Sexualität

> *Jedes Geschlecht ist eine soziale Einheit, hat seine eigene innere Organisation und ein Gefühl von Solidarität und Bewußtsein seiner selbst.*
>
> Murphy/Murphy

> *Wir wissen, daß wir keine Supermenschen sind. Wir versuchen, Liebe zu geben mit den Mitteln, die wir haben, zu tun, was wir können, ohne dabei leere Versprechungen zu machen.*
>
> Rain Parrish, Navajo

Im verwandtschaftlichen Gefüge von Familie, Gruppe und Clan hatte die Beziehung zwischen Mann und Frau nicht den Stellenwert, der ihr in unserer Gesellschaft (und spätkapitalistischen Industriegesellschaften allgemein) zugemessen wird. „Die primären Loyalitäten", so Eggan über die Hopi, „gelten den Großfamilien und den Clans und die Bindung zwischen Mann und Frau ist nicht sehr eng und zerbricht leicht."[104] Auch die Umstände des alltäglichen Lebens verhinderten, daß die Beziehung zwischen den Geschlechtern eine falsche Totalität gewann. Oft arbeiteten Männer und Frauen getrennt voneinander und manchmal lebten sie auch zeitweilig getrennt: bei den Eskimo, Hupa und Yurok z.B. wohnten die Männer im Winter im Männerhaus (bei einer Eskimogruppe sogar permanent), bei den Pueblos in den Kivas. Von den Irokesen wird berichtet, daß Männer und Frauen früher getrennt aßen und ursprünglich sogar getrennt lebten. Auch die Kriegs- und Jagdzüge der Männer, die manchmal bis zu einem Jahr dauern konnten, führten zu Trennungen der Geschlechter. Bei vielen Nationen reflektiert sich diese Trennung auf der Ebene von Sprache: Frauen gebrauchen dort in einigen Fällen andere Worte und Wortendungen als Männer.

Morgan (1818-81), der sich bei seiner Forschung vor allem mit den Irokesen beschäftigte, meint dazu:

„Indianische Verhaltens- und Lebensweise teilte die Leute auf sozialer Ebene in zwei Klassen, Männer und Frauen. Der Mann suchte das Gespräch und die Gesellschaft von Männern, und zusammen widmeten sie sich dem Vergnügen oder den ernsteren Pflichten des Lebens. Ebenso suchten auch die Frauen die Gemeinschaft ihres eigenen Geschlechts. Zwischen den Geschlechtern war wenig Geselligkeit, so wie dieser Begriff in der verfeinerten Gesellschaft verstanden wird."[105]

Wenn auch Morgan hier die Bereiche gemeinsamer Aktivitäten vernachlässigt, und der Begriff der 'zwei Klassen' für das Verhältnis von Männern und Frauen mißverständlich ist − mit dieser Trennung ist kein Herrschaftsverhältnis, ja nicht einmal ein Antagonismus verbunden −, so ist hier doch ein wesentliches Moment gekennzeichnet, das die indianischen Gesellschaften (Stammesgesellschaften insg.) von Gesellschaften der 'westlichen Zivilisation' unterscheidet. Dieser Unterschied ist vor allem für das Selbstverständnis der Frauen von entscheidender Bedeutung: Das ständige Zusammensein mit Frauen und die Solidarität untereinander verhindert die Abhängigkeit der Frau vom eigenen Mann und gibt ihr die Möglichkeit, etwaige männliche Ideologien als solche zu erkennen.

Die schon erwähnte Untersuchung von Murphy/Murphy zeigt, wie unter solchen Umständen die Aussagen über die Gesellschaft auseinanderklaffen können, je nachdem ob Männer oder Frauen gefragt werden: Nicht einmal auf so 'einfache' Fragen wie, wer Kontrolle in den Häusern habe, ließen sich einheitliche Antworten erhalten: Die Männer gaben an, sie wären es, während die Frauen das energisch bestritten. Erst nach mehrmaligem Fragen gaben die Männer schließlich, etwas widerwillig, zu, daß die Frauen dort bestimmten. Ein anderes Beispiel sind die heiligen Trompeten, Symbol der Macht der Mundurucu Männer: die Männer gaben an, die Frauen würden sie nie zu Gesicht bekommen (Tabu) und glaubten, sie würden von Geistern geblasen. Die Frauen dagegen konnten, danach gefragt, die Trompeten sehr genau beschreiben, hatten sie also offensichtlich gesehen, und waren ferner in der Lage, die einzelnen Spieler zu identifizieren, wobei sie sich zum Teil über deren jeweilige Eigenheiten des Spiels mokierten, ansonsten interessierten sie sich nicht weiter dafür und ließen auch die Männer in deren Glauben:

„Es ist, als hätten sie die Quellen männlicher Macht untersucht und absolut nichts gefunden."[106]

Die Verbindung zu einem Mann stand also nicht im Zentrum des Lebens der indianischen Frau. Das heißt nicht, wie manchmal zu lesen ist, daß es keine 'wirkliche' Liebe gab* — Liebe hatte jedoch nicht wie bei uns die Funktion, einem ansonsten sinnlos erscheinenden entfremdeten Leben Bedeutung zu verleihen und wurde daher im allgemeinen nicht zu einer Frage von Leben und Tod.**

Außerdem ging man davon aus, daß die Ehe, die eine wichtige Rolle spielte für die Strukturierung der Gesellschaft, bei Arbeits- und Nahrungsverteilung, Schutz und Erziehung von Kindern, Sicherheit im Alter, Hilfe bei Krankheiten und Unfällen, nicht oder zumindest nicht nur auf eine vielleicht vorübergehende leidenschaftliche Anwandlung gegründet werden kann. Die Indianer der Wüstengegenden des Großen Beckens, die einen harten Daseinskampf am Rande des Existenzminimums führten, betrachteten eine solche Leidenschaft gar als Fall von (vorübergehender) Geisteskrankheit. So waren es zumeist die Eltern, die die Ehepartner aussuchten oder zumindest ein entscheidendes Wort mitzureden hatten (Ausnahmen: Ojibwa, Zuni, Hopi***), einmal, um eine sinnvolle, für Familie/Clans günstige Verbindung zu erreichen, zum anderen, weil sie aufgrund ihrer größeren Erfahrung und Weisheit eher einschätzen konnten, wer ihrem Kind ein(e) gute(r) Partner(in) sein würde. Liebe stellte sich dann im Zusammenleben ein, und wenn dies wider Erwarten nicht der Fall war, konnte man sich später einen anderen Partner nehmen. Freilich kam es manchmal auch zu Weigerungen seitens der Kinder — manchmal liefen Liebhaber zusammen weg und auch Selbstmord kam vor —, doch meistens führte der Respekt vor den Eltern und den Stammessitten zum Akzeptieren der elterlichen Entscheidung:

„Es war extrem selten, daß eine junge Irokesin die Wahl ihrer Mutter zurückwies."[109]

---

* vgl. Kluckhohn: „Es gibt keine oder fast keine romantische Liebe bei den Navajo. Männer und Frauen heiraten so wie sie im natürlichen Lauf der Dinge jeden Tag essen."[107]

** vgl. Murphy: „Die Treibhausatmosphäre amerikanischer Ehen wird kultiviert durch die ökonomische und soziale Isolation des Paares und seine fast totale Abhängigkeit voneinander. Das produziert sowohl Liebe als auch Totschlag."[108]

*** Dort hatten die jungen Mädchen die Initiative: Sie kochten einen süßen Maisbrei und boten ihn dem Auserwählten bei einem Picknick an, was einer Aufforderung zur Ehe gleichkam.

*

Bei den Indianern sind es die Familien, die heiraten, beide Mütter müssen ein Versprechen ablegen. Man fragt die Mutter: „Wie gefällt dir dieser Junge dort, den deine Tochter ausgesucht hat? Wirst du ihn als deinen Sohn annehmen?" Nicht als 'Schwieger'-sohn! „Wirst du ihn in dein Herz und Heim aufnehmen und ihn wie deinen Sohn behandeln und ihm helfen?" Und sie muß sich vor allen Zeugen dazu verpflichten. Dann fragen sie die Mutter des Jungen: „Wie gefällt dir dieses Mädchen, das dein Sohn ausgesucht hat; wirst du sie als deine Tochter annehmen, wirst du sie lieben wie deine eigene Tochter, ihr helfen, sie in dein Heim und Herz aufnehmen?" Und dann sagt die Mutter "Ja". So sind es tatsächlich die Mütter, die heiraten. Und oft, wenn die Ehe scheitert, sind es die Eltern, die scheitern. Eine von ihnen hat (haben) ihre Verpflichtungen nicht eingehalten.

Janet McCloud, Tulalip

Die Mütter suchten die Ehepartner für ihre Kinder aus, und die Kinder wurden dazu wenig gefragt. Ich kannte Leute, die auf diese Weise verheiratet worden waren und sie wurden alle sehr glücklich. Da war zum Beispiel eine Frau, von der sie sagten, daß sie den Mann, den sie heiraten sollte, so wenig mochte, daß sie ihm während der Hochzeit den Rücken zudrehte. Doch es stellte sich heraus, daß er so viele gute Eigenschaften hatte, daß sie sich in ihn verliebte, und als er starb, wollte sie mit ihm sterben. Heute ist das natürlich nicht mehr so. Man gibt dir vielleicht einige Ratschläge und es ist kein gutes Gefühl einen Mann zu heiraten, von dem deine Familie keine gute Meinung hat. Sie haben meist gute Gründe dafür, wenn sie jemanden nicht mögen und meistens haben sie damit recht, denn sie sind älter und kennen seine Eigenschaften schon länger.

Alice Papineau, Onondaga

Mein Bruder hing immer mit diesem Jungen herum. Er war ungefähr 19. . . . In diesem Sommer brachte er ihn nach Hause mit und er blieb bei uns den ganzen Sommer lang. Meine Mutter sagte: „Du solltest diesen Jungen heiraten. Er ist ein netter Junge. Er hilft immer bei allem, und er wird vielleicht für uns arbeiten, wenn du ihn heiratest." Ich machte mir wenig Gedanken darüber – ich meine, ich dachte nicht an Liebe oder so. So sagte ich: „Wenn er mich heiraten will, heirate ich ihn." So sagte meine Mutter: „Willst Du meine Tochter heiraten?" und er sagte: „Ja, ich werde sie heiraten." Auf diese Weise heiratete ich.

Sanapia, Comanche[110]

Ich hatte ihn liebgewonnen. Wir hatten so oft zusammen gehungert.

Maria Chona, Papago[111]

*

Die Eheschließung selbst ging bei einigen Nationen ohne größere Feiern und Zeremonien vonstatten: Mann und Frau schliefen zusammen und/oder zogen zusammen. Wenn sie dann längere Zeit zusammen waren und besonders wenn sie ein Kind bekamen — was als Zeichen der Ernsthaftigkeit ihrer Beziehung angesehen wurde —, wurden sie als verheiratet betrachtet. Bei anderen Nationen war ein Austausch von Geschenken üblich. Es beschenkten sich dabei entweder die Familien gegenseitig oder der Mann beschenkte die Familie der Frau oder auch die Frau selbst (letzteres bei den Navajo zum Teil auch heute noch üblich). Von einem 'Brautkauf' kann man dabei nicht reden: Das Geschenk sollte Wertschätzung ausdrücken, manchmal auch 'Entschädigung' sein für die Erziehungsleistung der Eltern und den Verlust ihres Kindes. Es konnte auch den sozialen Status bestimmen wie bei den Yurok, wo die Stellung einer Familie von der Höhe des 'Preises' abhing, der für die Frau gezahlt worden war. Die Frau ging dadurch jedoch nicht in den 'Besitz' des Ehemannes über. Er konnte sie nicht vermieten, verletzen, töten oder sich ihrer auf andere Weise entledigen — sie war so frei wie er. Eher stellte der Brautpreis für die jungen Männer eine Belastung dar, denn es war für sie manchmal schwierig, die erforderliche Menge an Geschenken zusammenzubekommen.

Hochzeitszeremonien gab (und gibt) es bei den Navajo, Irokesen, Cherokee und Hopi. Bei diesen Riten wird in exemplarischer Form auf die Tätigkeiten Bezug genommen, die Mann und Frau miteinander, füreinander und/oder für die beteiligten Familien leisten werden: Bei den Irokesen z.B. präsentiert die Frau Maisbrot und pflanzliche Nahrung, der Bräutigam Wild.

*

Bei der Navajo Hochzeit wird ein Korb und weißes Maismehl benutzt. Eine kleine Menge Maismehl wird auf den Boden des Korbes geleert. . . . Es repräsentiert das Heim, den Hogan. Der farbige geflochtene Korb repräsentiert den Regenbogen und Wolken. Der Hogan, das Heim, liegt in ihnen. . . .
Es wird ein Lied gesungen, damit Mann und Frau zusammenbleiben, bis sie sterben. Sie waschen einander die Hände mit heiligem Wasser, was ihr gemeinsames Leben vorbereitet. Sie werden mit

*Maispollen gesegnet, die Gesundheit repräsentieren. . . . Die
Maispollen werden über eine Schale mit Maisbrei in den vier Himmelsrichtungen gestreut, so daß sie sich kreuzen. Das Kreuzen
der Wege der Pollen bedeutet, daß das Paar zusammengebracht
wird und Kinder bekommt. Sie essen den Maisbrei und er gibt
ihnen Leben. Dann werden die Pollen im Weg der Sonne (= von
Osten nach Westen, U.W.) um den Korb gestreut. Der kreisförmi-
ge Weg repräsentiert den Kreis, den ihr Leben vollenden soll,
wohin der Weg auch führen mag. . . .
Das Paar soll den Korb bekommen. Heute beanspruchen die Mütter der jungen Männer den Korb. Weil die jungen Leute den Korb
nicht bekommen, bleiben sie nicht lange zusammen.
Das ist es, was man uns lehrte, meine Tochter.*

Ruth Roessel, Navajo[112]

Sioux Paar, 1880

*Ich war bei traditionellen Hochzeitszeremonien dabei, wo Mann
und Frau mit einem Korb mit Maismehl verheiratet werden. Die
Großonkel, die Großtanten und wer auch immer kommen wollte,
gaben Ratschläge, wie man füreinander sorgt, wie man ein gutes
Leben lebt. Es ist eine sehr einfache Zeremonie. Es gibt kein Ge-
lübde "bis daß der Tod euch scheidet" usw.. Das ist ein 'guilt
trip' (= erzeugt nur Schuldgefühle), dieses amerikanisch-europäi-*

sche "in alle Ewigkeit". Wir sind demütiger, wir wissen, daß wir keine Supermenschen sind. Wir versuchen, Liebe zu geben mit den Mitteln, die wir haben, alles zu tun was wir können, ohne dabei leere Versprechungen zu machen. Das würde nur Druck und Angst verursachen.

Rain Parrish, Navajo

*

Schon in ihrer Jugend waren die Mädchen und Jungen auf das Führen einer guten Ehe vorbereitet worden. Jetzt, vor und während der Eheschließung wurde ihnen noch einmal verstärkt ins Gedächtnis gerufen, worauf es ankommt: daß sie ihren geschlechtsspezifischen Arbeiten gewissenhaft nachkommen, und sich gegenseitig helfen und respektieren:
„Wenn du dich nicht um den Haushalt kümmerst, wird dein Mann denken, daß dir nichts an ihm liegt und er wird sich fragen, warum er überhaupt hier ist. Das führt zu einer ungesunden Beziehung." (Ruth Roessel, Navajo)[113]
Die Männer werden besonders dazu ermahnt, ihre Frauen gut zu behandeln und nicht eifersüchtig zu sein:
„Mißhandle deine Frau nicht. Frauen sind heilig. Wenn du deine Frau leiden machst, wirst du in kurzer Zeit sterben. Unsere Großmutter Erde ist eine Frau und wenn du deine Frau mißbrauchst, mißbrauchst du sie. Da sie (Erde) es ist, die für uns sorgt, wirst du dich durch deine Tat praktisch selbst umbringen." (Winnebago)[114]
„Ein Mann, der seine Frau ohne Grund tadelte oder sie oder seine Kinder schlug, wurde nicht als guter Mann betrachtet, sondern als Schwächling und Feigling angesehen." (Chief Standing Bear, Lakota)[115]
„Mein Sohn, dies will ich dir sagen: Frauen können nicht überwacht werden. Wenn du das versuchst, zeigst du nur deine Eifersucht. . . . Nach einer Weile wirst du so eifersüchtig auf deine Frau werden, daß sie dich verlassen und weglaufen wird. Du selbst wirst die Schuld dafür tragen. Alle anderen Frauen werden davon wissen und keine wird dich wieder heiraten wollen. Jeder wird dich für einen sehr schlechten Mann halten." (Winnebago)[116]

Wurde eine Frau von ihrem Mann schlecht behandelt, so blieb ihr immer die Möglichkeit der Scheidung. Auch Sterilität, häufige Untreue oder ganz einfach die Erfahrung, daß man/frau nicht zusammenpaßte, konnte zur Auflösung der Ehe führen. In matrilokalen Gesellschaften, wo der Mann den Haushalt seiner Frau ökonomisch versorgen mußte, wurden seine Leistungen von der ganzen Familie kritisch beobachtet und wenn sie als unzureichend empfunden wurden, wurde er nicht mehr lange im Haushalt geduldet.

Scheidung war einfach und erfolgte meist durch Auszug aus dem gemeinsamen Haushalt: *"Ehe heißt zusammenleben, Scheidung heißt damit aufzuhören."*[117] So beklagte sich z.B. ein christlicher Missionar über die Labrador Eskimos im nördlichen Quebec: *"Eins der größten Hindernisse für ihre Bekehrung ist, daß viele von ihnen mehrere Frauen haben und daß sie sie wechseln, wenn es ihnen gefällt, ohne zu verstehen, daß es möglich ist, sich der Unauflöslichkeit der Ehe unterzuordnen. 'Schau her', sagen sie zu uns, 'ihr seid unvernünftig. Meine Frau versteht sich nicht mit mir und ich versteh mich nicht mir ihr. Sie wird besser zu einem anderen passen, der nicht mit seiner Frau auskommt. Warum wollt ihr dann, daß wir vier für den Rest unseres Lebens unglücklich sind?'"*[118]

In matrilokalen Gesellschaften konnte es dem Mann passieren, daß er eines Tages seine Habseligkeiten vor der Tür fand: Zeichen dafür, daß die Frau die Ehe beendet hat. Für die Frau bedeutete hier Scheidung einen geringeren Bruch als für den Mann: Sie lebte und arbeitete weiter mit Mutter und Schwestern zusammen, während der Mann alles zurücklassen mußte, was in den vorausgegangenen Jahren sein Leben bestimmt hatte. Auch die Kinder blieben natürlich bei der Mutter, zu deren Clan sie gehörten:

"Wehe dem glücklosen Ehemann . . ., der zu träge war, einen Beitrag zum Lebensunterhalt zu leisten. Wieviele Kinder und welche Güter er auch im Haus haben mochte, er konnte jederzeit aufgefordert werden, seine Decke zu nehmen und zu gehen; und nach einem solchen Befehl wäre es für ihn nicht gesund gewesen, nicht zu gehorchen: das Haus wäre ihm zu heiß geworden; und wenn ihn nicht die Intervention einer Tante oder Großmutter rettete, mußte er sich zu seinem Clan zurückziehen oder . . . eine neue Ehe eingehen."[119]

Bei patrilinearen/patrilokalen Nationen waren es die Frauen, die ihre Habseligkeiten nahmen — und meistens auch ihre Kinder, denn auch hier sind in erster Linie sie für die Kinder zuständig — und zu ihren Eltern zurückgingen:

"Mein erster Mann wurde leicht eifersüchtig auf andere Männer. Er beschuldigte mich oft, mit anderen Männern zusammenzusein. Das machte mich zornig. Ich haßte ihn. Er überwachte mich auch oft. So sagte ich zu ihm eines Tages: 'Wie sehr du auch auf mich aufpaßt, wenn ich dich verlassen werde, werde ich dich verlassen! Es gibt jetzt schon eine Menge Sachen, die mir nicht gefallen.' Das tat ich dann auch. Ich verließ ihn und nahm die beiden Kinder mit." (Mountain Wolf Woman, Winnebago)[120]

Bei den Havasupai wurden Scheidungen von Mann und Frau

öffentlich verkündet. Bei den Shawnees gab es ein dreitägiges Fest, bei dem alle anfallenden Scheidungen gemeinsam durchgeführt wurden. Die Frau sang dabei: *„Ich habe keine Angst vor meinem Mann, ich werde mir den Mann aussuchen, der mir gefällt."* Das tat sie dann auch: Am dritten Tag tanzten die Männer an den Frauen vorbei und diese wählten einen neuen Partner. Bei den Ojibwa luden Frau und Mann zu einem Tanz ein, und auch hier sangen Frauen Scheidungslieder:

„Ich nehme an, jetzt liebst du mich.
Ich nehme an, jetzt bewunderst du mich.
Du warfst mich weg wie etwas das schlecht schmeckt.
Du behandeltest mich als ob ich ein verfaulter Fisch wäre.

Anfangs dachte ich, du wärest gut.
Ich dachte, du wärst wie Silber,
doch ich fand daß du wie Blei bist.
Du siehst mich ganz oben.
Ich gehe durch die Sonne.
Ich bin selbst wie das Sonnenlicht." [121]

Trotz den Bemühungen der Missionare, die Unauflöslichkeit der Ehe durchzusetzen und indianischer Reformbewegungen wie der von Gan-yo-die-yo (Handsome Lake) bei den Irokesen Ende des 18. Jahrhunderts, der vor den Gefahren instabiler ehelicher Beziehungen warnte (bei 'traditionellen' Irokesen wird Scheidung deshalb heute nicht mehr gebilligt), waren die Scheidungsraten zu der Zeit, als erstmals solche Daten erhoben wurden (seit den 30er Jahren dieses Jahrhunderts) relativ hoch: in Old Oraibi (Hopi) lag sie z.B. bei 34% [122]. Bei den Ojibwa und Cree heirateten und trennten sich manche Frauen 7-8 mal und von den Navajo wurde in den 50er Jahren geschätzt, daß nur eine von vier Frauen ihr Alter mit dem ursprünglichen Ehemann erreicht. [123] Ruth Landes erzählt, wie eine Ojibwa Frau in den 30er Jahren ihre Ehe beendete:

„Nach zwei Monaten vertrieb Great Buffalo Woman ihren Mann, weil er faul, launisch und eifersüchtig war. Sie hielt das nicht länger aus und nahm deshalb seine Decke und anderen Sachen, warf sie hinaus und sagte zu ihm: „Geh raus und bleib draußen! Ich will nicht, daß du hier bleibst und dich mies benimmst! Wir brauchen dich hier nicht, denn du taugst eh nichts und bist immer grundlos auf mich eifersüchtig!" So ging der Mann hinaus ..., er schämte sich, ... er setzte sich in sein Kanu und fuhr sofort nach Hause." [124]

Und Eggan (1950) zitiert eine junge Hopi Frau, die lakonisch bemerkte:

„Jetzt, wo ich mein kleines Mädchen habe, brauche ich meinen

Mann nicht mehr. Meine Familie hat etwas Land übrig und meine Brüder werden es für mich bebauen."[125]

Um Ehe und Familie zu schützen, gab es für die Sexualität gewisse Einschränkungen. Sie waren in den verschiedenen Nationen recht unterschiedlich. Gemeinsam ist jedoch allen Nationen, daß Sexualität 'an sich' nicht als etwas 'Schlechtes' betrachtet wurde und nicht abstrakten moralisch-religiösen Wertungen unterlag:

„Wir sprechen über Sexualität, auch im zeremoniellen Hogan. Wir wissen, daß es keine Trennungslinie gibt zwischen Moral und Religion, denn alles ist Leben, alles ist menschlich. Da kommt keine Moral ins Spiel wie z.B. bei den Christen, wo Sex als schlecht gilt und man in der Kirche nicht darüber spricht." *(Rain Parrish, Navajo)*

Die natürlichen Bedürfnisse des Körpers wurden als selbstverständlich akzeptiert, wie auch das Verhältnis zum Körper selbst unproblematisch war: Nacktheit der Kinder und spärliche Kleidung der Erwachsenen war, wo es das Klima erlaubte, die Regel:

„Wir zogen uns sparsamer an, bevor die Weißen kamen, die Frauen trugen nichts oberhalb der Taille. Ich nehme an, als die Puritaner und die Missionare kamen, sagten sie, daß du deinen Körper bedecken mußt, und natürlich wurde auch ich so erzogen. Aber als ich älter wurde, war ich nicht mehr so zurückhaltend. Mein Ausschnitt war wahrscheinlich für die meisten Leute oft zu tief, doch ich kann nichts um den Hals herum ausstehen, besonders im Sommer. Ich mag die Sonne und den Wind auf meiner Haut und ich glaube, daß es gesund ist, weniger anzuhaben. Ich denke freier über diese Dinge. Und ich bin für Bequemlichkeit." *(Alice Papineau, Onondaga)*

Die Gewohnheiten des Zusammenlebens – oft schliefen mehrere Erwachsene und Kinder in einem Raum – ließen eine 'Privatsphäre', wie sie bei uns verstanden wird, nicht entstehen und Gespräche über Sexualität unterlagen keinem Tabu. Die Kinder lernten so, Sexualität als etwas Alltägliches zu begreifen und wurden von den Erwachsenen auch nicht an sexuellen Spielen gehindert:

„Während der Kindheit gilt ein Standard, nach dem promiskuise Liebe zwischen Jungen und Mädchen praktiziert wird. Er existiert nicht nur aufgrund der Abwesenheit von Überwachung durch Erwachsene, sondern auch wegen der allgemeinen Einstellung der Gemeinschaft gegenüber Liebe und Sex. Sie werden als etwas sehr Erfreuliches, sozial wie sinnlich, betrachtet. (. . .) Während der Wintermonate erzählen oft die älteren Frauen ihre

105

Lebensgeschichte und verwenden viel Zeit und Energie auf die genaue Schilderung vergangener Affären mit Liebhabern und Ehemännern." (Ojibwa)[126]

Bei manchen Nationen wurde Sexualität auch bei Jugendlichen nicht eingeschränkt. *"Der Fluch der Mandan ist ein fast völliges Fehlen von Keuschheit"*[127], berichtete entrüstet ein weißer Besucher bei dieser Nation, und von den Navajo und Zuni wird gesagt, sie betrachteten Sexualität *"einfach als Umstand in einem glücklichen Leben."*[128] Im Südosten war es für junge Leute erstrebenswert, vor der Heirat soviele sexuelle Beziehungen wie möglich zu haben und das Ansehen der Mädchen stieg parallel mit der Anzahl ihrer Liebhaber: *"Zügellosigkeit zwischen den Geschlechtern vor der Ehe war die Regel".*[129] Bei den Huronen und im 'Großen Becken' lebten oft junge Frauen und Männer zusammen, ohne dadurch auf andere sexuelle Beziehungen zu verzichten. Bei den Kaska im nördlichen British Columbia glaubte man, ein Mädchen könne überhaupt erst 5 Monate nach ihrer ersten sexuellen Erfahrung ihre Menstruation bekommen.

"Bei einigen Gruppen wurde voreheliche Keuschheit eher als Zeichen extremer Schüchternheit und Unattraktivität als als Zeichen von Tugend betrachtet."[130]

*

Den jungen Männern steht es frei, nach dem Bösen zu trachten, sobald sie dazu in der Lage sind und dasselbe trifft auf die Mädchen zu. Vater und Mutter arrangieren oft Verabredungen für ihre Töchter. Nachts laufen Mädchen und Frauen von einer Schlafkammer zur anderen; die jungen Männer machen dasselbe und widmen sich dem Vergnügen, wo sie es finden, allerdings ohne Anwendung von Gewalt: sie können sich völlig darauf verlassen, daß die Frauen damit einverstanden sind. Eifersucht kann man unter ihnen nicht finden und sie betrachten ihr Verhalten ohne Scham und nicht als Schande.

Pater Theodat über die Huronen[131]

Ein Report über anscheinend wirklich offene und frohe Sexualität kommt von einem Reisenden bei den Mandan Ende des 19. Jahrhunderts. Er war 'erstaunt', als er in einem Mandandorf um Mitternacht durch Geräusche wach wurde. Als er aus seiner Unterkunft nach draußen blickte, sah er etwa 25 splitternackte Teenager singend und tanzend durchs Dorf ziehen. Zeitweilig zogen sich Paare in die Dunkelheit zurück, doch sie gesellten sich bald wieder zu den anderen. Dieser Reisende muß einigen dieser Paare in

Seri Mädchen, mit Gesichtsbemalung ihrer Familie (die Bemalungen wurden von den Müttern an ihre Töchter weitergegeben), 1894

den Wald gefolgt sein, denn er schrieb, daß er sah, wie sie sich aneinander erfreuten mit „keinem Zeremoniell als einem allgemeinen Ruf der Natur.“ Nach etwa 2 Stunden des Vergnügens ging die Gruppe zum Baden in einen nahen Fluß und setzte sich dann ums Feuer zum Trocknen.[132]

Die Leute leben nicht ewig. Bald wirst du alt sein wie ich und nicht mehr in der Lage, dich zu vergnügen. Es ist gut, daß ihr zusammen schlaft und spielt. Du, junger Mann, solltest heute Nacht hierbleiben.

Mohave Mann zum Freund seiner Nichte[133]

*

Es gibt aber auch Gegenbeispiele: Bei den Northern Cheyenne und den Indianern der oberen Nordwestküste (dort vor allem bei höhergestellten Familien) waren voreheliche Beziehungen untersagt. Unerwünscht waren sie auch bei den Fox, Papago, Apachen und Kansa. Bei den Hopi, Navajo, Menomini, Sioux, Ojibwa und Irokesen wurde Jungfräulichkeit bei der Eheschließung als wünschenswert betrachtet, ohne daß Mädchen, die keine Jungfrauen mehr waren, Schwierigkeiten hatten, einen Ehepartner zu finden. Offensichtlich klafften in diesem Bereich Anspruch und Wirklichkeit oft erheblich auseinander. Den Mädchen, die in ihrer Kindheit an relative Freiheit sexueller Aktivitäten gewohnt waren, fiel es schwer, sich an andere Standards anzupassen und die oft nachlässige Beaufsichtigung durch Eltern oder Verwandte trug dem Rechnung. „*Du bist Jungfrau, solange du nicht erwischt wirst oder darüber redest*“, kommentierte das eine Navajo Frau.[134] „*Voreheliche Keuschheit junger Frauen*“, so Niethammer, „*war ein kulturelles Ideal, das selten realisiert wurde.*“[135] Es wurde als wünschenswert hingestellt, Abweichung jedoch nicht mit Strafe bedroht. Allerdings litt oft das soziale Prestige darunter — für viele Mädchen ein ausreichender Grund, sich an die Regeln zu halten: So erzählt die Papago Frau Maria Chona, daß sie manchmal die 'wild ones' nicht ohne Neid betrachtete, aber doch lieber nicht zu ihnen gehören wollte. Ähnlich Alice Papineau von den Onondaga:

„*Man gab uns nie Lektionen darüber, was wir tun oder lassen sollten, wir hörten unseren Müttern und Großmüttern zu, wie sie sprachen und Leute beschrieben, die häufig ihren Partner wechselten, und was für einen Ruf diese Leute hatten, und wir selbst wollten nicht so einen Ruf haben. Junge Mädchen, die viele sexuelle Beziehungen hatten, wurden 'sporty girls' genannt, und ich wollte kein 'sporty girl' sein, und viele andere Mädchen in meinem Alter auch nicht. So taten wir nicht, was sie taten.*

Aber ich glaube, es gab immer und überall Leute, die freizügiger in diesem Punkt lebten."

Manchmal gingen die Eltern auch etwas mehr ins Detail, wenn sie ihren Töchtern Vorsicht und Zurückhaltung im Umgang mit Männern empfahlen:

"Stimme nie zu, deinen Bewerber zu heiraten, wenn er dich zum ersten Mal fragt, wie gut er auch immer aussehen mag. . . . Wenn ihm wirklich etwas an dir liegt, wird er nicht entmutigt sein, sondern dich weiterhin besuchen. Wenn er nachts kommt, laß ihn nicht zu lange bleiben, sondern bitte ihn zu gehen. Wenn du ihn bleiben läßt, bis er bereit ist zu gehen, wird er glauben du seist verliebt in ihn und wird sicher weniger von dir halten. Achte sorgfältig darauf, die Lederhäute unter deinem Kleid, die deine Vulva bedecken, mit starken Lederschnüren zu befestigen. Du darfst nicht vergessen, daß ein Mann, wenn er deine Brüste und Vulva berührt, davon ausgeht, daß du zu ihm gehörst. Und falls er nicht vorhat, dich zu heiraten, wird er nicht für sich behalten, was er getan hat, und du wirst als unmoralisch betrachtet werden. Du wirst dann keine Möglichkeit haben, in eine gute Familie zu heiraten. . . . Was ich mit guter Familie meine ist, daß die Leute des jungen Mannes keine Lügner, Diebe oder faul sind und auch keine abstoßenden Verbrechen begangen haben." (Southern Cheyenne)[136]

Wenn manche junge Mädchen die Folgen sexueller Beziehungen fürchteten, so doch selten diese Beziehungen selbst, denn Sexualität per se war nichts Bedrohliches: Vergewaltigung war bei den amerikanischen Ureinwohnern nahezu unbekannt. Wenn eine solche Tat tatsächlich einmal vorkam, wurde der Täter mit Entsetzen und Abscheu betrachtet und streng bestraft, teilweise sogar mit dem Tode. Den Frauen stand es frei, sich zu rächen, mit allen Mitteln, die ihnen angemessen erschienen.

Viele junge Indianerinnen waren so der aktive Teil bei den 'harmlosen' oder weniger 'harmlosen' Flirts. Von den Navajo Mädchen z.B. wird gesagt, sie seien 'kühn und geradeheraus' oder 'aggressiv'. Bei den 'Squaw-Tänzen' forderten sie die Männer auf und diese mußten sie dafür beschenken/bezahlen, daß sie mit ihnen tanzten. Solche 'Squaw-Tänze' gibt es auch heute noch (oft 'Indian Way' Tänze genannt), wenn auch jetzt andere Tanzformen überwiegen.

Der aktive Teil waren die Mädchen auch bei den Blackfeet (obwohl dort 'offiziell' sexuelle Aktivitäten bei Mädchen eher mißbilligt wurden als bei Jungen) und bei den 'social dances' (d.h. Tänze ohne religiöse Funktion) im Großen Becken: beim Bärentanz der Ute z.B. konnte ein Mädchen einem jungen Mann einen Stecken in den Schoß werfen und ihm damit signalisieren, daß sie seinen Besuch später in der Nacht wünschte. Tänze waren ganz allgemein ein Bereich sozialen Zusammenseins, der sich gut dafür eignete, Kontakte zum anderen Geschlecht anzuknüpfen. So berichtet Maria Chona von den Ruhepausen zwischen den Tänzen bei ihrer Pubertätszeremonie:

,,Da gab es Mädchen, die sich nicht zu uns setzten, und Jungen, die nicht bei den Männern saßen. Wie dunkel es war! Manche Mütter gingen auf die Suche nach ihren Töchtern in der Nacht, manche nicht.''[137]

Beliebt war außerdem das "night crawling" ins Tipi oder Haus einer jungen Frau. Bei den Comanchen konnte eine Frau ins Tipi eines Mannes kriechen (so wie sie generell ihm eine sexuelle Beziehung vorschlagen konnte, während dies für ihn nicht angemessen war), ansonsten waren es die Männer, die zu den Frauen kamen. Sie gingen dabei ein ziemliches Risiko ein, denn wenn sie erwischt wurden, konnten sie Prügel beziehen.

Kinder, die aus solchen 'vorehelichen' Beziehungen hervorgingen, wurden im allgemeinen ebensowenig diskriminiert wie ihre Mütter. Meist kümmerte sich die Familie des Mädchens um ihre Erziehung. Bei den Pawnee mußte der Vater das Kind bis zum Erwachsenenalter mit Fleisch versorgen.

,,Wenn in der Vergangenheit ein Kind unehelich geboren wurde, gab es vielleicht Gerede, doch es wurde in der Gemeinschaft akzeptiert und niemand deutete mit Fingern auf es. Es war Leben und es wurde von allen geliebt wie jedes Kind und bekam die gleichen Chancen. Zu einer Zeit, als die Weißen unerwünschte neugeborene Kinder in Mülleimer und Klos warfen, akzeptierten wir unsere Kinder und wir hielten die Nicht-Indianer für grausame Leute, die keinen Respekt vor dem Leben haben.
Und auf die Mutter wurde auch nicht heruntergesehen, wenn es nicht zu oft geschah. Vielleicht hatte sie einen Fehler gemacht, aber deswegen wurde sie nicht als schlecht betrachtet. . . . Und sie hatte auch keine Schwierigkeiten, später jemanden zu finden, der sie heiratete.'' (Alice Papineau)

Während der Ehe waren dagegen sexuelle Beziehungen mit anderen Partnern unerwünscht. Dennoch kamen sie vor. Von den Irokesenfrauen heißt es, sie hätten sich Liebhaber genommen, wenn der Ehemann 'Mängel' hatte oder sie schlecht behandelte: *,,Da die Frauen ihre eigenen Herrinnen sind, haben sie weniger Angst vor einem Skandal.''*[138] Auch Navajo Frauen ergriffen oft die Initiative zu außerehelichen Beziehungen: *,,Sie betrachten sexuelle Wünsche nie als schmutzig oder schlecht.''*[139] Eskimo Frauen konnten sich Liebhaber nehmen, ohne daß es als Ehebruch galt, solange sie ihren Mann vorher fragten – der normalerweise zustimmte. Bei einem bestimmten Spiel – "die Lampe ausmachen" – nahmen sich die Eskimo andere Partner nach dem 'Zufallsprinzip' (für die Dauer des Spiels). Eine Hopi Frau, die einen Liebhaber hatte, wurde seine 'private Frau' genannt, und sie wußte, daß ihr Mann vielleicht auch eine 'private Frau' hatte. Bei den Crow hatten sich in den 60er und 70er Jahren des vorigen Jahrhunderts zwei Gruppen gebildet, die sich einmal im Jahr gegenseitig die Frauen entführten; dabei konnte eine Frau nur von einem Mann entführt werden, der vorher ihr Liebhaber war. Auch sonst konnten die Crow Frauen außereheliche Beziehungen eingehen, wobei sie zwar an Prestige einbüßten, aber darüberhinaus nicht bestraft wurden.

Bei den meisten Nationen fanden sich indianische Frauen und Männer jedoch nicht so einfach mit der Untreue des Partners ab. Manchmal wurde eine friedliche Regelung erreicht, wie etwa bei den Caddo und Hidatsa, wo sie sich miteinander aussprachen und dem/der Schuldigen vorgeschlagen wurde, zu gehen, wenn er/sie mit einer/m anderen leben wolle. Die heftigeren Reaktionen reichten von Zweikämpfen der Rivalen (bei den Cocopah und Schoschonen auch der Rivalinnen) bis – in einzelnen Fällen – zum Totschlag. Von einer Cheyenne Frau wird berichtet, daß sie ihren untreuen Mann und ihr gemeinsames Kind (sie wollte nichts um sich haben, was von ihm stammte) tötete, ohne dafür bestraft zu werden. Sie bekam dann allerdings keinen anderen Mann, weil alle sich vor ihr fürchteten. Ebenso kam es vor, daß Männer untreue Frauen töteten.

Manchmal wurde Ehebruch formell bestraft, z.B. mit Abschneiden der Haare, in einzelnen Fällen der Nasenspitze (Huronen, Chickasaw, Assiniboin und andere Prärieindianer, Apachen, Havasupai) oder sogar mit dem Tode (Blackfeet, Creek). Manchmal wurden nur die Männer, manchmal nur die Frauen und manchmal beide bestraft. Mit dem Tode bedroht waren in bestimmten Fällen besonders Beziehungen mit Männern außerhalb der Nation (Pima, Havasupai).

Es ist jedoch schwierig festzustellen, was bei den einzelnen Nationen Regel und was Ausnahme war. Von den Gros Ventre heißt es z.B., untreue Frauen seien mit dem Tode bestraft worden, gleichzeitig ist aber davon die Rede, daß viele Männer untreue Frauen behielten oder sie gegen eine gewisse Entschädigung mit dem Liebhaber gehen ließen. An anderer Stelle wird gesagt, daß Gros Ventre Frauen sexuelle Beziehungen mit Männern eingehen konnten, die sich durch besondere Taten ausgezeichnet hatten.

*

*Im Schöpfungsmythos (der Navajo, U.W.) sind mit Ehebruch ver-
bundene Vorfälle häufig. 'Erste Frau' entscheidet, ,,daß sie nicht
die einzige sein wird, die Ehebruch begeht, sondern die Frauen
generell dies tun werden." In solchen Fällen sind normalerweise
Frauen die 'Täter', mit der einfachen Erklärung, daß sie sich ihrer
Unabhängigkeit versichern wollten. . . . Die ökonomische Unabhängigkeit der Frauen, das Wissen, daß ihr Eigentum und das ihrer
Kinder fest mit ihrem Clan verknüpft ist und daß ihre Sicherheit
und ehelichen Rechte durch ihre männlichen Verwandten im Clan
überwacht und geschützt werden, schufen eine Situation, in der
die Frau nicht nur versucht war, außerehelichen Interessen nach-
zugehen, sondern sich auch keinen ökonomischen Ängsten oder
Gefahren gegenübersah, wenn sie sich von einem Partner trennen
wollte, der dasselbe tat und dabei entdeckt wurde.*[140]

*Manchmal rief man sogar die übernatürlichen Mächte, um Frauen
zu bestrafen, die das Pech hatten, bei außerehelichen Beziehungen
erwischt zu werden. In einem Fall verlor eine Comanche Frau mit
dem passenden Namen 'Looking-for-Fun' auf diese Weise beinahe
ihr Leben. Ihr Mann verdächtigte sie des Ehebruchs und sie be-
stritt es. Er ließ sie daraufhin bei Sonne und Erde ihre Unschuld
beschwören, und obwohl sie schuldig war und es wußte, ließ sie
sich darauf ein und schwor: ,,Sonne, wenn Du mir nicht glaubst,
dann laß mich zugrunde gehen. Mutter Erde, wenn Du mir nicht
glaubst, laß mich nicht mehr auf Dir leben."
Ein paar Monate später erlitt Looking-for-Fun immer häufiger
Ohnmachtsanfälle und wurde zunehmend schwächer. Angsterfüllt
wandte sie sich an einen Medizinmann um Hilfe. Er sagte ihr, er
glaube, daß die Anschuldigungen ihres Mannes wahr gewesen
seien und daß sie nun tatsächlich durch die Mächte bestraft werde, die sie herausgefordert habe. Daraufhin eröffnete sie sich ihm
und sagte, sie hätte es nicht zugegeben, weil sie Angst vor ihrem
Mann hatte. Als der Medizinmann die ganze Geschichte hörte,
entschied er, daß die Angelegenheit über seine Macht ging und
schickte Looking-for-Fun zu einem Spezialisten.
Die Frau, die mittlerweile sehr große Angst hatte, ging mit ihrer
Mutter zu diesem anderen Doktor. Glücklicherweise war der Ehemann auf dem Kriegspfad und konnte nicht Verdacht fassen. Der
neue Doktor sagte den zwei Frauen, daß er wahrscheinlich helfen
könne und gab ihnen zwei Alternativen: sie müßten entweder eine
andere Person der Familie opfern oder acht Pferde zur Tötung
bereitstellen, da er die Krankheit nicht aufhalten, sondern sie nur*

auf ein anderes Objekt lenken könne. Er räumte ein, daß er lieber mit den Pferden arbeiten würde, da er ungern das Leben eines Menschen nähme.

So gingen die Frauen, und der Medizinmann führte die entsprechende Zeremonie durch. Bald entschloß sich die Gruppe, weiterzuziehen, und da der Ehemann noch nicht vom Kriegspfad zurückgekommen war, trieb seine Frau alle seine Pferde zusammen, um sie ins neue Lager zu führen. Während sie sie vorantrieb, fiel ein Pferd plötzlich tot um, und kurz darauf brach ein anderes zusammen. Als die Gruppe das neue Lager erreichte, waren acht Pferde der Frau gestorben.

Die junge Frau war sehr glücklich, denn der Tod der Pferde bewies, daß sie geheilt werden würde. Als der Ehemann schließlich zurückkehrte, sagte sie ihm, daß die Gruppe das Lager gewechselt habe und wie sie acht Pferde auf dem Weg verloren hatte. Sie machte ihn glauben, daß niemand wisse, was den Pferden gefehlt habe, und das war alles, was er je herausfand.[141]

*

Nootka Paar

Nicht als Ehebruch wurde die Praxis des 'Austausches' von Ehefrauen gewertet, wie sie bei den Cree, Huronen und Nisenan Chiefs (Kalifornien) vorkam, und vor allem bei den Eskimo, wo damit Handels- und Jagdbeziehungen gefestigt wurden. Das hatte ebenso wie die schon erwähnten Adoptionen die Funktion, aus einem potentiellen Gegner einen Verwandten und damit Freund zu machen. Die Kinder beider Verbindungen wurden als Brüder und Schwestern betrachtet.

Bei manchen Nationen (z.B. Salish, Crow, Papago) gab es unverheiratete Frauen, die oft ihre Partner wechselten. Diese 'wild ones' waren dem Klatsch ausgesetzt, wurden aber nicht diskriminiert. Die 'wild ones' bei den Papago z.B. bemalten sich ihre Brüste mit Maiskolben, Vögeln und Schmetterlingen und gingen so auf Feste, die an sich verheirateten Frauen vorbehalten waren, um sich Männer für vorübergehende Beziehungen zu suchen. Bei den Pima wurden solche Frauen 'leichte' und 'verspielte Frauen' genannt; sie wurden toleriert, da man annahm, daß sie „nicht anders können."

Prostitution, wir wir sie kennen, gab es allerdings vor dem Kommen der Weißen kaum. Es kam vor, daß sich unverheiratete (Assiniboin) und geschiedene (Südosten) Frauen für einen Preis verkauften, doch sie taten dies meist nur für eine bestimmte Zeit. Eine Creek Frau konnte 'bezahlte' Beziehungen mit Durchreisenden eingehen, und *„niemand würde sie bestrafen, denn man ging davon aus, daß sie das Recht über ihren Körper hatte."*[142]

In manchen Nationen gab es besondere Anlässe, bei denen die Regeln für sexuelles Verhalten vorübergehend außer Kraft gesetzt wurden*. Neben den schon erwähnten Fruchtbarkeitszeremonien (s. S. 34) fanden eine Reihe von Tänzen statt (z.B. Pubertätstänze bei Shasta und Maidu, Lachstanz der Karok, Schlangentanz der Ojibwa, Frühlingstanz der Maidu), bei denen *„allgemeine Freizügigkeit nicht nur toleriert wurde, sondern fast obligatorisch war".*[143] Bei den Mandan liefen an 2 Tagen im Jahr Männer und Frauen "rufend und suchend" durchs Dorf, stellten sich dann gegenüber auf und die Frauen suchten sich aus der Reihe der Männer Sexualpartner aus (die nicht mit dem Ehemann identisch sein durften). Bei den Huronen träumten oft ältere kranke Personen, daß ein bestimmtes sexuelles Ritual ihnen Heilung bringen würde. Man fragte dann alle unverheirateten Frauen nach ihrem gewünschten Sexualpartner, und in der nächsten Nacht verkehrten Männer und Frauen im Haus der kranken Person miteinander, während diese ihnen zusah.

---

* den Einbruch der christlichen Sexualmoral haben sie nicht überlebt. Heute sind viele Indianer relativ 'puritanisch'.

Solche 'Ausbruchsmöglichkeiten' hatten vielleicht die Funktion der Kompensation für die Zeiten und Umstände, in denen die Beschränkung der Sexualität notwendig war oder als notwendig erachtet wurde. So war z.B. vor der Jagd, vor und nach kriegerischen Unternehmungen und im Zusammenhang mit bestimmten Zeremonien meist sexuelle Enthaltsamkeit üblich. Sie war auch eine weitverbreitete Methode der Schwangerschaftsverhütung.* Bei den Cheyenne dauerte diese Periode der Enthaltsamkeit nach der Geburt eines Kindes 7 Jahre. Auch durch die schon erwähnten oft längeren Perioden des Getrenntseins von Männern und Frauen wurden die sexuellen Beziehungen unterbrochen.

Es wurde deshalb als nötig erachtet, zu lernen, die sexuellen Bedürfnisse zu kontrollieren, wenn die Lebensumstände dies nötig machen. Dies reflektiert sich in einem Brauch der Menomini, wo der Penis eines männlichen Kindes nach der Geburt 'zusammengedrückt'** wurde, *,,um nicht zu übermäßiger Größe anzuwachsen, damit er (der Junge) als Erwachsener in der Lage sein würde, seine sexuellen Leidenschaften zu kontrollieren.''*[144] Die Zuni besprenkelten den Penis eines Neugeborenen aus diesem Grund mit Wasser. Daß bei den Zuni dabei aber auch noch andere Motivationen eine Rolle spielten, zeigt die Praxis, einen Kürbis über die Vulva des Mädchens zu stülpen, damit sie groß werde:

,,Natürlich wurde diese Zeremonie von den Frauen durchgeführt, die bei der jungen Mutter waren, so daß sie das weibliche Ideal von den physischen Größen der Geschlechtsorgane reflektierte.''[145]

Weniger sexuelle als ökonomische Gründe hatte Polygynie (= ein Mann hat mehrere Ehefrauen). Sie kam häufig in Jäger/Kriegergesellschaften vor (besonders bei den Prärieindianern), wo einerseits oft ein Frauenüberschuß bestand, weil zu viele Männer im Krieg getötet worden waren, andererseits der Jagdertrag so hoch war, daß mehr als eine Frau nötig war, um ihn zu verarbeiten, und auch mehr als eine Frau davon ernährt werden konnte. Polygynie kam außerdem bei Chiefs vor, deren besondere Aufgaben für die

---

* es gab auch pflanzliche Mittel zur Schwangerschaftsverhütung, ebenso bestimmte Zeremonien, deren Rituale nur alte Medizinfrauen kannten. Außerdem gab es Mittel zur zeitweiligen oder endgültigen Sterilisation. Abtreibung war vor, wurde aber meist negativ sanktioniert. In besonderen Fällen (meist bei Mißbildungen) konnten bei manchen Nationen (Eskimo, Kaska, Salish, Comanchen, Havasupai) Kinder getötet werden. Bei den Creek hatte die Frau während des ersten Lebensmonats des Kindes Entscheidungsgewalt über sein Leben.

** 'pinch': auch: quetschen, zusammenbinden. Was genau gemacht wurde, ist mir nicht bekannt.

Gemeinschaft oft die Arbeitsleistung von mehr als einer Frau er-
forderten. Insgesamt war Monogamie jedoch häufiger. Bei den
Völkern der östlichen Wälder (besonders den Irokesen) und bei
den westlichen Pueblos (Hopi, Zuni, etc.) war sie die Regel.

Für die Frauen bot die Einrichtung der Polygynie einiges an Vor-
teilen. Ihre Arbeit wurde dadurch leichter und wenn sie sich gut
verstanden, wurde dadurch die Position jeder einzelnen gegenüber
dem Mann verstärkt. Polygynie konnte auch die Funktion der sozialen Sicherung haben, besonders für Frauen, deren Mann getötet
wurde: in solchen Fällen war es oft üblich, daß sie von einem
seiner Brüder oder männlichen Verwandten geheiratet wurde, ob
er nun schon eine Frau hatte oder nicht, und dadurch weiterhin
mit den Dingen versorgt wurde, die das Ergebnis 'männlicher
Tätigkeiten' sind. Da es auch üblich war, daß die verschiedenen
Ehefrauen eines Mannes aus derselben Familie stammten, bot
Polygynie ferner in patrilokalen Gesellschaften den Schwestern
die Möglichkeit, wieder zusammenzukommen.

Deshalb waren es oft die Frauen, die ihren Mann baten, noch eine
zweite Frau zu nehmen. Wenn er von sich aus eine solche Entscheidung traf, mußte die Frau im allgemeinen vorher zustimmen. Handelte er gegen ihren Willen, riskierte er, daß sie ihn verließ: bei den Ojibwa war diese Reaktion der ersten Frau so häufig,
daß damit die Institution der Polygynie praktisch außer Kraft gesetzt wurde und an ihre Stelle häufige Scheidungen (das Verlassen
kam einer Scheidung gleich) und neue Eheschließungen traten.

Im Zusammenhang mit den 'Segnungen' der Weißen Zivilisation —
z.B. Gewehre für die Büffeljäger — breitete sich die Polygynie immer mehr aus. Der Schwerpunkt lag nun fast ausschließlich auf
der ökonomischen Funktion: immer mehr Frauen waren nötig,
um die so schnell getöteten Büffel zu verarbeiten und die Felle
herzustellen, die bei den Weißen so begehrt waren. Bei den Blackfeet fingen dadurch reich gewordene Männer an, Frauen regelrecht zu kaufen. Ob diese Frauen Schwestern waren oder sich
als Sexualpartnerinnen eigneten, war dabei unerheblich: auch
nicht-geschlechtsreife Mädchen oder Transvestiten (s. S. 117 f.)
konnten Häute gerben. Ein wohlhabender Mann konnte so 10-11
solcher Arbeiterinnen haben.

Polyandry (mehrere Ehemänner für eine Frau) war selten bei
den nordamerikanischen Indianern. Sie kam vor bei den Eskimo,
im Großen Becken (Schoschonen) und bei den Kaska, wo Frauen,
wenn der Mann alt wurde, oft einen zweiten, jüngeren Gatten
nahmen. Im allgemeinen handelte es sich bei den zweiten Männern um Brüder der ersten, und auch hier gab es die Regelung,
daß verwitwete Männer damit rechnen konnten, von der Schwester oder Cousine der toten Frau geheiratet zu werden.

Eine besondere Art von Ehe, die bei den Indianern nicht unbedingt selten war, war die zwischen Personen gleichen Geschlechts. Männer und Frauen, die solche Verbindungen eingingen, unterschieden sich dabei nicht nur bezüglich der Wahl ihrer Sexualpartner von ihren Geschlechtsgenossen(innen) — sie änderten meist ihren gesamten Status zu dem des anderen Geschlechts und wurden dementsprechend mit 'er' (Frau) und 'sie' (Mann) angeredet. Wenn im folgenden also von 'Homosexuellen' oder 'Transvestiten' die Rede ist, muß im Auge behalten werden, daß diese Begriffe nur einen Aspekt und nicht die Totalität dieser Geschlechtsrollen beschreiben, die quasi als ein drittes und viertes Geschlecht begriffen werden:

„Eine Crow Frau kämpfte zusammen mit 'Three Stars' (General Crook, U.W.) am Rosebud. Genaugenommen waren es zwei; aber eine war weder ein Mann noch eine Frau. Sie sah wie ein Mann aus, trug jedoch Frauenkleidung, und sie hatte das Herz einer Frau. Außerdem tat sie Frauenarbeit. Sie war kein Mann, doch auch keine Frau."[146]

So wurden die entsprechenden Kategorien z.B. nicht auf die jeweiligen Ehepartner der betreffenden Personen angewandt, da diese ihre gesellschaftliche Rolle und Position als Mann, bzw. Frau, nicht änderten. Fälle, in denen beide homosexuelle Partner ihre ursprünglichen Rollen änderten oder beibehielten, werden nicht berichtet— dies wäre wohl infolge der bestehenden Arbeitsteilung mit Schwierigkeiten verbunden gewesen.

Andererseits genügte die Übernahme von Tätigkeiten des anderen Geschlechts nicht, um unter eine besondere Kategorie zu fallen: der sexuelle Aspekt mußte dazukommen.

Wie hoch der Anteil solcher Personen an der Gesamtbevölkerung war, ist nicht bekannt, ebensowenig, ob es genausoviele 'weibliche' wie 'männliche' Homosexuelle (im beschriebenen Sinne) gab. In den vorhandenen Berichten werden männliche Homosexuelle häufiger erwähnt.

Die Haltung ihnen gegenüber war unterschiedlich: Bei manchen Nationen wurden sie abgelehnt (z.B. Choctaw, Ute — bei den Apachen sogar als Hexen verbrannt), bei anderen mit Mitleid betrachtet. Meist wurden sie jedoch als selbstverständlich akzeptiert (wie z.B. bei Quinault, Mohave, Yuma und benachbarten Stämmen, Zuni, Winnebago, Illinois und Pawnee). So meinten z.B. die Mohave:

„Seit Beginn der Welt war es bestimmt, daß es Hwame (weibliche Homosexuelle) geben sollte. . . . Sie waren so vorgesehen."[147]

Sie (Mohave) gingen davon aus, daß diese Besonderheit einer Person schon vor der Geburt feststeht und später in der Jugend hervortritt, wo diese Person dann in einer speziellen Zeremonie als

Alyha (vorher Männer) und Hwame (vorher Frauen) initiiert wurde und die Kleidung ihres gewählten Geschlechts, dessen Rolle sie von da an übernahm, bekam. *„Sein Geist hat sich von männlich zu weiblich gewandelt"*[148], heißt es über den Alyha, auf den man sich fortan als 'sie' bezog. Alyha und Hwame benannten auch ihre Geschlechtsteile mit den Termini des angenommenen Geschlechts, was häufig zu Neckereien führte. Von den Hwame wurde gesagt, sie menstruierten nur sporadisch und hätten keine Kinder. Die Alyha dagegen imitierten, wenn sie verheiratet waren, Menstruation, Schwangerschaft und Geburt (wobei sie immer Totgeburten zu beklagen hatten). Beide galten als mustergültige Ehepartner, weil sie sich meist sehr bemühten, den Pflichten des angenommenen Geschlechts gewissenhaft nachzukommen. Ihre Partner *„empfinden ihnen gegenüber, wie sie gegenüber einem 'echten' Mann, bzw. Frau empfinden würden."*[149] Dennoch waren ihre Ehen nicht sehr dauerhaft, weil der jeweilige Partner im allgemeinen fortwährend gehänselt wurde (Die Alyha/Hwame selbst wurden nicht gehänselt, da sie „nicht anders können"). Die Partnerin eine's' Hwame hatte es dabei meist schwerer, denn ihr 'Mann' konnte sie weniger gut physisch gegen Beleidigungen verteidigen und sie fand nachher schwerer einen anderen Mann als der Partner eine'r' Alyha eine andere Frau.

Nicht nur akzeptiert, sondern sogar gefördert wurde die 'Geschlechtsänderung' von Mädchen bei den Kaska: wenn z.B. eine Familie viele Töchter, aber keinen Sohn hatte, wurde ein Mädchen als Junge erzogen. Diese Frauen trugen Männerkleidung, übten männliche Tätigkeiten aus – sie waren z.B. ausgezeichnete Jäger – und hatten sexuelle Beziehungen zu Frauen. Sexuelle Beziehungen zu Männern vermieden sie, da angenommen wurde, daß dadurch ihr (eigenes) Jagdglück zerstört würde.

Oft galten Homosexuelle/Transvestiten als 'sacred'. Bei den Prärieindianern wurden Männer in einer besonderen Vision zum 'Berdache' (Terminus für männliche Transvestiten, von Frauen in einer solchen Position wird dort nicht berichtet) berufen. Sie waren immer Schamanen und bei den Crow z.B. mußte ein Berdache den ersten Baum für die Unterkunft der Sonnentänzer fällen.

Eine besondere Macht wird auch bei den Navajo den 'nadle' (Weber) zugeschrieben, besonders den Hermaphroditen, den 'nadle' im engeren Sinn (Personen mit nicht eindeutig als völlig männlich oder völlig weiblich bestimmbaren Geschlechtsorganen). In der mythologischen Überlieferung werden sie als die Personen beschrieben, die Reichtum bringen. Es wird daher noch heute davon ausgegangen, daß ein Hermaphrodit in der Familie Wohlergehen und Wohlstand sichert und ein solches Kind ist deshalb willkommen:

„Sie sind verantwortlich für allen Reichtum im Land. Wenn es sie nicht mehr gäbe, würden Pferde, Schafe und Navajo verschwinden. . . . Sie sind irgendwie heilig."[150]

Rechtlich gelten Hermaphroditen als Frauen und sie treten auch äußerlich so auf. Sie üben gleichermaßen Frauen- und Männerarbeit (außer Jagd und Krieg) aus, wobei sie, so wird angenommen, in beiden Bereichen besondere Leistungen vollbringen. Wegen ihrer reichtumspendenden Macht dirigieren sie an der Spitze der Familie Haus- und Feldarbeit. Bei Zeremonien sind sie für Vorbereitung und Kochen der Nahrung zuständig und viele von ihnen führen Heilungszeremonien durch. Sie haben häufig wechselnde sexuelle Beziehungen, meist mit Männern.

'Nadle' im weiteren Sinne, Transvestiten, übernehmen jeweils Kleidung und Rolle des angenommenen Geschlechts und heiraten Männer wie Frauen.

Bei vielen Indianern setzte sich allerdings unter dem Einfluß des Christentums eine ablehnende Haltung gegenüber Homosexualität durch. So kann man heute die Ansicht hören, es handle sich dabei um etwas 'Unnatürliches', und die Homosexuellenbewegung wird deshalb von der Indianerbewegung nicht unterstützt.

*

Sahavkwisa, eine Vollblut Mohave Frau des Noltc Clans wurde Mitte des vorigen (= 19.) Jahrhunderts geboren und gegen Ende des Jahrhunderts getötet, offensichtlich im Alter von 45 Jahren. Sie war eine Shamanin, spezialisiert auf das Heilen von Geschlechtskrankheiten und deshalb, so sagte man, hatte sie Glück in der Liebe. Im Alter von 25 Jahren begann sie Hexerei zu praktizieren . . .

Man sagte, sie habe nie eine Menstruation gehabt, doch sie war weiblich in ihrer Erscheinung und hatte große Brüste. . . . Die Mohave beziehen sich auf sie als 'er'. Da sie als Hwame bezeichnet wird, ist anzunehmen, daß sie sich der Initiationszeremonie für Transvestiten unterzogen hat.

Sahavkwisa hatte eine Zeitlang eine sehr hübsche Frau. Andere Männer begehrten die Frau und versuchten, sie von der Hwame wegzulocken. „Warum willst du einen Transvestiten als Mann, der keinen Penis hat und seinen Finger hineinsteckt?" sagten sie. Die Frau blieb jedoch standhaft: „Das ist mir recht, solange ich bei ihr bleiben will". Schließlich gab der Bewerber auf und ließ sie in Ruhe. Bald bemühte sich ein anderer Mann um sie und versuchte, sie dazu zu bringen, die Transvestitin zu verlassen. . . .

Sie lief schließlich mit ihm davon, denn sie mochte ihn, obwohl ihr Transvestiten-Mann gut für sie sorgte, auf dem Feld arbeitete und alle Männerarbeit tat.

Als Sahavkwisa's Frau wegrannte, begann die Transvestitin auf Tänze zu gehen und flirtete mit den Mädchen. . . . Die Leute nannten sie hinter ihrem Rücken bei dem Spitznamen Hi⊖pan kuꝺ ape, was 'gespaltene Vulva' heißt und sich auf eine der Positionen bezieht, die weibliche Homosexuelle während des Koitus einnehmen. Währenddessen war die Frau, die die Transvestitin verlassen hatte, mit ihrem männlichen Mann weniger zufrieden, und kehrte trotz allem Spott zu der Transvestitin zurück. Der Mann tat nichts dagegen. . . .

Später nahm sich Sahavkwisa eine andere Frau. Auch diese wurde von den Leuten gehänselt und sie entschied schließlich, sie könne die Witze nicht mehr ertragen und verließ ihren Mann. Sahavkwisa war sehr enttäuscht und wurde zornig. Sie malte ihr Gesicht schwarz wie ein Krieger oder ein Mann, der den Verführer seiner Frau verfolgt. Sie nahm auch ihren Pfeil und Bogen und ging fort. Sie muß allerdings eine andere Frau im Sinn gehabt haben, denn statt zum Haus ihrer untreuen Frau zu gehen, besuchte sie ein anderes Lager, wo sie sehr schlecht empfangen wurde. Die Frau, die sie besuchen wollte, verspottete sie und sprach zu ihr wie eine Frau zu einer anderen. „Sie glaubt, daß Pfeil und Bogen zu ihr passen", sagte sie, „sie glaubt sie ist ein Mann". Sahavkwisa blieb ungerührt „Ja, ich kann Wild für dich schießen", sagte sie und ging. Sie fühlte sich ermutigt, denn die Mohave sagen, wenn ein Mädchen einen Bewerber beleidigt, kann dieser sicher sein, daß er sie schließlich gewinnt. Ein paar Tage später besuchte Sahavkwisa die Frau wieder und bat sie, Mais für sie zu mahlen, was junge Bräute tun, sobald sie verheiratet sind. Überraschenderweise erklärte sich die Frau einverstanden. Die Neuigkeit verbreitete sich wie ein Lauffeuer. „Ich wette, sie nimmt sich eine andere Frau", kommentierten die Leute. „Was ist mit diesen Frauen los, daß sie sich in eine Transvestitin verlieben?" In der Tat lief die Frau, als Sahavkwisa sie zum drittenmal besuchte, mit ihr davon und verließ ihren Mann für die Hwame.

Sahavkwisa's Fähigkeit, Frauen zu bekommen, überraschte den Stamm nicht. . . . Neben ihrem Zauberglück verdiente sie beachtlich viel durch das Praktizieren ihrer Medizin. Jedenfalls war sie eine gute Versorgerin, arbeitete hart und hatte großes Vergnügen daran, ihre Frauen mit Perlen und hübschen Kleidern zu bedecken. . . . Doch schließlich verließ auch die dritte Frau sie und kehrte zu ihrem Ehemann zurück. . . .

Nie wieder nahm sich Sahavkwisa eine Frau. Zu dieser Zeit hatte sie bereits mehrere Frauen verhext, in die sie verliebt war, und *versammelte ihre Geister in ihrem Heim, wo sie mit ihnen in ihren Träumen Verkehr hatte, in der anerkannten Art der Hexerei der Mohave.* [151]

Viele Navajo Medizinmänner hatten die Tendenz, sich selbst als magisch in Frauen verwandelt zu verstehen, sie taten oft Frauenarbeit wie Kochen und trugen sogar Frauenkleidung. Sie waren Außenseiter und galten als ziemlich seltsam, aber auch als Menschen, die von den Geistern gesegnet waren. Als solche waren sie nicht verpflichtet, über ihre Aktionen den anderen Mitgliedern des Stammes Rechenschaft abzulegen. [152]

*

Ich spreche vom Rauch des Schmerzes her

Eroberung durch die weißen Männer

> *Warum seid ihr Leute so auf unsere Frauen versessen? Man möchte glauben, ihr hättet nie zuvor Frauen gesehen.*
>
> Arikara Chief

> *Nach allem, was wir von Geschichte und Tradition wissen, zeigt es sich, daß weder Verführung und Prostitution noch Vergewaltigung im Verzeichnis der Verbrechen dieser einfachen und wilden Rasse bekannt waren, bis die Frauen vergiftet wurden durch die Umarmung der zivilisierten Männer.*
>
> Ebenezer Mix, 1842

In der weißen Version der Geschichte Amerikas sind indianische Frauen kaum vertreten. Die wenigen Geschichten, die dort über sie erzählt werden, lassen den Eindruck entstehen, als hätten die ersten Amerikanerinnen nichts Besseres zu tun gehabt, als weißen Männern das Leben zu retten, sie auf Forschungsreisen zu begleiten und vor feindlichen Indianerstämmen zu schützen, und als hätten sie nur auf diese Botschafter einer überlegenen Zivilisation gewartet, um ihr glanzloses Dasein zu ändern. Da ist die tragisch-romantische Geschichte der 'Indianerprinzessin' Pocahontas, die einem Weißen das Leben rettete, dann einen anderen Weißen heiratete und mit ihm nach England ging – wo sie allerdings nach nur wenigen Monaten im Alter von 20 Jahren starb. Da wird die Schoschone Frau Sacajawea lobend erwähnt, die der Lewis/Clark Expedition zum Erfolg verhalf, indem sie sie durchs Land führte, für sie dolmetschte, das Essen kochte, die Wäsche wusch, die Kranken pflegte und bei Kontakten mit 'unfreundlichen' Indianern vermittelte. Da sind Doña Martina, die Dolmetscherin von Cortez, die ihr Volk verriet, Emily, eine junge Apachin, die den Weißen, den sie unglücklich liebte, vor einer Attacke ihres Volkes warnte und Winema, die Modoc Frau, die sich bei den Auseinandersetzungen ihres Volkes mit den Weißen auf deren Seite schlug und von der lobend bemerkt wurde:

„Winema wurde Lehrerin und Missionarin für ihre eigene Rasse, und gab ihnen viel wertvolle Informationen über die Zivilisation des Weißen Mannes. Ich erfuhr von einem, der sie persönlich kannte, wie sie sich bemühte, den Indianern die Notwendigkeit klarzumachen, des Weißen Mannes Gesetze und Sitten anzunehmen."[153]

Solche Frauen hatten wohl im allgemeinen nicht im Sinn, ihr eigenes Volk zu verraten, doch erkannten sie bei ihren Versuchen, Frieden zu stiften und zu erhalten, nicht das tödliche Potential der Neuankömmlinge. Die meisten Indianerinnen machten damit jedoch sehr bald Bekanntschaft und ihre Beziehungen zu weißen Männern waren alles andere als romantisch. Sie erfuhren die Grausamkeit der Eroberer in gleichem Maße, vielleicht sogar noch mehr, als ihre Männer.

Die ersten europäischen Ankömmlinge auf amerikanischem Boden notierten — 'offiziell' mit Empörung — bei ihren Begegnungen mit eingeborenen Frauen vor allem deren spärliche Bekleidung und scheinbar unkompliziertes Verhältnis zu sexuellen Beziehungen. So schreibt Americo Vespucci:

„Sie . . . sind wollüstig über alle Maßen, und die Frauen weitaus mehr als die Männer, und nur aus Anstand enthalte ich mich, Euch von dem Kunstgriff zu erzählen, den sie anwandten, um ihre maßlose Lust zu befriedigen."[154]

Freilich, wie immer sie diese Freizügigkeit und das, was ihr von extremer Sexualunterdrückung geprägtes (Unter)Bewußtsein dazuphantasierte, auch verdammten — die Möglichkeit, ohne grössere Formalitäten sexuelle Beziehungen zu indianischen Frauen herzustellen, war ihnen höchst willkommen, wie z.B. die sarkastische Bemerkung eines Arikara Chiefs zeigt:

„Ich habe mich oft gefragt, ob es unter Euch Weißen wohl Frauen gibt. (. . .) Wie kommt es, daß ihr Leute so auf unsere Frauen versessen seid? Man möchte meinen, Ihr hättet nie zuvor Frauen gesehen."[155]

Die Beziehungen waren allerdings für die Indianerinnen meist alles andere als freiwillig. Die Spanier z.B. betrachteten es schlicht als ihr Recht als 'höhere Wesen', von den Indianern Frauen anzufordern und halfen dieser Forderung, wenn nötig, mit Gewalt nach. Im Südwesten, wo sie sich vor allem niederließen, war Vergewaltigung an der Tagesordnung. Zahlreiche Frauen wurden 'erbeutet' — besonders die Navajo, Ute, Apachen und Comanchen wurden regelmäßig heimgesucht* — und unter die Soldaten verteilt oder als Sexualobjekte und/oder Arbeitsklaven auf dem bald florierenden Sklavenmarkt verschachert. Navajo Mädchen von etwa 8 Jahren, "gesund und intelligent", brachten z.B. 400 Dollar ein. 5000-6000 Navajo, meist Frauen, erlitten ein Schicksal, das in den Aufzeichnungen der Kirche oft zynisch als 'Taufe' aufgeführt wurde. Doch

„diese Individuen waren keine Bekehrten. Sie waren Frauen und Kinder, die bei Sklavenexpeditionen in New Mexiko gefangen genommen und als Hausgehilfinnen niedrigster Stufe in die Häuser des Landadels gesteckt wurden."[156]

Oft war es üblich, sie vor dem Verkauf zu vergewaltigen: *„Jetzt kannst Du sie haben, jetzt ist sie gut"*, war das Motto dabei, wie ein Pater 1761 berichtete.[157]

Auch für die englischen und später amerikanischen Eroberer war Vergewaltigung quasi logische Begleiterscheinung des Krieges. Ihre Massaker, Folterungen und Ermordungen von Frauen und Kindern konnten sich mit denen der Spanier messen. Solche Kriegsmethoden wurden bis Ende des vorigen Jahrhunderts angewandt, wie die folgenden Berichte über das Massaker an den Cheyenne durch Col. Chivington am Sand Creek im Winter 1864 zeigen:

„Nach der Eröffnung des Feuers trieben die Krieger die Frauen und Kinder zusammen und stellten sich vor sie, um sie zu schützen. Ich sah wie fünf Squaws hinter einem Erdwall Schutz suchten. Als die Truppen näherrückten, rannten sie hervor und zeigten sich, damit die Soldaten sahen, daß sie Squaws waren, und sie baten um Gnade, doch die Soldaten erschossen sie alle. Eine Squaw, deren Bein von einem Schuß zerschmettert worden war, sah ich auf dem Erdwall liegen: ein Soldat lief mit gezogenem Säbel zu ihr; sie hob den Arm, um sich zu schützen, doch er hieb zu und zerschmetterte ihren Arm; sie rollte sich herum und hob den anderen Arm, und er schlug zu und zerschmetterte auch ihn, und dann ließ er sie liegen, ohne sie zu töten. Männer, Frauen und Kinder wurden unterschiedslos niedergemetzelt. . . . Ich sah eine aufgeschlitzte Frau; neben ihr lag, wie mir schien, ein ungeborenes Kind. Captain Soule sagte mir später, daß es stimmte. . . . Ich sah eine Frau, deren Geschlechtsteile aufgeschlitzt waren. . . . Ich sah eine Menge toter Mütter mit ihren Kindern in den Armen." (Robert Bent)[158]

---

* Später gelang es den Spaniern auch Feindseligkeiten zwischen den Stämmen auszunutzen: sie brachten z.B. die Ute dazu, ihnen ihre Kriegsgefangenen zu verkaufen.

„Als ich am nächsten Morgen über das Schlachtfeld ging, sah ich keine Leiche eines Mannes, einer Frau oder eines Kindes, die nicht skalpiert war, und in vielen Fällen waren die Leichen auf gräßlichste Weise verstümmelt – Männern, Frauen und Kindern hatte man die Geschlechtsteile zerschnitten usw.; ich hörte, wie ein Mann sagte, er habe einer Frau die Geschlechtsteile herausgeschnitten und zur Schaustellung auf einen Stock gehängt; . . . außerdem hörte ich von zahlreichen Fällen, in denen Männer Frauen die Geschlechtsteile herausschnitten und sie über die Sattelknäufe spannten oder sie an ihren Hüten trugen, als sie weiterritten." (Leutnant James Connor)[159]

*

Tot in blutigem Schnee

Ich bin eine indianische Frau
Zeugin für meine Erde
Zeugin für mein Volk.
Ich bin die nächtliche Tür,
Die verborgene Höhle deines Kummers,
Wie du tief verborgen in Grabengängen
    und Dung
    des Hügelgrabes,
Hörte ich das feige Vorbeiziehen der
    weißen Soldaten
Und sah sie schießen bei Wounded Knee
    auf das schlafende Dorf,
Und rannte mit den Gewehren in meinem Rücken
Bis wir erfroren in unserem Blut im Schnee

Ich spreche von alten Transportwegen her
Wo sie alle Großmütter von Black Hawk verfolgten und erschossen
als sie in die sich kreuzenden Flüsse liefen.
Ich spreche vom Rauch des Schmerzes her,
    vom zerbrochenen Stein,
Und weine mit den weinenden Frauen vom Sumpf her
Zug und Tränen von ausgetrockneten Frauen,
    O bittere Öde!
    O öde Bitterkeit!
Ich renne, heimatlos,
    Ich komme an
in Sichtweite der Gewehre,
    neben den weißen quadratischen Häusern
des Überflusses.

Meine Leute hungern
Zur Zeit des bitteren Mondes.
Ich höre mein geisterhaftes Volk weinen
a hey a hey a hey.

Von unseren staubigen Toten steigt auf das süße Gras,
Der Schädel markiert die Stelle des Verlierens und der Flucht.
Ich singe, meinen verletzten Kopf haltend,
zu meinem verstümmelten Kind,
Den Traum eines Volkes, das im blutigen Schnee starb.

Meridel LeSueur[160]

*

Für die 'Zivilisten' stellte sich die Situation zunächst anders als für die erobernde Armee. Solange sie in der Minderheit waren und oft noch nicht einmal wußten, wie sie in dem ihnen unbekannten Territorium überleben sollten, konnten sie sich Vergewaltigungen nicht leisten. Auch der Handel, die Existenzgrundlage der Trapper und Jäger, die immer weiter in den Westen vordrangen, erforderte freundschaftliche Kontakte zu den Ureinwohnern. Dabei führte einerseits das Interesse vieler indianischer Frauen an den exotischen Neuankömmlingen, andererseits das Interesse der weißen und indianischen Männer an der Stabilisierung der Handelsbeziehung oft zu Heiraten der 'Mountain Men' — so nannte man die in der 'Wildnis' lebenden Weißen im 19. Jahrhundert — mit indianischen Frauen. Manche dieser Mountain Men integrierten sich so bis zu einem gewissen Grad in die indianischen Gemeinschaften, doch die meisten ließen sich mit ihren Frauen bei den Handelsposten nieder. Für die Frauen bedeutete das die Trennung von ihrer Nation. Ihre Arbeit dort unterschied sich zwar nicht sehr von dem, was sie gewohnt waren — Verarbeitung des Büffels, Sammeln von Nüssen, Beeren und Wurzeln, Nähen und Gartenbau — doch fand sie in einem gänzlich anderen Kontext statt: Hier war die Frau isoliert, sowohl bei der Arbeit als auch in ihrer freien Zeit, ohne die in der indianischen Gesellschaft so selbstverständliche Gemeinschaft mit Verwandten und anderen Frauen. Die Rückkehr zu ihrem Volk war jedoch schwer, denn ihre Männer wollten sie meist nicht ziehen lassen und manche Frauen wählten, wenn die Flucht mißlang, Selbstmord als letzten Ausweg. Nach langer Trennung war es zudem für sie nicht immer einfach, in ihrem Volk wieder integriert zu werden.
Für die Männer dagegen stellten solche Ehen kein großes Problem dar. Sie profitierten von ihnen, solange sie in der 'Wildnis' lebten und entledigten sich ihrer indianischen Frauen meist ohne Skru-

pel, wenn sie beschlossen, in die 'Zivilisation' weiter im Osten zurückzukehren. Nur in den wenigsten Fällen wagten sie, die Frauen mitzunehmen, denn dort wurde beiden das Leben schwer gemacht. Besonders die Frau hatte zu leiden unter dem Rassismus der etablierten puritanischen Gesellschaft.

Dieser puritanisch geprägte Rassismus hielt bald auch im 'Wilden Westen' Einzug. Den Siedlern, die sich dort immer mehr breitmachten, ging es nicht mehr um Anpassung an das Land und seine Ureinwohner: das Land hatte sich ihnen anzupassen und die Indianer hatten ihnen zu weichen. Viele von ihnen betrachteten Indianer als *„Wild zum Erschießen, Ungeziefer, das ausgerottet werden muß.“*[161] Ihre Massaker konnten sich mit denen der Armee messen, wie der folgende Bericht eines Chirurgen von Camp Grant, Arizona, aus dem Jahre 1871 zeigt. Regierungsfreundliche (!) Apachen waren dort von einem Bürgerwehrtrupp von Amerikanern und Mexikanern mit Hilfe von Papago-Indianern niedergemacht worden:

„Die Leichen von etwa 21 Frauen und Kindern lagen verstreut über den Boden; denjenigen, die ganz zu Anfang getötet worden waren, hatte man das Gehirn mit Steinen herausgeschlagen. Zwei der hübschesten Squaws lagen in einer Position, die keinen Zweifel daran ließ, daß sie zuerst geschändet und dann erschossen wurden, was auch das Aussehen ihrer Geschlechtsorgane und ihrer Wunden bewies. Fast alle Toten waren verstümmelt . . .Als wir umhergingen, trafen wir eine Squaw an, die nicht verletzt war, doch wir konnten sie nicht bewegen, hereinzukommen und zu sprechen, da sie nicht an unsere guten Absichten glaubte.“[162]

In Kalifornien wurde den Indianern vor allem der Goldrausch der Weißen zum Verhängnis. Viele wurden getötet, andere fielen einem Gesetz zum Opfer, das 1850 erlassen wurde und nach dem Indianer zu Vagabunden erklärt und an den Höchstbietenden verkauft werden konnten. Viele Frauen wurden so gefangengenommen, als Haushilfen und Konkubinen mißbraucht und 'nach Gebrauch' rausgeworfen. In Oregon wurden oft Frauen mit Hunden gejagt, zu Tode geknüppelt oder erschossen. Janet McCloud berichtet von ähnlichen Vorkommnissen in Washington State:

„Die älteren Großmütter der Nisqually erzählen ihren Kindern, unter welchen Umständen sie als junge Mädchen lebten. Wenn sie in ihren Langhäusern Hufegetrappel aus der Richtung von Olympia näherkommen hörten, rannten alle Frauen im Alter von 3 bis 90 zum Fluß, wo sie sich Sand zwischen ihre Beine steckten, denn der Lieblingssport der betrunkenen weißen Siedler war die Vergewaltigung und sadistische Folterung von indianischen Frauen und Kindern. Und oft wurden die indianischen Männer zusammengekettet und gezwungen, dabei zuzusehen.“[163]

Die 'Moral' der Eroberer, bei denen Sexualität und Gewalt untrennbar miteinander verknüpft waren, korrumpierte bis zu einem gewissen Grad auch die indianischen Gemeinschaften, bei denen, wie festgestellt, Vergewaltigung und Prostitution kaum bekannt waren, *,,bis die Frauen vergiftet wurden durch die Umarmung der zivilisierten Männer.''*[164] Neben der schon erwähnten vereinzelten Beteiligung am Sklavenhandel wurde nun auch von ihnen manchmal Vergewaltigung als Mittel der Kriegsführung eingesetzt, wenn auch nicht so häufig, wie man es den weißen Frauen in Schreckensbildern ausmalte. So erklärte z.B. Chief Joseph:

,,Auf dem Weg nahmen wir einen weißen Mann und zwei weiße Frauen gefangen. Wir ließen sie nach drei Tagen frei. Sie wurden freundlich behandelt. Die Frauen wurden nicht mißbraucht. Können die weißen Soldaten mir ein Beispiel nennen, wo Indianerinnen gefangen genommen und dann freigelassen wurden, ohne mißbraucht zu werden? Wurden die Nez Perce Frauen, die den Soldaten General Howard's in die Hände fielen, mit soviel Respekt behandelt?''[165]

Durch den Einbruch der Weißen Zivilisation war jedoch viel von der Stärke und Stabilität traditioneller Sozialstrukturen verloren gegangen, und schließlich führte das materielle Elend zum Verkaufen und Sich-Verkaufen indianischer Frauen. Dies war vor allem im Großen Becken der Fall, als die ohnehin nur knapp das Existenzminimum sichernde traditionelle ökonomische Basis zerstört und die lose politische Organisation dieser Völker dem Ansturm der Weißen nicht mehr gewachsen war. Mit der Ausrottung der Büffel durch weiße Jäger wurde schließlich die Prostitution zur einzigen Einkommensquelle vieler indianischer Familien.

,,Nicht nur die Regierung, sondern die amerikanische Gesellschaft generell kann es sich zugute halten, die indianischen Frauen gezwungen zu haben, sich zu verkaufen, in einer letzten verzweifelten Anstrengung zu überleben, und unter keinem wie auch immer gearteten moralischen Standard können ihre Aktionen als professionelle Prostitution definiert werden.''[166]

Die Frauen bezahlten auf mannigfaltige Weise für diese 'Umarmung der zivilisierten Männer': unter anderem kamen dadurch Geschlechtskrankheiten (Gonorrhöe) aufs Indianerland und wüteten dort wie jede andere 'Weiße' Krankheit epidemieartig. Sehr viele Indianer und Indianerinnen mußten feststellen, daß sie steril geworden waren — ein Glied mehr in der Kette von Demütigungen, die die ersten Amerikaner auf ihrem Weg in die Reservationen begleiteten. Dort, wo sie mit Regierungsgewalt festgehalten wurden, schien für viele von ihnen nur der Alkohol als Ausweg übrigzubleiben.

Indianische Frauen vor der 'Indian Agency', der Regierungsstelle auf den Reservationen, von deren Zuteilungen sie abhängig waren

Meine Mutter trank, mein Vater trank, alle meine Tanten tranken. Stellen Sie sich ihre Situation vor, als meine Großmutter starb, die mit ihnen nur die eigene Sprache gesprochen hatte, und sie auf fremde Schulen kamen. Die Leute nutzten die indianischen Frauen aus, sie vergewaltigten sie oder versprachen ihnen alles mögliche, wenn sie mit ihnen ins Bett gingen. Sie konnten nicht mal 20 Meilen von der Reservation weggehen, ohne zurückgeschickt zu werden. Ich bin so traurig, wenn ich an meine Mutter und diese Generation vor 50, 60 Jahren denke, und den Druck, dem sie ausgesetzt waren. Ich sah, wie der größte Teil meines Volkes durch Alkohol zerstört wurde, das war ihre Fluchtmöglichkeit vor der Realität.

Darlene Peters, Klallam[167]

Dann begannen die Weißen die Prärien einzuzäunen. (. . .) Wir blieben an einem Ort und wurden träge und immer kränker. Unsere Männer hatten schwer gegen unsere Feinde gekämpft und sie von unserem schönen Land ferngehalten, doch jetzt, als alles verloren war, wurden wir durch unsere eigene Schwäche und Dummheit geschlagen. Unsere Männer, unsere Führer fingen an, den Whiskey des Weißen Mannes zu trinken und ließen ihn für sich denken. Da wir gewohnt waren, auf unsere Führer zu hören in den Tagen des Büffels, den Tagen des Krieges und des aufregenden Lebens, hörten wir auch jetzt auf sie; und wir wurden geschlagen. Unsere Weisen wurden zu Narren und tranken den Whiskey des Weißen Mannes. Doch was hätten wir sonst tun sollen? Wir kannten nichts anderes, als auf unsere Chiefs zu hören. Unsere alten Männer waren früher anders gewesen; sogar die Kinder waren anders, als es noch Büffel gab. (. . .)
Kürzlich habe ich ein Kind geschlagen. Es schien einfach keine andere Möglichkeit zu geben. Ich hoffe, es half ihr, doch ich schämte mich, meine Enkelin geschlagen zu haben.
Ich verstehe diese Zeiten nicht. Die Zeiten haben sich so schnell verändert, daß sie mich zurückgelassen haben. Ich gehe in die Dunkelheit. Unsere Welt war anders, bevor die Büffel weggingen und ich gehöre zu dieser Welt."

Pretty Shield, Crow[168]

*

Der „enttäuschend langsame Fortschritt des Indianers zur Zivilisation"

Der Versuch, die Ureinwohner zu assimilieren: Schule, Beruf, Wanderung in die Städte. Selbstbehauptung der indianischen Frauen.

> *Das einzige Problem bei einem Schmelztiegel wie Amerika ist, daß alles, was unten ist, verbrennt und der Schleim immer nach oben kommt.*
> aus einem indianischen Comic

> *Die Frauen waren immer stark und das sind sie noch heute, während die Männer seit der Ankunft der Weißen etwas von ihrer Stärke verloren haben.*
> Audrey Shenondoah, Onondaga

Völkermord hat viele Gesichter und fast alle davon kann man in der Geschichte der Kolonisation Amerikas sehen. Neben der physischen Vernichtung der Urbevölkerung ging es hier schon vor und dann verstärkt während der Reservationszeit um die Zerstörung der traditionellen Gesellschaftsstruktur der indianischen Nationen und die Integration ihrer Mitglieder als vereinzelte Individuen in den 'Schmelztiegel Amerika'. Im einzelnen hieß/heißt das: Auflösung der Verwandtschaftsfamilie zugunsten der (monogamen) Kleinfamilie mit männlichem Oberhaupt, Einführung des Privateigentums (natürlich vom Vater an den Sohn vererbt), Durchsetzung christlicher Moralvorstellungen, und mit all dem verbunden: Minderung der Autorität und des Einflusses der Frauen. Zum Teil setzten sich diese Veränderungen quasi naturwüchsig und unabhängig von der Gut- oder Böswilligkeit einzelner Akteure durch – als eine Art 'Nebenprodukt' des 'Fortschritts' nach europäischem Muster. Andererseits bemüh(t)en sich Regierungsvertreter und Missionare aktiv darum, solche Veränderungen durchzusetzen − notfalls mit Gewalt.

So berichtet z.B. Eggan von Versuchen, im Südosten das Vaterrecht einzusetzen:

„Es gibt eine ganze Reihe von Bemerkungen in Grant Foreman's Abhandlung 'Die Fünf Zivilisierten Stämme', die auf die Anstrengungen − und Erfolge − von Missionaren, Lehrern und Regierungsbeamten hinweisen, die Einstellung und Lebensweise der Choctaw zu ändern. Die Tatsache, daß die Frauen in den Feldern arbeiteten und daß ein Vater − in Übereinstimmung mit dem matrilinearen System der Vererbung − nicht für seine Kinder vorsorgte, bereitete den Missionaren besonders Sorgen. So wurden neue Regulierungen bzgl. des Landbesitzes eingeführt, die die Position des Mannes als Haupt der Familie betonten. Heirat wurde gesetzlich geregelt, Witwen wurde das Recht auf einen Teil des Grundbesitzes ihres Mannes zugesprochen, und die Kinder konnten das Vermögen ihres Vaters erben. Die Führer kamen nicht länger aus den Clans, sondern wurden durch die erwachsenen Männer des Bezirks gewählt, und die alten Rituale wurden zum großen Teil durch die Kirche und ihre Aktivitäten ersetzt.

Generell wurde im Südosten die Beziehung des Vaters zu seinem Kind gestärkt, auf Kosten des Bruders der Mutter . . . und der Vater besaß jetzt Land und Eigentum und wurde zum Haupt der Kleinfamilie. So wurde der Clan geschwächt und verlor seine kooperativen Funktionen und politische Macht, und die matrilineare Abstammung hatte kaum mehr Bedeutung."[169]

Eine Lakota Frauengruppe beschreibt ähnliche Erfahrungen:

„Als die Lakota schließlich auf eine Reservation gezwungen wurden, gaben viele den Namen ihrer Mutter als Familiennamen für die Kartei der Behörden an. Die Angestellten verbrachten viel Zeit damit, diese 'Irrtümer' zu entdecken und zu 'korrigieren'. Dieser Vorfall führte zum Kommentar eines alten Chiefs: ,,Wir haben gesehen, daß der Weiße Mann seine Frauen zu Spielzeug, zu Haustieren macht. Jetzt sehen wir, daß sie sein Eigentum sind, ohne einen eigenen Namen."[170]*

Die Versuche, die Männer zu Landeigentümern zu machen, setzten sich auch im 20. Jahrhundert fort: Bei den Navajo beka-

---

* vgl. zu diesem Punkt auch Kanada's Indianergesetz, Abschnitt 12: eine indianische Frau verliert ihre Reservationszugehörigkeit, wenn sie einen weißen Mann heiratet, ein indianischer Mann, der eine Weiße heiratet, behält dagegen die seine. Auch einige Pueblos erließen 1939 ein Gesetz zur Beschränkung ihrer Mitgliedschaft, nach dem ein Mann, der in das Pueblo 'einheiratet', keine Rechte dort hat und seine Kinder nicht zum Pueblo gehören, umgekehrt (Pueblo Mann, Frau von außerhalb) gibt es dagegen keine Probleme.

men sie die Weiderechte und als 1933 das 'Fruitland Irrigation Project' (Gewinnung neuer Anbauflächen durch künstliche Bewässerung) begonnen wurde, hatten nur verheiratete Männer Anspruch auf Land (Erst nach dem 2. Weltkrieg wurde das Prinzip des gemeinsamen Eigentums von Mann und Frau eingeführt.)

Zunächst jedoch waren die Bemühungen zur De-Indianisierung Amerikas nicht durchgängig erfolgreich und erst die endgültige militärische Unterwerfung der Ureinwohner gab der US-Regierung die Möglichkeit, härter durchzugreifen: Die Ureinwohner waren jetzt Mündel der Regierung und das BIA* hatte die Reservationen fest in der Hand; außerdem waren die Indianer nun teilweise oder völlig von finanzieller und sonstiger Unterstützung der US-Regierung abhängig, was sich gut zur Erpressung eignete. 1884 wurde den Indianern die Ausübung ihrer Religionen verboten und 1887, mit dem General Allotment Act, wurde das Indianerland (Ausnahme: Navajo Reservation) in Parzellen für individuelle Eigentümer aufgeteilt; was übrigblieb wurde an Weiße verteilt (dadurch wurde der indianische Landbesitz von 138 Millionen Morgen (1887) auf 48 Millionen Morgen (1934)** reduziert.

Ein besonderes Augenmerk richtete die Regierung bei ihren Assimilierungsbemühungen auf die Kinder. 1834 hatte es bereits 60 Missionsschulen gegeben, die die Kinder in 6 verschiedenen Glaubensrichtungen ausbildeten (sie wurden später – von 1906-46 – von der Regierung subventioniert). Die US-Regierung gedachte nun, die Erziehung der 'Wilden' in die eigenen Hände zu nehmen und begann, Internate unter Aufsicht des BIA zu gründen, das erste davon in Carlisle 1872. Für die indianischen Kinder fing damit ein langer Leidensprozeß an.

Eine wichtige Voraussetzung für die von der Regierung gewünschte Erziehung war die Trennung von den Eltern. Es ginge darum, *„die Kinder vom Einfluß ihrer wilden Eltern zu entfernen"*, formulierte das die Charta des ersten Internats auf der Navajo-Reservation 1890. Oft ging das nicht ohne Widerstand. Besonders die Hopi versteckten ihre Kinder vor den Schulbeauftragten:

„Es gab einen bestimmten hohen langen Ruf, mit dem die Hopi die noch nicht gefangenen Kinder warnten. P. hörte ihn eines Tages, als sie auf einem Hügel beim Haus ihrer Großmutter spiel-

---

* Büro für Indianische Angelegenheiten: 1824 als Abteilung des Kriegsministeriums gegründet, 1849 dem Innenministerium unterstellt. Heute kommt auf durchschnittlich 18 Indianer 1 BIA-Angestellter.[171]

** davon ist über die Hälfte stark erodiert und das bessere Land meist an weiße Rancher verpachtet.

te. . . und sie floh vor der sich nähernden Gefahr. 'Versteck mich, versteck mich!' schrie sie und stürzte ins Haus ihrer Großmutter . . . 'der Bahana kommt!' "[172]

Wie Navajo Kinder 1930 gefangen wurden, beschreibt Dane Coolidge:

„Im Herbst fahren die Viehzüchter, Farmer und anderen Angestellten der Regierung mit Lastwagen ins Hinterland und bringen die Kinder zur Schule. Viele kommen offenbar willig und gern, doch die wilden Navajos weit hinten in den Bergen verstecken ihre Kinder beim Geräusch eines LKWs. So schickt man Viehzüchter, Indianerpolizei und andere Berittene voraus, um sie zusammenzutreiben. Die Kinder werden gefangen, oft gefesselt wie Vieh, und ihren Eltern weggenommen, und viele von ihnen kehren niemals zurück. Sie werden von einer Schule in die andere verlegt . . . und werden, wenn man sie auf weit entfernte Schulen schickt, 3 Jahre nicht mehr nach Hause gebracht."[173]

Auch Hopi-Kinder durften oft nicht nach Hause, nicht einmal in den Sommerferien, weil ihre Eltern sich weigerten, sie freiwillig zurückzuschicken. Manchmal verloren indianische Eltern völlig den Kontakt, manchmal kamen Kinder nicht zurück, weil sie Opfer von Krankheiten (TBC, Trachoma — eine Augenkrankheit —, Grippe etc.) wurden, die sich oft auf den Internaten seuchenartig verbreiteten. Coolidge schildert den Fall eines Paiute/Navajo, der auf diese Weise fast seine ganze Familie verlor:

„Joe Paiute ist der letzte seines Volkes in diesem Teil des Landes und er und seine Frau hatten 10 Kinder. Doch als diese ins schulpflichtige Alter kamen, nahm man sie ihm weg und die ersten acht starben alle außer einem in der Schule. Eine Tochter überlebte und wurde nach Riverside geschickt. Doch wie allen gab man ihr einen weißen Namen, ihr indianischer Name wurde nicht hinreichend dokumentiert, und obwohl er (J.P.) versuchte herauszufinden wo sie ist, hatte die Schule jede Spur von ihr verloren.
Während er für mich arbeitete, informierte mich Joe, daß bald der Lastwagen kommen werde, um seinen kleinen Jungen und sein Mädchen mitzunehmen, die letzten zwei seiner 10 Kinder. (. . .) Höchstwahrscheinlich werden auch sie sterben."[174]

Für die Kinder war die Trennung von ihren Eltern und die Verbringung in eine ihnen so fremde Umgebung traumatisch:

„Am Abend versammelten wir uns oft in einer Ecke und weinten leise, so daß die Frau, die die Aufsicht führte, es nicht hören und uns nicht schelten oder schlagen würde. Ich versuchte, die anderen zu trösten, doch kurz darauf weinte ich auch. Ich kann immer noch die klagenden kleinen Stimmen hören, wie sie sagten: ,Ich will nach Hause. Ich will meine Mutter.' Wir verstanden kein

'Zivilisierung' von Apachenkindern in einer BIA-Schule, Ende 19. Jh.

Wort Englisch und wußten nicht, was wir sagen oder tun konnten."[175]

Den Kindern wurden die Haare geschnitten, sie bekamen einen neuen Namen, und wurden in Einheitskleidung gesteckt. Es war ihnen streng verboten, ihre eigene Sprache zu sprechen:

„Ich und meine Schwester wurden auf das Shirokko Indianerinternat in der Nähe von Kansas City geschickt. So etwas sollte keinem Kind angetan werden. . . . Es war eine militärisch geführte BIA-Schule, wir trugen keine Zivilkleidung, sondern GI-Sachen und bekamen bestimmte Aufgaben zugeteilt. (. . .) Schüler wurden bestraft, wenn sie ihre eigene Sprache sprachen: eine Menge Böden mußten geputzt und andere Hausarbeiten erledigt werden, weil Schüler dabei erwischt wurden, wie sie ihre eigene Sprache sprachen." (Ruth Thompson Hankowsky, Cherokee)[176]

Schläge waren an der Tagesordnung: so erzählt z.B. Helen Seksquaptewa (Hopi), daß eine Lehrerin sie, als sie einmal eine falsche Antwort gab, so hart aufs Ohr boxte, daß sie einen bleibenden Gehörschaden davontrug.

1934 mit dem Johnson O'Malley Act erhielten die Public Schools das Recht, indianische Kinder aufzunehmen, und der überwiegende Teil der indianischen Kinder geht heute auf die Public Schools. Doch waren 1973 immer noch 35000 (= 17% aller indianischen Kinder) in BIA-Internaten, 70000 Kinder in BIA-Tagesschulen und 4000 in BIA-Schlafstätten (während sie tagsüber auf Public Schools gingen). Erst in den letzten Jahren war die Tendenz fallend: 1978 gingen nur noch 25000 Kinder in die verbliebenen 77 (75?) BIA-Internate; bei den Navajo allerdings, wo 46 dieser Schulen stehen, sind es 83% aller Kinder.

In manchen dieser Internate sind die 'Erziehungs'methoden gleichgeblieben: In einer Schule auf der Hupa Valley Reservation in Oregon war es den Kindern noch 1971 verboten, ihre Sprache zu sprechen; und in Carson City in Nevada wurden, ebenfalls 1971, den Schülerinnen die Haare geschnitten, wenn sie mit einem Jungen Händchen hielten. Ein besonders krasses Beispiel war bis vor einigen Jahren die BIA-Intermountain School im nördlichen Utah, wo Kinder und Jugendliche mit Handschellen gefesselt, geschlagen, rassistisch und sexistisch angepöbelt, elektronisch überwacht und beim Kommen und Gehen samt Gepäck durchsucht wurden. So verwundert es nicht, daß es weiterhin zu Ausbruchsversuchen von Kindern kommt, die dabei oft ihr Leben aufs Spiel setzen, wie die drei Navajo Kinder, die sich 1973 bei einem solchen Versuch die Beine erfroren.

Auf ein weiteres Problem weist eine Untersuchung des American Indian National Research and Development Center in Portland, Oregon, hin: im Umkreis indianischer Internate wurde eine zunehmende Vergewaltigungsrate festgestellt. Von einer Schule wurden 1/3 der 250 Jugendlichen vergewaltigt und ein Polizeichef sagte, er sei überzeugt, daß wöchentlich 5 indianische Frauen von Weißen vergewaltigt würden. Insgesamt ist die Vergewaltigungsrate im Umkreis der Internate 3 mal so hoch wie im nationalen Durchschnitt.[177] Auch da, wo nicht gleich zum Mittel der physischen Gewalt gegriffen wird, werden junge Indianerinnen oft als stets verfügbares Sexualobjekt betrachtet:

„In der Volksschule wurden wir diskriminiert, da durften wir nicht in die Häuser der Weißen und sie nannten uns 'dreckige kleine Indianer.' In der Highschool änderte sich das plötzlich, da baten mich manchmal Typen, mit zu ihrer Einfahrt zu kommen oder mit ihnen auf einer dunklen Straße oder so eine Weile zu parken, und sie dachten automatisch, ich wäre eine Schlampe. Es war sehr demütigend für mich, denn ich war nicht so." (Darlene Peters, Klallum)[178]

Geändert hat sich in den letzten 30 Jahren allerdings die Einstellung der Indianer zur schulischen Bildung. War diese ursprünglich als Strafe, bestenfalls als fragwürdiges Experiment empfunden worden, so erscheint sie jetzt vielen Eltern als eine Notwendigkeit, bedingt durch die zunehmende Abhängigkeit von der Anglo-Ökonomie. Der Ausbildungsgrad ist jedoch weiterhin relativ niedrig, und was manche Jugendliche von akademischer Bildung halten, zeigt folgendes Interview:

„Wirst du nächstes Jahr bleiben für das erste College Jahr?"
„Ich weiß nicht. Vielleicht. Ich bin noch nicht sicher."
„Was würdest du denn sonst tun?"
„Ich möchte nach Hause gehen. Ich möchte dort bleiben."
„Du meinst, einfach hingehen und dort bleiben?"
„Ja".
„Was wirst du dort tun?"
„Leben."
(Ron Olguin, 17 Jhr., Isleta, interviewt von Sam Meyer)

*

Ich lernte, meinen Namen zu schreiben. Ich hatte nicht mal gewußt, daß mein Name Shirley war, ich hatte einen Navajo Namen und so nannten mich alle. Doch sie schauten in meiner Geburtsurkunde nach und da stand Shirley.

Shirley Begay, Navajo[179]

Mit sieben Jahren kam ich zur Schule. Dort war alles neu, und es war sehr schwer für mich, mit diesen Lehrern, die nichts von In-

dianern verstanden und einen als zurückgeblieben betrachteten, wenn man nicht Englisch sprach. Ich glaube, man hielt mich für sehr dumm. Und ich war wirklich dumm, was die Weißen Gepflogenheiten betrifft, aber ich war nicht unwissend. In meinem eigenen Volk war ich nicht dumm.

Ich lernte alle englischen Wörter dadurch, daß die fortgeschrittenen Schüler mich auslachten, wenn ich einen Fehler machte. Niemand will gerne ausgelacht werden und so lernte ich die englischen Wörter: immer wenn sie lachten, wußte ich, daß ich etwas falsch gesagt hatte. Es war wirklich schwer für mich, denn zuhause sprachen wir nur unsere eigene Sprache, Onondaga.

Alice Papineau, Onondaga

Ich ging in der Holy Rosary Mission School (Pine Ridge Reservation) zur Schule, neun Jahre lang. Und glaub mir, die Nonnen haben uns das, was wir lernten, mit Prügeln eingebleut.

Gladys Bisonette, Lakota[180]

*

Neben der Anpassung an Weiße Normen war die Ausbildung zu 'passenden' Berufen Schwerpunkt der Erziehungsmaßnahmen. Ein Zitat aus der frühen Geschichte des Carlisle Internats verdeutlicht diese Ausrichtung:

„Der Indianerjunge muß lernen, wie man den Pflug hält, wie man die Sichel vorbereitet und in Ordnung hält, wann gesät und geerntet wird. Tausende von Dingen, die ein Bauernjunge durch Beobachtung lernt, müssen dem jungen Indianer speziell beigebracht werden. Doch vor allem muß er den Wert stetiger und kontinuierlicher Arbeit lernen. Es müssen ihm Dinge beigebracht werden, die er nie gesehen hat und die in seiner Erziehung als unmännlich bezeichnet worden sind. Ich möchte Ihnen ans Herz legen, lieber seine literarischen Studien als seine Übungen in praktischer Arbeit zu vernachlässigen. Mir ist es viel lieber, er kann pflügen, säen und ernten, als daß er große Errungenschaften auf geistigen Gebieten vollbringt. (. . .)

Ich schlage vor, daß Sie Mädchen wie Jungen lehren, Kühe zu melken. Die Mädchen sollten lernen, Butter und Käse herzustellen, ebenso alle Haushaltstätigkeiten wie Kochen, Waschen, Nähen und Flicken." (H. M. Teller, Innenministerium, 1884)[181]

Sowohl die Aufgaben der internen Internatsorganisation, als auch die Praxis, die Schüler(innen), vor allem in den Sommermonaten, in umliegende weiße Haushalte und Farmen zu vermitteln, boten viele Möglichkeiten zu der gewünschten praktischen Tätigkeit:

„Die Lehrer(innen) und Matronen gaben uns Verantwortung und waren auf uns angewiesen, als wir älter wurden. Als ich 15 war, war ich während des Sommers für die Post und Wäscherei zuständig. Es gab viel zu tun und die Arbeit war hart. (. . .) Man zahlte mir 15 Dollar im Monat. (. . .) Manchmal arbeitete ich auch in den Häusern von Regierungsangestellten." (Helen Seksquaptewa, Hopi)[182]

Seit den 30er Jahren wurde die berufliche Ausbildung immer mehr in den Mittelpunkt der Erziehung gestellt und es wurden auch außerhalb der Schulen Jobausbildungsprogramme ins Leben gerufen: Der Schwerpunkt lag dabei auf Haushalt und Büro für Mädchen, und Holzindustrie, Autoreparatur, Malerarbeiten und Landarbeit für Jungen. Orientiert waren diese Tätigkeiten an den Erfordernissen der US-Ökonomie: Der Reservationshaushalt z.B. unterscheidet sich wesentlich von dem Weißen Mittelstandshaushalt, den zu betreiben die Mädchen lernten.

„Der Indian Service behauptet, daß diese Erziehung notwendig ist, ‚damit die Navajo im Konkurrenzkampf der Welt draußen bestehen können‘, doch die meisten kommen zurück, um Schafe zu hüten. Ein paar arbeiten in den Städten an den Eisenbahnlinien als Mechaniker und Hilfsarbeiter, die Mädchen als Köchinnen und Dienstmädchen. . . . In den Hogans ihres Volkes sind die zurückkehrenden Schuljungen ziemlich ungeeignet für das Leben. Sie können nicht einmal Schafe hüten. Doch meistens werden ihnen die Eltern oder ein wohlhabendes Clanmitglied etwas abgeben und sie werden ein Mädchen, das ebenfalls von der Schule zurückgekehrt ist, heiraten und ein Leben als Indianer aufnehmen. In Ausnahmefällen werden sie Lastwagenfahrer und Händler oder gehen in den Regierungsdienst, doch für die Mädchen gibt es nahezu keine Berufsmöglichkeiten außer Haushaltshilfe in der Stadt. So fangen sie nochmal von vorne an und lernen Spinnen und Weben und ihre Schafe und Ziegen zu versorgen." (Navajo, 1930)[183]

Immer mehr lösten nun aber Tätigkeiten in der US-Ökonomie traditionelle Einkommensquellen ab. Wie dieser Prozeß ablief und was er für die Position der Frauen bedeutete, soll im folgenden dargestellt werden:

In den frühen Jahren des Reservationslebens hatten die Frauen viel von ihrer traditionellen ökonomischen Rolle als Versorgerin zurückgewonnen. Der Pelzhandel, eine wichtige ’männliche‘ Einkommensquelle, war zurückgegangen, andere Beschäftigungen waren den Männern verboten worden, wie z.B. die Raubzüge, die die Navajo bei benachbarten Nationen (Pueblos) durchzuführen pflegten. So waren die indianischen Nationen wieder besonders auf die Arbeit der Frauen angewiesen. Bei den Navajo war z.B. der

Verkauf der Webprodukte der Frauen neben den Regierungsrationen einzige Einkommensquelle der Familien, denn der Silberschmuck der Männer brachte einen vergleichsweise geringen Betrag ein. Auch die Erntearbeit, eine der Haupteinkommensquellen vieler Nationen, brachte einen Prestigegewinn für die Frauen, denn diese Tätigkeit war eine 'weibliche'.

Mit der Zeit reichten solche Einkommensquellen jedoch nicht mehr zur Versorgung der Familien aus, woran auch die Regierung nicht unschuldig war: Sie reduzierte z.B. in den 30er Jahren die Anzahl der Schafe auf der Navajo Reservation drastisch und zerstörte damit zu einem großen Teil einen der letzten Bereiche funktionierender traditioneller Ökonomie auf Indianerland. Lohnarbeit wurde wichtiger und es waren die Navajo Männer, die mit Saisonarbeit oder auch ganzjähriger Tätigkeit zu Hauptversorgern ihrer Familien wurden. Da sie dabei auch meist von ihrem Zuhause entfernt waren, konnten sie keinen Beitrag zum Ackerbau mehr leisten und die Frauen allein bewältigten die anfallende Arbeit oft nicht mehr, so daß viele gezwungen waren, ihr Land aufzugeben.

Ein weiterer Einschnitt in dieser Entwicklung war der zweite Weltkrieg. Viele Indianer verließen die Reservation, gingen zur Armee oder arbeiteten in den Kriegsindustrien. Dadurch wurden sie mit Anglo-Kultur und -Wertvorstellungen vertrauter und neue Güter wurden erstrebenswert, was wiederum die Bedeutung des Geldverdienens erhöhte:

„Vor dem 2. Weltkrieg gab es nicht so viele Frauen, die eine Vollzeitbeschäftigung hatten. Die, die arbeiteten, hatten meist Haushaltsjobs, weil sie sich dort die Zeit weitgehend selbst einteilen konnten. Die Familie kam immer noch an erster Stelle, . . . dein Heim war immer noch der zentrale Teil deines Lebens. Das war auch für mich der Grund, warum ich diese Arbeit tat. Wenn ich mal einen Tag nicht dort arbeiten konnte, weil etwas zuhause wichtiger war, konnte ich an einem anderen Tag hingehen.

Mit dem Krieg bekamen Frauen dann Jobs in den Fabriken und das veränderte die Situation. Die Frauen haben sich verändert und viele arbeiten jetzt außerhalb des Hauses, um Geld zu verdienen. Sie haben sich schon allein deswegen verändert, weil sie ein Bedürfnis nach Geld haben. Das verändert jeden (lacht). Und sie kaufen sich Dinge, die sie für notwendig halten, und sie halten immer mehr Dinge für notwendig und werden von ihnen abhängig, die sie vielleicht sonst nicht einmal gekannt hätten. Zwar leben viele Frauen noch von ihren Gärten, nähen die Kleidung ihrer Kinder etc., doch diese ganze Zivilisation ändert sich und unser Volk mit ihr. Es ist beinahe eine neue Kultur." (Audrey Shenondoah, Onondaga)

Bei der Lohnarbeit haben die Männer die bessere Ausgangsposition. War zunächst die Tatsache, daß vorzugsweise Jungen in die Schule geschickt wurden, Ausdruck ihrer größeren Entbehrlichkeit bei manchen indianischen Nationen (z.B. bei den Navajo), so verschaffte ihnen dies nun einen besseren Start in der Anglo-Ökonomie und ganz allgemein wurde und wird 'Männerarbeit' dort besser bezahlt als 'Frauenarbeit'. So konnten sich jetzt Männer aufgrund ihrer finanziellen Schlüsselposition auch weigern, nach der Hochzeit zur Familie der Frau zu ziehen und entgingen damit den traditionellen Verpflichtungen gegenüber den Verwandten der Frau. Die Frau verliert dadurch viel an praktischer und emotionaler Stütze, die ihr der traditionelle Familienzusammenhang geboten hatte. Dazu kommen Konflikte mit der Familie des Mannes (z.B. mit der Schwiegermutter über Kindererziehung und Haushaltsführung). Im Falle einer Haushaltsneugründung gerät sie in eine ungewohnte Isolation. Uneheliche Kinder werden ohne die Unterstützung durch die Großfamilie zum Problem, ebenso Scheidung, bei der nun die Frau die Hauptleidtragende ist (bei den Navajo sind es allerdings immer noch oft die Frauen, die dazu die Initiative ergreifen). Das Heim verliert generell seine Stellung als Zentrum der Gesellschaft und damit ist die Frau nicht länger die zentrale Figur (vgl. 2. Kapitel).

Wenn Frauen berufstätig werden, bekommen sie meist nur 'weibliche' – d.h. gleichzeitig: schlechtbezahlte – Beschäftigungen, z.B. als Haushaltshilfe, Krankenhaushilfe, Schwesternhelferin, Hilfslehrerin, Industriearbeiterin, Sekretärin und Bürohilfe, Köchin, Kellnerin, Babysitter, Erntehelferin, Krankenschwester und Lehrerin. Was als angemessene Tätigkeiten für indianische Frauen betrachtet wird, dokumentiert z.B. der Ausspruch einer weißen 'Entwicklungshelferin' für Cochiti Pueblo:

„Wir geben ihnen Jobs, für die sie qualifiziert sind. Die Männer bekommen Jobs beim Bau und die Frauen bekommen Putz-Jobs und ähnliches. Wir haben z.B. eine Cochiti Dame hier im Büro, die Kaffee kocht."[184]

Von ihren diesbezüglichen Berufserfahrungen berichtet Grace Black Elk, Lakota:

„Ich bekomme nicht jeden Monat Geld von der Regierung (Sozialhilfe, U.W.) – ich arbeite dafür, habe immer gearbeitet, Kartoffeln geklaubt, Mais geerntet, Getreide gedroschen, Zuckerrüben gehackt. . . . Ich hab bei meinem Vater auf der Farm gearbeitet, alles gemacht. Später ging ich nach Denver, ich fing an, in Krankenhäusern zu arbeiten. Schau, ich hab keine Ausbildung, ich ging nur bis zur achten Klasse in die Schule, so bin ich für bestimmte Stellen nicht qualifiziert genug, in Büros als Stenographin oder irgendsowas. Deshalb war der einzige Job, den ich kriegen konnte,

141

der eines Hausmädchens. So ging ich zu diesen hochgestellten Familien, im 'Domestic Maid Service', wie sie das nennen, und ich arbeitete die ganze Zeit, schrubbte Böden, schrubbte Wände für diese Weißen."[185]

So forderte 1973 Lou Bean, Lakota:

„Ich will diese Art von Berufstraining nicht mehr, wo man nichts Besseres ist als ein Hund. Ich will eine Ausbildung, mit der ich in einer bestimmten Stelle bleiben kann. Es wird Zeit, daß wir uns behaupten und als Menschen anerkannt werden."[186]

Für jüngere Indianer hat sich zwar die Ausbildungssituation verbessert (1960 hatten 17000 Jugendliche – darunter mehr Mädchen als Jungen – eine abgeschlossene Collegeausbildung), doch die Berufssituation ist auch für diese Collegeabsolventinnen problematisch. Die meisten von ihnen arbeiten weiter in den üblichen 'weiblichen' Bereichen als Krankenschwestern, Erzieherinnen und Assistentinnen, und vor allem auf den Reservationen finden sie immer noch wenig Arbeitsmöglichkeiten: die Arbeitslosenquote dort für Frauen wie Männer liegt bei 40-80%*, Arbeitgeber

---

* Arbeitslosigkeit von Indianern im nationalen Durchschnitt: Frauen (über 16 Jhr.) 65% (US-Bevölkerung insges. 10,2%), Männer 45% (US: 11,6%). Durchschnittseinkommen im Jahr $58 32 (US-Bevölkerung insges. $9590). 40% der Indianer leben unter dem Existenzminimum. Von den 190 000 Personen, die eine Stelle haben, arbeiten 46 000 für Regierungsinstitutionen. (Zahlen nach der Bevölkerungszählung von 1970).

sind in erster Linie Regierungseinrichtungen wie BIA und IHS (Indianischer Gesundheitsdienst), die allerdings nur Jobs als Sekretärin oder Bürohilfe anzubieten haben, vereinzelt die Stammesregierung und die Schulen. Sonst bleiben nur noch Verkauf (Läden, Verkaufsstände) und handwerkliche Produktion, meist im Zusammenhang mit Tourismus.

Das Fehlen einer autonomen ökonomischen Basis, verbunden mit der Abhängigkeit von Regierungszuwendungen (Sozialhilfe etc.), führt auf den Reservationen zu einer Reihe von sozialen Problemen, bei denen oft der Alkohol Katalysatorfunktion hat, vor allem, aber nicht nur, für Männer. Welcher Identitätsverlust für die Frau mit dem Alkohol verbunden ist, aber auch welche Würde sie dabei dennoch bewahren kann, zeigt das folgende Gedicht einer Navajo:[187]

Ode an eine betrunkene Frau

1.

   Liebe Lady Erde
         mit
geschwollenen Lippen
         deine Schönheit des Lebens
         kommt und geht
diese Schuhe die du trägst
         schmutzverkrustete 'Tennisschuhe'
du hast noch kein Tennisspiel gesehen
weißt nicht mal, was das ist
doch diese Tennisschuhe gehen schwankend
hin zu der Kneipe mit dem illegalen Alkohol

2.

   liebe Lady staubig
   warm eingewickelt an diesem warmen Tag
stehst du am Highway
   vielleicht damit dich jemand mitnimmt
von Eddie's zu Tropic's, zum Navajo Inn

     ich sah dich dein Kopftuch tragen
  rot gelbe Blumen bedecken deinen Kopf
   ein Tuch beschattet deine dunkle Haut

     ein Gesicht, das nur ein Gesicht ist
  und im Schatten des Tuches
    glitzerten blutunterlaufene Augen
      traurig und durstig

3.

liebe Lady
   mit 'roma' Phantasien
meine Vorfahren stickten mit Perlen in dir
   du bist meine Mutter

Mutter, sieh uns
wir sind nüchtern, doch betrunken
   von Pein
verursacht durch dieselbe verdammte Scham, die du gelernt hast

4.

   deine Kinder werden wir bleiben
      und unsere Phantasien
         sind farbenprächtig
            roter Faden, um unsere Zöpfe gewickelt
   unser Geist zuckt
      in Wut, zu überwinden
      dieselbe verdammte Scham die du gelernt hast

5.

   und
   jetzt erst sehe ich
wir bleiben wie du, Mutter
wieder auf der Straße, per Anhalter
von Albuquerque nach Gallup, nach Window Rock, Chinle
und die Schatten
   ferner Wolken
      verbergen unsre roten müden Gesichter

6.

   liebe betrunkene Lady
      wir sind wieder zusammen
         verschieden
      und wir lieben dich immer noch
      als unseren Mutterclan

Folge der Schwierigkeiten, sich auf der Reservation eine Existenz aufzubauen, ist für viele Indianer(innen) der Zug in die Städte. Sehr oft beruht(e) dieser Schritt nicht auf eigener Initiative — schon seit einigen Jahrzehnten verfolgt die Regierung die Absicht, die Indianer in den urbanen Arbeitsmarkt zu integrieren. So wurden z.B. die Kinder in den BIA-Internaten nur gefragt, in welche Stadt sie wollten, nicht, ob sie überhaupt in die Stadt wollten.

Die Städte wurden in den leuchtendsten Farben geschildert und die Alternative der Rückkehr nach Hause wurde nicht erwähnt. 1952 initiierte dann das BIA ein 'Relocation' (Umsiedlungs-) Programm, dessen Ziel es war, durch Angebote von kostenlosen Ausbildungskursen, Arbeitsplätzen und finanziellen Hilfen Indianer in verstärktem Maß in die Ballungsräume zu bringen. Das Ticket für die Hinfahrt – doch nicht für eine Rückfahrt – gab es gratis. Dieses Programm war relativ erfolgreich. Hunderttausende von Indianern siedelten auf diese Weise um. Hatten 1930 nur 10% in städtischen Gebieten gelebt, so war es 1970 bereits die Hälfte der indianischen Gesamtbevölkerung. Mittlerweile ist in den Ballungsräumen die erste indianische 'urbane Generation' herangewachsen.

Für viele Indianer(innen) ist der Weg in die Stadt ein Schritt in feindliches Territorium:

,,Wenn du hier bist, bist du in einem 'Rat Race' (Rattenrennen) und du fragst dich, was wohl geschehen wird. Dort auf der Reservation freuen sich die Leute, dich zu sehen. Hier freuen sie sich auch, aber du fragst dich, was sie wohl von dir wollen. Unser Wort für den weißen Mann ist 'was' ichu', 'der, der alles nimmt', 'der Gierige'.'' (Mary McDaniel, Cheyenne River Sioux)[188]

,,Hier bin ich in einer großen Stadt, direkt in der Mitte von Chicago. Ich kenne niemanden. Ich bin so einsam und fühle den Drang, nach Hause zu gehen. Ich weiß nicht, in welche Richtung ich gehen soll – Süden, Norden, Osten oder Westen. Ich kann nicht einfach irgendeine Richtung einschlagen, denn ich kenn mich hier noch nicht aus.

Ich sehe fremde Gesichter um mich herum und ich frage mich dauernd, wie ich wohl in dieser fremden Umgebung überleben werde.'' (Belle Jean Francis, Athapasken, 1968)[189]

Die meisten 'Stadtindianer' halten deshalb irgendeine Verbindung zu ihren Verwandten aufrecht und viele pendeln zwischen Reservation und Stadt hin und her. Dennoch bringt das städtische Leben entscheidende Veränderungen mit sich. Der Zwang zu geregelter Arbeitszeit und ökonomische Verpflichtungen wie Miete, Steuern, und Arztrechnungen erzeugen einen Druck, dem die mittlerweile zur Kleinfamilie geschrumpfte Familie in vielen Fällen nicht gewachsen ist. Die Scheidungsrate ist hoch und vor allem die Männer fliehen oft vor den drückenden Anforderungen, meist in den Alkohol. In 20-30% der Familien gibt es keinen Mann. So sind es dann die Frauen, die wieder einmal zu Hauptversorgern werden und die Familie zusammenhalten, was heißt: Kampf mit den Instanzen, Zurechtkommen mit einem Einkommen, das selten adäquat ist und Vermittlung von Stärke an ihre Kinder.

yvonne ei shi ii nish ye
Ich bin weit
fort von zuhause
mit nichts Vertrautem um mich.
sogar die Schreie der Natur sind meinen Ohren fremd.
der junge Vogel wird zum Geier und der Hund wird zum Fuchs.
die ferne Sonne wird verhüllt
durch
falsche Tatsachen. Die Kiva und die Schwitzhütte sind
nicht mehr
in meinem Kopf. Ich muß nach Hause gehen.

Yvonne Johnson, 1975[190]

Vibrations from Central California

Ich, Specht Frau, kenne Euch seit langem
Sah Euch als Freunde zu mir kommen
Auf Pferderücken
Meine Hilfe brauchend
Lernend   Liebend
Ein Teil meiner Welt werdend
Doch immer gespalten in Euch selbst.
Ich sah Euch zu wie Ihr mit dem Wissen
  den gelernten Lektionen
Noch eine weitere Wendung nach innen nahmt
Für immer in die Traurigkeit.
Nun sehe ich so viele vorbeiziehen
Fließend in Asphalt, Metall, Glas
Und niemand von Euch kann mich auch nur sehen.

Jenny, 1976[191]

Einsamkeit

Ich kenne die Einsamkeit
seit langer Zeit
  Suche keinen Freund
  Suche keinen Mann
  Such auch kein Heim.

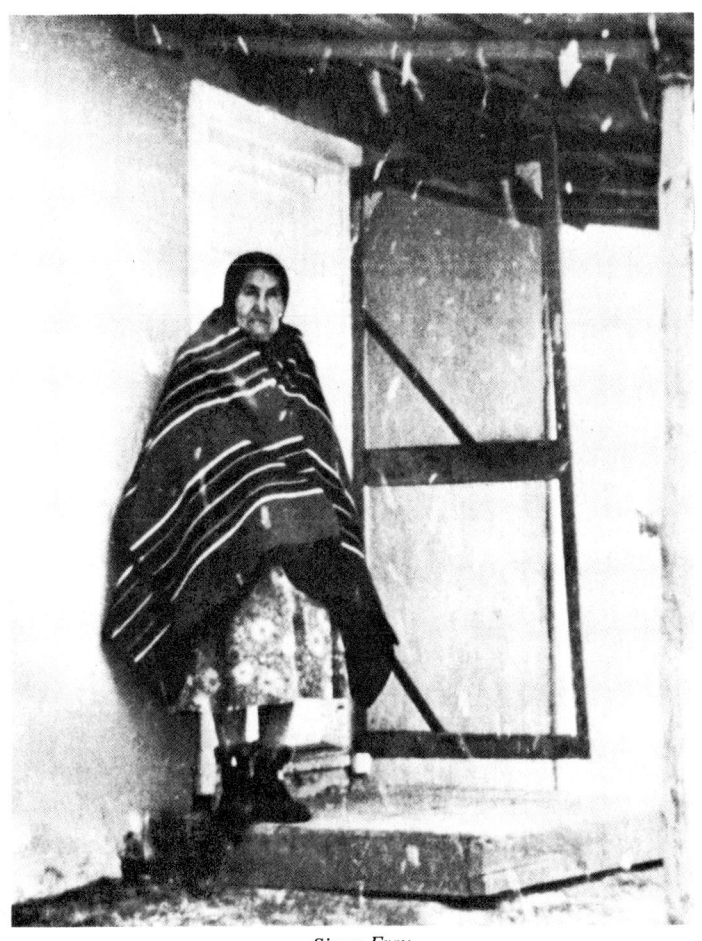

Sioux Frau

Weiß einfach nicht
was meiner Seele Ruhe geben wird
die schmerzt von etwas
das ich nicht beschreiben kann
die etwas will
   das ich nie hatte . . .
            . . . Freiheit

Wah-zin-ak, 1974[192]

Großmutter Mond
sogar in dieser Stadt
Gefängnis aus Beton
kenne ich Dich und Deinen
Tanz über den Himmel
rufend Deine Töchter, damit
sie den Kreis schließen
sich der Schmerzen der Geburt erinnern
Wie Du die Gezeiten des Ozeans webst
so füllt sich mein Schoß mit dem Blut des Lebens
und schmerzt, eins mit der Erde

Mein Blut
fällt auf Beton
gefriert im Winter
verdünnt mit Schneematsch
Blut
fällt auf Beton
trocknet hart und braun im
heißen Sommer
nicht mehr fruchtbar
im Frühling
Blut auf Beton
vom Regen in einen
vergessenen Fluß gespült
krebszerfressen
vom Meer zurückgewiesen
mein Blut
läuft kalt den Beton entlang
auf der Suche nach der Erde

Oh
Großmutter Mond
Dein Tanz über den Himmel
geht weiter, sogar in diesem
Gefängnis aus Beton
Du rufst deine Kinder
den Kreis zu schließen
wir vergessen nicht
den Schmerz der Geburt
wir bluten
vergießen unser Lebensblut
wir sind eins
mit der Erde   Luz Guerra[193]

*

148

Hatten in den vergangenen Jahrhunderten zunächst die indianischen Männer von den Wertvorstellungen und Gepflogenheiten der patriarchalischen Erobererkultur profitiert, so waren es nach der Niederlage gerade sie, die am meisten unter den Veränderungen litten. Der größere Teil dessen, was traditionell ihre Identität bestimmt hatte, war ihnen genommen worden: sie durften keine Krieger mehr sein und Jagd war nur noch in sehr beschränktem Umfang möglich. Nicht in der Lage, ihr Volk vor den Aktionen der Weißen zu schützen, fanden sie nur noch wenig, was ihnen Selbstwertgefühl vermitteln konnte. Wo sie versuchten, den traditionellen Anforderungen gerecht zu werden, kamen sie in Konflikt mit dem Gesetzessystem der dominierenden Gesellschaft: das zeigt z.B. der von dem Anthropologen Radin beschriebene Fall eines Winnebago, der sich an der Tötung eines Potawatomi beteiligt, um sich als Krieger auszuzeichnen und dafür wegen Beihilfe zum Mord verurteilt wird.

Die in solchen Identitätskonflikten entstehenden Aggressionen entladen sich dann oft zuhause und es kommt zu Gewalthandlungen gegenüber der Frau. Andererseits wird an die Frauen dabei oft die Anforderung gestellt, das verunsicherte Ego des Mannes zu stärken:

„Ich glaube, die Rolle des Mannes hat sehr gelitten, in der Entwicklung vom Krieger, Jäger und Medizinmann zu nichts, zu jemandem, der für andere Leute arbeitet, für einen Boß. Das hat große Auswirkungen auf seine Persönlichkeit, sein Image und sein Selbstwertgefühl, und damit wurde auch die Beziehung zwischen Mann und Frau, zwischen Vater und Mutter geschädigt. Denn in einer Gesellschaft, in der deine jeweilige Rolle bestimmt, was Leute von dir denken, hält man nicht viel von dir, wenn du einen Job mit sehr niedrigem Status hast oder arbeitslos bist. Und das hat dann auch Auswirkungen darauf, wie Mutter und Kinder den Vater sehen: Er genießt weniger Respekt in der Familie.
Wenn das männliche Ego so leicht zu erschüttern ist, heißt das für die Frau, daß sie dieses Ego unterstützen muß. Das bedeutet aber wiederum, daß sie nicht so sehr wachsen darf, nicht zu selbstsicher sein darf, denn dann leidet die Beziehung darunter: das männliche Ego hält das nicht aus, da es so viele Schläge von außen einstecken mußte. Die Männer haben deshalb die Frauen lieber passiv. Sie fühlen sich bedroht, wenn die Frauen aggressiv und selbstsicher sind, sie fühlen sich unterlegen und sie korrigieren das mit physischer Gewalt." (Opal Cahune, Salish)

Hinzukommt, daß die indianischen Männer mittlerweile auch einiges gelernt haben vom Verhalten der weißen Männer gegenüber Frauen. *„Je mehr Ausbildung sie bekommen, desto mehr benehmen sie sich wie weiße Mittelstandsmänner, chauvinistisch und all* das". (Ramona Cahune, Salish). Besonders unter Einfluß von Alkohol kommt es dann zu Verhaltensweisen, in denen vom traditionell üblichen Respekt gegenüber den Frauen nichts zu spüren ist, wie das z.B. Kay Cedarface (Lakota) schildert:

„Was Männer an mir attraktiv finden, ist, daß ich eine Ausbildung und einen guten Job und ein Auto habe, daß ich geschieden bin, allein lebe und noch einigermaßen jung bin — sie denken wahrscheinlich, ich bin unheimlich scharf auf Sex. Wenn ich einen Mann treffe und wir schaun uns an und finden uns sympathisch, faßt er das gleich als Einladung auf. Und dann kommt er mitten in der Nacht an meine Tür, stockbesoffen, und glaubt, ich würde mit ihm glücklich ins Bett fallen. Und dann meint er vielleicht, er könnte bei mir einziehen und ich würde seine Kleider waschen, sein Essen kochen und nicht den Funken einer eigenen Idee haben, und wenn ich nur so viel wie 'Hi' zum Nachbarn sagen würde, würde er mich zusammenprügeln. . . Was ich gerne mal treffen würde, ist ein Mann, der nicht trinkt, der mich als Person sieht, mit dem ich richtig reden kann. Doch ich glaube nicht, daß das passieren wird.
Wenn ich mir die Ehepaare hier ansehe: er läuft mit anderen Frauen herum, sie bleibt zuhause mit einem Dutzend Kinder — ich kenne kein Paar, das wirklich gut miteinander auskommt. Da muß es immer einen fürchterlichen Krach geben."

Für die Frauen war die Veränderung im großen und ganzen weniger traumatisch, was Margaret Mead so erklärt:
„Der wesentliche Inhalt von Kinder bekommen und Kinder erziehen und der täglichen Aufgaben, die damit verbunden sind, die laufenden Bedürfnisse eines Haushalts zu befriedigen, ist überall auf der Welt sehr ähnlich. (. . .) Aus diesem Grund hat der Zusammenbruch der Kultur fast immer wesentlich weitreichendere Konsequenzen für die Männer als für die Frauen. Die alte Religion, die alten gesellschaftlichen Werte, die alte Tapferkeit und alte Eitelkeit kann den Männern genommen werden und sie mit leeren Köpfen und müßigen Händen zurücklassen, doch die Frauen bekommen weiterhin Kinder, müssen sie ernähren, das Essen kochen, das Haus fegen und die Kleider waschen. Es ist unmöglich, ihr Leben soweit der Bedeutung zu berauben, wie das bei Männern möglich ist."[194]
Die Richtigkeit dieser Einschätzung wird von vielen Untersuchungen bestätigt. So schreibt z.B. Ruth Underhill über die Winnebago:
„Trotz der furchtbaren Störungen im häuslichen Leben infolge der von der Regierung durchgeführten Vertreibungen und Wiederansiedlung auf einer Reihe von Reservationen und dem Hin

und Her der Akkulturation . . . konnten die Rollen von Ehefrau, Mutter und Hausfrau, auf die das Winnebago Mädchen vorbereitet wurde, im Erwachsenenalter erfüllt werden."[195];

Louise Spindler über die Menomini:

"Frauen können bei dem Akkulturationsprozeß eine Kontinuität bewahren, die Männern nicht gestattet ist. Und diese Kontinuität zerbricht erst nach mehreren Generationen der Anpassung an Weiße Werte und dann auch nur, wenn diese Werte internalisiert werden und die Anpassung von der Umgebung belohnt wird."[196];

und O'Meara über die Irokesen:

"Auch heute noch . . . sind Irokesenfrauen bemerkenswert resolut und selbständig und scheinen in ihrer weiblichen Rolle sicherer zu sein als ihre männlichen Gegenüber."[197]

Da die Frauen ihre traditionelle Rolle nicht ganz aufgeben mußten, ist es für sie auch nicht nötig, sich von anderen Bereichen der Tradition zu distanzieren. So zeigt z.B. Spindler in ihrer Untersuchung über die Menomini Frauen, daß diese weitaus mehr von der Stammestradition bewahrt haben als die Männer: sie sind vertrauter mit überlieferten Erzählungen und der Religion, benutzen öfter indianische Kräuter und Medizin, gehen zu Medizinmännern, um sich heilen zu lassen, und sprechen mehr Menomini.

Dazu allgemein Myrna Small Salmon (Sioux):

"Ich glaube, indianische Frauen haben viel mehr behalten von ihrer Kultur als die Männer, und es ist der Stärke und Kontinuität der Frauen zu verdanken, daß die Stammessitten und -traditionen so lange überlebt haben. Nur weil sie immer weiterkämpfen, sich selbst als Frau und vor allem als Mutter bewahren, weil Familie und Heim für sie an erster Stelle stehen, haben wir so lange überlebt. Wenn diese Dinge den Männern überlassen gewesen wären, wären wir vor langer Zeit verschwunden, wären wir schon lange assimiliert."

Verbundenheit mit der Tradition heißt jedoch nicht, daß die Frauen starr an allem festhalten, was Brauch ist. Oft sind sie auch gerade flexibler, eher bereit, unvermeidliche Veränderungen zu akzeptieren, wie das Soge Tracks für Taos Pueblo beschreibt:

"Die Männer des Pueblo reagieren auf alles was passiert mit dem Willen, es unter Kontrolle zu bringen und die damit verbundene Änderung zu stoppen. Die Frauen dagegen versuchen, im Gleichgewicht mit den Dingen zu bleiben. Sie wußten immer, daß Veränderung unvermeidlich ist, sie regen sich weniger darüber auf und verrennen sich nicht so in all diese Dinge. So geben sie jetzt dem Pueblo mehr spirituelle Stärke."

*

An meinen Vater kann ich mich aus der Kinderzeit nur vage erinnern, meine Mutter war die dominierende Person. Ich kann
mich an alles erinnern, was meine Mutter getan hat, und selbst
jetzt noch sagen mir die Leute aus der Reservation, was für eine
wundervolle Person sie war. Mein Vater kam und ging, als würde
er ein- und ausgeblendet und heute macht er das noch genauso.
Ich glaube, er hatte es ziemlich schwer, er erlitt einen Bruch in
seiner Persönlichkeit in den 20er Jahren: Da die Frau so wichtig
ist für die Erhaltung des matrilinearen Clansystems, da sie es war,
die die Familie zusammenhielt und zu dieser Zeit aus ökonomischen Gründen die Person, die den geringsten ökonomischen Beitrag zur Familie leistete, auf die Schule geschickt wurde, wurde
mein Vater ausgewählt (lacht) als derjenige, der aufs Internat
kam. Seine Eltern sagten: ,,Vielleicht sollten wir diesen Jungen,
der so faul ist, auf die Schule schicken.'' Und für meinen Vater
unterbrach das, glaube ich, jede Kontinuität und jede Orientierung an ein System.

Rain Parrish, Navajo

Ich bin das Feuer der Zeit
Die endlose Säule
die dem Tod widerstanden hat.
Die Stütze einer unbesiegbaren Nation.
Ich bin die Sterne, die verirrte Männer
geleitet haben.
Ich bin die Mutter von zehntausend
sterbenden Kindern.
Ich bin das Feuer der Zeit.
Ich bin eine indianische Frau!
Niki Paulzine[198]

Meine Mutter und Tante waren ziemlich unabhängige und selb-
ständige Menschen. Und in der Beziehung meiner Mutter zu
meinem Vater war sie ganz klar die Stärkere, sie betrachtete ihn
nicht als Boß.
Wenn ich mir dagegen manche Frauen des Weißen Mittelstands ansehe: sie sind nicht stark. Sie leben mit einem Mann zusammen,
obwohl er sie mißbraucht und schlecht behandelt und sie längst
kein Gefühl mehr für ihn haben, weil sie nicht auf die materiellen
Dinge, die er ihnen bietet, verzichten wollen. Vielleicht halten sie
sich für stark, doch für mich heißt Stärke unabhängig sein, für
sich selbst denken, und seine eigenen Entscheidungen treffen.
Opal Cahune, Salish

Navajo Frau

Ich glaube, es kommt jetzt auf die Stärke der Frauen an. So viel
Druck und so viele von außen kommenden Kräfte richten sich
gegen die Männer, daß viele von ihnen zusammenbrechen. Deshalb müssen die Frauen stark sein und die Familien zusammenhalten.   *Ramona Cahune, Salish*

*

Sie wollen einfach keine dunklen Menschen auf dieser Erde

Sterilisation und Kinderraub: Familienpolitik oder Völkermord?

> *Sie nahmen unsere Vergangenheit mit dem Schwert und unser Land mit der Feder. Jetzt versuchen sie, unsere Zukunft mit dem Skalpell zu nehmen.*
>
> American Indian Journal
>
> *Unsere Kinder sind unsere Zukunft. Unsere Kinder sind unser Reichtum.*
>
> Dee Fairbanks

Der vorläufige letzte Versuch, Amerika zu de-indianisieren, richtet sich erneut gegen die Kinder. Das geht jetzt soweit, daß man sie gar nicht erst zur Welt kommen läßt: die Frauen werden sterilisiert, sehr oft gegen ihren Willen und ohne ihr Wissen. Berechnungen für die indianische Bevölkerung innerhalb der USA haben ergeben, daß etwa 25% der Frauen deswegen steril sind.*

---

* Zum Vergleich: Vom HEW (Gesundheits-, Erziehungs- und Wohlfahrtsministerium) werden jährlich 3000 Sterilisationen veranlaßt, und zwar primär an Frauen ethnischer Minderheiten und Sozialhilfeempfängerinnen. Nach Schätzungen werden 32% aller schwarzen Frauen vor ihrem 30. Lebensjahr sterilisiert. 20% aller schwarzen Frauen sind dadurch steril. Von den Puertorikanerinnen trifft das auf 1/3 aller Frauen im gebärfähigen Alter zu.
In Kolumbien wurden zwischen 1963 und 65 400 000 Frauen in einem Programm der Rockefeller-Stiftung sterilisiert, in Bolivien wurde das Peace Corps in dieser Richtung aktiv (siehe dazu den Film 'Das Blut des Kondors'). In Brasilien wurden 1965-71 eine Million Frauen in einem Programm, das indirekt von der US-amerikanischen Agency for International Development (AID) finanziert wurde, sterilisiert.[199a]

Dr. Connie Uri, eine Choctaw/Cherokee, begann als erste, Dokumente über diese Praxis zu sammeln. Sie berichtet:

„Ich habe zu Hunderten von Frauen gesprochen und es ist immer die selbe tragische Geschichte. Die erste Frage, die viele mir stellten, war: „Doktor, kann ich meine Eileiter wieder aufgebunden bekommen?" Es ist wie eine kaputte Schallplatte, mit Variationen zu einem Thema. Einigen Frauen, darunter auch 18-jährigen, wurde die Gebärmutter entfernt aus keinem anderen Grund als dem, sie zu sterilisieren; anderen wurden die Eileiter abgebunden nachdem der Arzt ihnen versichert hatte, sie könnten sie jederzeit wieder 'aufbinden' lassen; wieder andere glaubten, sie würden ihre Sozialhilfe verlieren, wenn sie der Sterilisation nicht zustimmten (beliebt ist auch die Drohung, die Kinder wegzunehmen und in Pflege zu geben, U.W.); einige gaben ihre Zustimmung innerhalb weniger Stunden nach einer Geburt und wußten nicht, daß sie berechtigt sind, ihre Zustimmung wieder zurückzunehmen. Nicht zuletzt war die Sprachbarriere ein Hindernis und manche Frauen wußten nicht einmal, daß sie sterilisiert worden waren, bis sie es später herausfanden."[199]

Einen besonders drastischen Fall fand sie im IHS-(Indianischer Gesundheitsdienst)-Krankenhaus in Clairmore, Oklahoma, wo 1973 132 Sterilisationen durchgeführt wurden, davon 100 ohne medizinische Gründe. 1974 gab es allein im Juli 48 Sterilisationen. Während dieser Zeit wurden immer wieder Kranke abgewiesen, mit der Begründung, es seien nicht genügend finanzielle Mittel vorhanden.

Bei einer Untersuchung, die Marie Sanchez, Stammesrichterin der Northern Cheyenne, zusammen mit Bertha Medicine Bull und Susan Brain in ihrem Wohnort Lame Deer und Umgebung durchführte, fanden sich innerhalb kurzer Zeit 40 Frauen, die sterilisiert worden waren. Marie Sanchez nimmt an, daß man bei gründlicher Untersuchung auf 20% der Northern Cheyenne Frauen kommen würde. Bei ihren Gesprächen erfuhr sie von Frauen, die kurz nach der Geburt mit dem 'Vorschlag' der Sterilisation überrumpelt wurden und später bereuten, eingewilligt zu haben; von einer Frau, die sterilisiert wurde, um ihre chronischen Kopfschmerzen zu heilen, die in Wirklichkeit Folge eines Gehirntumors waren; und von zwei 15-jährigen (kinderlosen) Mädchen, die ohne ihre Zustimmung und Wissen sterilisiert wurden, als sie zu einer Blinddarmoperation ins Krankenhaus kamen. Alice Papineau berichtet von ähnlichen Erfahrungen der Onondaga Frauen:

„Einer Menge Frauen hier wurde die Gebärmutter entfernt*. Sie

---

* Bevorzugte Sterilisationsmethode: sie bringt dem Chirurgen bis zu $ 800 ein, während mit Eileiterabbindungen 'nur' ca. $ 250 zu verdienen sind.

gehen in ein Krankenhaus in der Stadt, weil sie irgendwelche Beschwerden haben, und man sagt ihnen, die Entfernung der Gebärmutter sei notwendig und es sei eine Frage von Leben und Tod. Und sie vertrauen den Ärzten und lassen deshalb die Operation durchführen. Sie brauchen nur zu unterschreiben, daß sie einverstanden sind.

Ich weiß nicht, ob diese Ärzte die Wahrheit sagen, denn es ist doch sehr merkwürdig, daß es plötzlich so viele Frauen hier gibt, denen die Gebärmutter entfernt wird. "

Der Verdacht, daß Ärzte oft nicht die Wahrheit sagen, bestätigte sich bei dem Fall einer Creek/Shawnee aus Oklahoma:

„N.J.S. wurde sterilisiert . . . von Ärzten, die ihr sagten, sie 'habe genügend Kinder' und daß jede weitere Geburt 'zu mißgebildeten oder geistig behinderten Kindern führen könne'. Zusätzlich wurden ihr vom Sozialamt 3 ihrer 5 Kinder weggenommen. 2 Jahre später erfuhr sie bei einer Vormundschaftsverhandlung, daß ihre Sterilisation nicht nötig und daß keine Gefahr für Mißbildungen vorhanden gewesen war".[200]

Aufgestört durch die Publizierung solcher Fälle widmete sich 1976 die höchste US-Aufsichtsbehörde (GAO = General Accounting Office) dem Problem. Sie untersuchte vier Gebiete — um Aberdeen, Albuquerque, Oklahoma City und Phoenix — und stellte fest, daß dort zwischen 1973 und 1976 vom IHS und ihm angeschlossenen Institutionen 3406 von insgesamt 54888 indianischen Frauen sterilisiert worden waren, davon 3001 in gebärfähigem Alter. In der gleichen Zeit wurden 142 indianische Männer sterilisiert. Außerdem stellten sie fest, daß viele vom HEW (Gesundheits-, Erziehungs- und Wohlfahrtsministerium) -Richtlinien zur Sterilisation (1974 erlassen) ignoriert worden waren. Diese Richtlinien besagen z.B., daß keine Frauen unter 21 Jahren sterilisiert werden dürfen; daß der Zustimmung zur Sterilisation ausführliche Information vorausgehen muß ('informed consent'), z.B. über andere Methoden der Geburtenkontrolle, die Unwiderruflichkeit des Eingriffs und die Möglichkeit, die Zustimmung rückgängig zu machen; und daß alle medizinisch nicht notwendigen Sterilisationen erst 72 Stunden nach der Geburt durchgeführt werden dürfen. In den untersuchten Gebieten waren jedoch 36 Frauen unter 21 Jahren und 13 Frauen vor Ablauf der 72-Stunden Frist sterilisiert worden und nur ein einziges Formular entsprach den Richtlinien zum 'informed consent'. Dazu kam, daß keine verläßlichen Daten zu erhalten waren über Gründe der Sterilisation und daß nicht zu ersehen war, was man den Frauen gesagt hatte, bevor sie unterschrieben — obwohl bereits 1974 alle IHS-Bezirke aufgefordert worden waren, entsprechende Daten zur Verfügung zu stellen.

Als das GAO zwei Jahre nach dieser ersten Untersuchung prüfte, wieweit nun Änderungen eingetreten waren, mußte es feststellen: *„Angesichts der zahlreichen persönlichen Zeugenaussagen der Opfer von Zwangssterilisation während dieser Jahre hätte eine richtige Anwendung auch nur der einfachsten Bestimmungen zu einem wesentlichen Absinken der Zahl der Sterilisationen zwischen 1976 und 1977 führen müssen. Während die Zahlen nicht eindeutig beweisen, daß weiterhin Mißbrauch stattfindet, so zeigen sie doch, daß die Gesamtzahl der in Sterilisation resultierenden Operationen (jährlich 702, U.W.) gleichgeblieben ist. Unglücklicherweise haben offensichtlich die derzeitigen HEW-Methoden der Überwachung und Sicherstellung der Durchführung der Bestimmungen wenig, wenn nicht gar keinen Effekt auf lokaler Ebene.“*[201]

Es ist schwer, die Schuldigen für die illegalen Sterilisationen zu finden: Die Struktur des IHS ist unübersichtlich, die Ärzte wechseln ständig und die Statistiken sind unzulänglich, soweit sie überhaupt zugänglich gemacht werden. Die Versuche zur Verschleierung sind unübersehbar: *„Wir streiten einfach ab, daß es passiert“*, sagte ein IHS-Arzt in Washington, D.C.,[202]; und IHS-Angestellte, die ’aufmuckten‘, wurden versetzt oder von ihren Vorgesetzten verleumdet.

Auch die Opfer treten oft nicht an die Öffentlichkeit: wie bei vielen Verbrechen gegen Frauen werden sie zu Tätern gemacht und suchen die Schuld für das, was geschah, bei sich:

„Ich kenne ein Mädchen, das sterilisiert wurde, doch sie will nicht, daß ihr Name bekannt wird. Sie stand kurz vor der Geburt und sie betrank sich. Man brachte sie ins Krankenhaus und als sie wieder zu sich kam, sah sie ihr Kind, es lebte und war ein Junge, sie sah ihn eine Weile an und wurde dann wieder ohnmächtig. Als sie voll bei Bewußtsein war, sagte man ihr, daß das Baby gestorben sei, daß es bei ihr Komplikationen gegeben habe und sie deshalb sterilisiert worden sei. Bis heute weiß sie nicht, was passiert ist, sie weiß z.B. nicht, was man mit der Leiche des Jungen gemacht hat. Sie weint nur, wenn sie darüber spricht. Sie fühlt sich schuldig, weil sie getrunken hatte und man sie deswegen nach Rapid City ins Krankenhaus brachte.“[203]

Entscheidender für den fortgesetzten Mißbrauch der Sterilisation ist jedoch die Einstellung der Ärzte. Für sie ist allein die Tatsache, daß Frauen schon mehrere Kinder haben, oft ein Grund für die Sterilisation. So antwortete z.B. ein Arzt auf die Frage, warum er ein 16-jähriges Mädchen sterilisiert habe:

„Sie hat schon mehrere Kinder, sie ist eine Umweltverschmutzerin (polluter)“; und eine Frau mit drei Kindern, die wegen Magenbeschwerden zum Arzt ging, wurde angeschrien — da er so-

fort annahm, sie übergebe sich, weil sie schwanger sei –:
„Warum zum Teufel lassen Sie sich nicht die Eileiter abbinden, damit es Ihnen nicht mehr schlecht wird!"[204]

Was Schwangerschaftsberatung in diesem Zusammenhang bedeutet, macht der Fall einer solchen 'Beraterin' klar, über die auf der WARN-Gründungskonferenz 1978 (s. S. 191) berichtet wurde:
„Sie hat eine Schlüsselposition als Beraterin der jungen Mädchen, doch sie hat keine Ahnung, was Beratung überhaupt bedeutet. Sie glaubt, ihr Job sei es, die Mädchen in ein Regierungsfahrzeug zu laden und sie nach Rapid City zur Abtreibung zu fahren. (. . .) Sie kümmert sich einen Dreck um die Mädchen, sie kümmert sich einen Dreck um die Probleme der Sterilisation, sie glaubt, sie hätte bloß ein Taxi bereitzustellen."[205]

Bei all diesen Aussagen wird eine Ideologie des weißen Mittelstands deutlich, deren Grundgedanke darin besteht, daß Arme am besten keine, notfalls nur wenige Kinder haben sollen, denn aus diesen Kindern könne ja nichts werden. Den indianischen Eltern wird dann suggeriert, der Verzicht auf Kinder könne ihre materiellen Probleme lösen; wie z.B. in dieser HEW-Broschüre zur Propagierung von Familienplanung:[206]

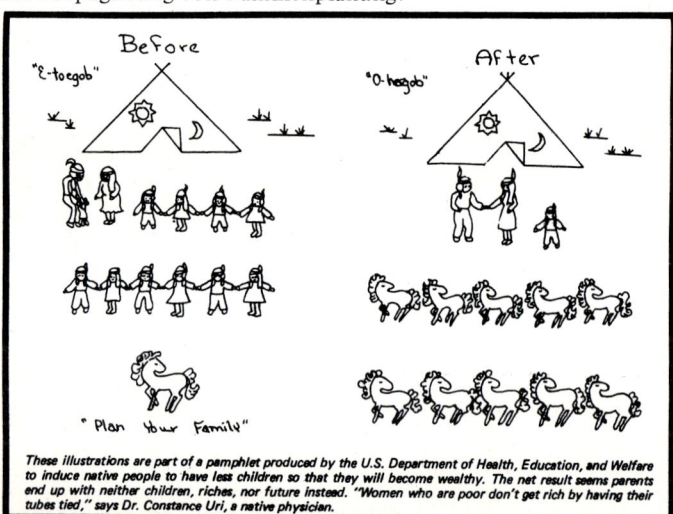

These illustrations are part of a pamphlet produced by the U.S. Department of Health, Education, and Welfare to induce native people to have less children so that they will become wealthy. The net result seems parents end up with neither children, riches, nor future instead. "Women who are poor don't get rich by having their tubes tied," says Dr. Constance Uri, a native physician.

('vorher – nachher / Plane deine Familie')

Dazu Dee Fairbanks:
„Das System erzählt uns, daß wir arm sind, weil wir so viele Kinder haben. Es versucht uns einzureden, daß wir, wenn wir keine Kinder haben, reich sein . . . und in von Blumenbeeten und

*weißen Holzzäunen umgebenen Eigenheimen wohnen werden –
doch das ist nicht der Fall. Unsere Kinder sind unsere Zukunft.
Unsere Kinder sind unser Reichtum."*[207]
Die massenhafte Sterilisation der Frauen wird deshalb von den Indianern als Völkermord betrachtet:
*„Es gibt nur 5000 von uns (Northern Cheyenne, U.W.). Warum
sollten wir bei dieser Zahl eine Grenze setzen? Sie versuchen nur
einmal mehr, unsere Bevölkerung zu dezimieren – nur versuchen
sie es diesmal im edlen Namen der Medizin." (Marie Sanchez)*[208]
Dazu meint Katherine H. Tijerina, Mitarbeiterin von Senator
Abourezk:
„Man braucht keine Verschwörung, um den Effekt einer Verschwörung zu haben. Rassismus und Sexismus sind übersetzt worden in einen Exzeß von Sterilisation. Ich halte das für Völkermord."[209]
Ob nun dieser Völkermord beabsichtigt ist oder nicht* – der Effekt bleibt der gleiche. In den 70er Jahren nahm die indianische
Geburtenziffer um 1/4 ab und zum erstenmal seit Beginn des
Jahrhunderts ist die Entwicklung der indianischen Bevölkerung
insgesamt wieder rückläufig. Die Auswirkungen sind jedoch nicht
nur statistischer Natur, es handelt sich ebenso, so Dr. Uri., um
"spirituellen Völkermord":
*„Viele indianische Frauen halten sich nicht die Endgültigkeit der
Operation vor Augen, wenn sie zustimmen. Und wenn es ihnen
dann völlig klar wird, daß sie kein Leben mehr erzeugen können,
fühlen sie sich kastriert und psychische Probleme folgen. (. . .)
Bei manchen tritt dies erst Jahre später ein, doch wenn es eintritt, haben sie oft einen völligen Zusammenbruch, versuchen
Selbstmord zu begehen, werden Prostituierte oder Alkoholikerinnen. (. . .)*

---

* Eine Absicht würde nicht verwundern, wenn man Sätze wie diesen vom
Direktor des Office on Population Control des AID liest, der 1977 verkündete, die USA plane, 1/4 aller Frauen der Welt zu sterilisieren, um „den
normalen Ablauf der kommerziellen Interessen der USA überall in der
Welt" aufrechtzuerhalten: „Wenn wir diesen Ländern nicht bei ihrer ökonomischen und sozialen Entwicklung helfen, wird die Welt gegen die kommerzielle Übermacht der USA rebellieren."
AID finanzierte in diesem Sinne ein Programm an der Washington Medical School in St. Louis, genannt PIEGO, in dem ausländische Ärzte in
Sterilisation ausgebildet werden (in den ersten 6 Jahren 500 Ärzte aus
60 Ländern). Es geht ferner das Gerücht, daß mit Auftrag und Finanzierung
des IHS Ärzte nach Liberia, angeblich zur Beratung, fuhren, dann aber
nach Südafrika weiterreisten und dort Ärzte dazu ausbildeten, schwarze
Frauen auf den dortigen 'Reservationen' zu sterilisieren.
Insgesamt kommen auf der Welt 60-70% aller Gelder zur Kontrolle des
Bevölkerungswachstums aus den USA.[210a]

Ich habe gehört, wie Männer ihre Frauen anschrien: ,Was für eine Art Frau bist du jetzt?' Ich habe zu Frauen mit Selbstmordabsichten gesprochen, Frauen mit einem verzweifelten Bedürfnis nach Hilfe für die psychischen Probleme, die einer Sterilisation folgen können. Doch die indianische Frau bekommt nichts von alledem — keine Unterstützung, keine Kindertagesstätten, keine Hilfe zuhause, keine Pflegeeinrichtungen. Alles was sie bekommt ist das Messer."[210]

Geburtenkontrolle tritt so den indianischen Frauen nicht als eine Chance, ihr Leben in Souveränität zu gestalten, gegenüber, sondern als ein Angriff auf das Leben ihrer Nation.

„Sie wollen einfach keine dunklen Menschen auf dieser Erde", faßte das Gatsi Cook, Mohawk, zusammen. So ist Geburtenkontrolle, außer bei Frauen mit College-Ausbildung, nicht sehr gefragt, auch deshalb nicht, weil die Kindersterblichkeit hoch ist, weil außerdem die Mutterrolle für viele Frauen das letzte Refugium der früheren, jetzt teilweise verlorenen, Macht darstellt. Andererseits spielt dabei aber auch mangelnde Information eine Rolle, Folge des verlorenen Wissens über den eigenen Körper. Für die indianischen Frauen geht es so neben der Abwehr einer rassistischen 'Aufklärung', die sich darin erschöpft, ihnen nahezulegen, keine Kinder zu bekommen, auch darum, eine Alternative zu einer solchen Aufklärung zu entwickeln. Dazu Gatsi Cook aus Ganienkeh, einer neugegründeten autonomen Mohawk Gemeinschaft:

„Ich denke schon immer, daß es ein Teil dieser gigantischen Unterdrückung ist, daß man uns bzgl. unseres Körpers, darüber was wir essen, was wir mit unserem Körper anstellen, einer Gehirnwäsche unterzogen hat. Wenn ich von den Dingen höre, die den Frauen zustoßen, tut mir das richtig weh und ich denke, daß wir einfach mehr über unseren Körper wissen sollten. Welche von uns wußte schon Näheres über ihre Eierstöcke und Gebärmutter und welche Macht ihnen innewohnt? Wieviele von uns verstehen wirklich, wie indianische Frauen verbunden sind mit dem ganzen Universum, mit den Zyklen um uns und in uns? Ich würde es gerne sehen, wenn die Survival Schools* die jungen Frauen lehren würden, ihren Körper zu respektieren, so daß sie nicht mit 15, 16 Jahren mit drei Kindern herumlaufen, die sie eigentlich gar nicht wollten. Wenn sie es so wollen, dann sollen sie diese Kinder haben, ohne deswegen in Schwierigkeiten zu geraten —

---

* Von Indianern aus der Indianerbewegung in eigener Regie nach indianischen Prinzipien betriebene Schulen. Vgl. Claus Biegert, „Indianerschulen. Als Indianer überleben — Von Indianern lernen. Survival Schools." Rororo, Hamburg 1979.

*aber ich sehe oft vernachlässigte Kinder, mißbrauchte Kinder, und
das ist etwas, womit wir Frauen uns auseinandersetzen müssen.
Ich glaube, wir sollten mit diesen grundlegenden Dingen beginnen: uns selbst zu respektieren, unseren Körper, unsere Schwestern, und uns unsere Macht wieder anzueignen. In Ganienkeh
haben wir z.B. damit begonnen, unsere Kinder selbst auf die Welt
zu bringen. Das ist ein wichtiger Punkt, denn sobald du ihr Krankenhaus betrittst, haben sie dich, sobald du ihre Schule betrittst,
ihr Sozialamt, haben sie dich, du gehörst ihnen. Unser einziger
Weg ist, unsere Macht auf allen Ebenen zurückzuholen.* "[211]

Der andere Angriff auf indianische Kinder, auf indianische Familien, besteht in einer Praxis, die die 'Association on American Indian Affairs' (AAIA) als *„den vielleicht tragischsten Aspekt indianischen Lebens heute"* bezeichnet: der *„massenhaften Entfernung
von Kindern aus ihren Familien."*[212] Bei Untersuchungen, die
diese Organisation 1969 und 1974 durchführte, stellte sie fest,
daß 25%, vielleicht sogar 35% aller indianischen Kinder nicht in
ihren Familien leben.
Ein Teil dieser Kinder lebt in Internaten, von denen hier schon
die Rede war. Ein geringerer Teil wird — im allgemeinen von
weißen Familien — adoptiert:
*„Es gibt einen Mangel an weißen Babies zur Adoption, und da
nicht viele Weiße schwarze Babies wollen, sind die Indianer die
nächsten." (Bernice Appleton)*[213]
Dabei kann es vorkommen, daß indianische Kinder ihren Eltern
regelrecht entführt werden, wie z.B. im folgenden Fall:
*„Zwei Frauen aus Wisconsin, die während der Weihnachtsferien
1971 die Pine Ridge Reservation besuchten, um ein Kind zur
Adoption zu finden, baten die Mutter der 3-jährigen Benita Row-
land um Erlaubnis, das Kind auf eine mehrtägige Reise mitneh-
men zu dürfen. Auf das Drängen eines örtlichen Missionars, der
sich immer große Mühe gab, nicht-indianischen Eltern Oglala-
Kinder zu beschaffen, unterschrieb Benitas Mutter ein Papier,
das angeblich den zwei Frauen gestattete, mit dem Kind diese
Reise zu machen. Sie nahmen prompt Benita nach Wisconsin
mit und weigerten sich, sie den Eltern zurückzugeben. Es stellte
sich heraus, wie der Missionar jetzt bekundete, daß das Papier,
das die Mutter unterschrieben hatte, in Wirklichkeit eine Ver-
einbarung war, wonach sie alle elterlichen Rechte aufgab und
der Adoption von Benita zustimmte.
Monatelang bemühten sich die Eltern erfolglos um die Rückkehr
ihres Kindes. Der Schriftverkehr zeigt, daß die zwei Frauen — eine*

davon eine Geschichtsprofessorin an der University of Wisconsin – bereit waren, Benita käuflich zu erwerben. . . . In einem Brief an Benitas Mutter rechtfertigten sie ihre Handlung mit dem Grund, daß 'Gott es so gewollt habe'. Der Brief fährt fort: ,Wir nahmen Ihnen Benita nicht weg; Sie gaben ihr die physische Geburt, die wir ihr nicht geben konnten, und wir können ihr die Möglichkeiten bieten, die Sie ihr nicht bieten können – so gehört sie uns beiden. Doch vor allem gehört sie dem HErrn.' " [214]

Auch das Sozialamt arbeitet in diesem Zusammenhang manchmal mit recht merkwürdigen Methoden, wie eine Sisseton-Sioux Frau berichtete:

,,Eines Tages wurde ich zum Sozialamt bestellt und man gab mir einige Papiere zum Unterschreiben. Mir ging es damals nicht besonders, ich war krank, und ich wußte nicht, was ich unterschrieb. Der Sachbearbeiter sagte, ich solle einfach meinen Namen oben auf das Papier schreiben. Dann nahmen sie mein Baby und als ich ihn fragte, was sie da täten, antwortete er, es sei jetzt zu spät, ich hätte meinen Sohn zur Adoption freigegeben. Sie nahmen ihn einfach mit sich fort." [215]

Aktiv wird das Sozialamt vor allem dann, wenn es darum geht, indianische Kinder in weiße Pflegefamilien zu stecken. In der erwähnten Untersuchung stellte AAIA fest, daß indianische Kinder bis zu 45 mal so oft wie weiße Kinder in Pflege kommen. Bei einem Stamm im Nordwesten lebten 1974 sogar 95% der Kinder in weißen Pflegefamilien.

Ob die Kinder nun in Adoptiv- oder Pflegefamilien gebracht werden — immer wird damit argumentiert, es sei zu ihrem Besten. Dabei lassen jedoch die Beurteilungskriterien für das, was als 'gute' bzw. 'schlechte' Familie betrachtet wird, meist jegliches Verständnis für indianische Kultur vermissen. Die indianische Tradition z.B., daß Kinder viel Zeit bei Verwandten verbringen, teilweise fast ausschließlich von Großeltern oder Geschwistern der Eltern erzogen werden, ist in den Augen der weißen Sozialarbeiter* Zeichen von Vernachlässigung; das Zusammenschlafen von 2 oder 3 Kindern, bei dem sie nach Meinung der Indianer gut lernen können, miteinander zu teilen und sich solidarisch zu verhalten, gilt bei den Anglo-Behörden als unmoralisch.

Ebenso werden oft die Wohnverhältnisse auf Reservationen, das Fehlen von Einrichtungen, die von U.S. Amerikanern als Lebensstandard sine qua non verstanden werden, als unpassend für Kinder betrachtet und als Beweis für Vernachlässigung gewertet (Was nicht einer gewissen Ironie entbehrt, da die Reservationen

---

* In den gesamten USA gibt es nicht mehr als ca. 100 ausgebildete indianische Sozialarbeiter (AAIA, 1977).

und die Wohnverhältnisse dort mehr oder weniger direkt auf Maßnahmen der US-Regierung zurückzuführen sind):

,,Bei einem Hearing erlangte das Sozialamt die Vormundschaft über 6 Kinder, ohne einen Beweis dafür zu nennen, daß die Eltern ungeeignet wären. Die Behörde argumentierte, daß das Haus 'inadäquat' sei, da es kein Klo im Haus gäbe. . . . Die Aussage lief darauf hinaus, daß Leute unter einer bestimmten Einkommensgrenze Kindern keine passende Umgebung bieten könnten. "[216]

Ähnlich argumentierten die Sozialarbeiter bei einem Fall in Kalifornien:

,,Die Sozialarbeiter erklärten, daß sie keinen Beweis für eine etwaige mangelnde Eignung der Mutter hätten, daß aber nach ihrer Überzeugung eine Indianerreservation eine ungeeignete Umgebung für ein Kind sei und die vorgesehenen Adoptiveltern finanziell in der Lage wären, dem Kind ein Heim und eine Lebensweise zu bieten, die dem, was die natürliche Mutter bieten könnte, überlegen seien. "[217]

Navajo, Geschwister

Wie ideologisch verzerrt Lebensumstände von indianischen Familien oft wahrgenommen werden, zeigt auch der folgende Fall:

,,Im April 1974 hatte Mrs. Rendon, eine 24jährige White Earth Chippewa, die in Texas lebte, eine Frühgeburt. . . . Während Ja-

son (das Kind) noch im Krankenhaus war, erlangte das texani-
sche Sozialministerium eine gerichtliche Anordnung, die ihnen
die vorläufige Vormundschaft über ihn zusprach, mit der Begrün-
dung, der 'zu erwartende Besitz' des Kindes durch Mrs. Rendon
würde eine gefährliche Situation darstellen. In seinem Verfahren
argumentierte das Sozialministerium, daß Mrs. Rendon ,persön-
liche Gewohnheiten habe, die ihren Aufenthalt außer Hauses
mit sich brächten'. Warum eine (damals) kinderlose Frau die mei-
ste Zeit in einer leeren Wohnung hätte verbringen sollen, erklär-
ten sie nicht. Sie behaupteten außerdem, daß Mrs. Rendon ,sich
nicht auf das Kind vorbereitet habe' und maßen der Tatsache
große Bedeutung zu, daß sie noch kein Kinderbett und Windeln
gekauft hatte. Schließlich wurde ins Feld geführt, daß Mr. Ren-
don, ein Wanderarbeiter, oft lange Zeit von zuhause weg ist . . .
Es ist nicht bekannt, ob die Behörden von Texas dasselbe Kri-
terium auf die Manager der dort ansässigen multinationalen Öl-
gesellschaften anwenden, die ihr Job in alle vier Himmelsrich-
tungen des Globus führt."[218]
"Soziale Deprivation" und "emotionale Schäden" heißt dies dann
in der Legitimationssprache der Sozialbehörden, und die Richter
schlagen sich bei ihren Entscheidungen oft auf die Seite der
Behörden. Nur in 1% dieser Gerichtsurteile wurde als Grund für
die nicht-vorhandene Eignung der Eltern physische Mißhandlung
genannt.
,,Letztlich ist die Botschaft immer die gleiche: Es ist besser für
indianische Kinder, nicht von ihren Eltern oder ihrem Volk auf-
gezogen zu werden."[219]
Daß die Kinder darüber anders denken, zeigt die folgende Bege-
benheit:
,,Vor ein paar Jahren kam ein Mann auf die Reservation, der
gleich als Sozialarbeiter identifiziert wurde, denn wie alle Sozial-
arbeiter hatte er ein neues Auto. Er hielt vor dem Haus, wo ich
mich gerade befand, und die Mutter sagte: Da kommt unser Sach-
bearbeiter. Die Kinder rannten sofort in ihre Zimmer und ver-
steckten sich unter ihren Betten, aus Angst, mitgenommen zu
werden." (Th. Peacock, Fond du Lac Reservation, Minnesota)[220]

Daß es meist weniger um individuelles Versagen der Eltern als um
ein kulturelles Vorurteil geht, zeigt die Praxis, die Kinder in fast
allen Fällen in weiße Pflegefamilien zu geben. In Minnesota z.B.
bekam zum Zeitpunkt der AAIA-Untersuchung nur eines von
100 Pflegekindern indianische Pflegeeltern, in Wisconsin eines von
1158. In den meisten Staaten haben Verwandte kein Recht, gesetzlich anerkannte — d.h. auch: bezahlte — Pflegeeltern zu werden. Wenn es ihnen gestattet wird, die Kinder bei sich zu haben,

können sie bestenfalls Sozialhilfe beantragen; die Sozialhilfesätze liegen aber 3-4 mal niedriger als die Pflegesätze, in einem Fall z.B. bei 60 Dollar für 3 Kinder.[221] Nicht-Verwandte – d.h. im allgemeinen weiße – Familien werden im Gegensatz dazu durch relativ hohe Pflegesätze – manchmal mit Sonderzulagen, da indianische Kinder "schwer zu haben sind" – ermutigt, die Kinder aufzunehmen. Es gibt Fälle, wo Familien regelrechte 'Baby-Farms' gründeten, um das Pflegegeld zu bekommen. Durch diese Regelung ergeben sich so absurde Fälle wie der, von dem mir Ramona Cahune (Salish) berichtete:

"Eine Frau, mit der ich arbeite, verlor ihre Kinder durch das Sozialamt in einer Gerichtsverhandlung. Sie bekam mit ihren Kindern 224 Dollar Sozialhilfe im Monat, während nun die Pflegeeltern 500 Dollar bekommen. Jetzt wird vielleicht eine andere Familie die Kinder nehmen, für die sie von einer Stiftung 1500 Dollar im Monat bekommt. Hätte der Staat der Mutter etwas mehr Sozialhilfe bezahlt, so hätte sie ihre Kinder behalten können – und er müßte nicht die Pflegeeltern bezahlen."

Freilich kommt es in manchen indianischen Familien, vor allem in Zusammenhang mit Alkohol, manchmal auch zu Situationen, unter denen die Kinder leiden. Dabei sind es dann allerdings nicht die 'indianischen' Lebensumstände, die die Krise produzieren, sondern eher ihr Fehlen: die Kleinfamilie nach spätkapitalistischem Muster z.B. bietet weit weniger Stabilität als die traditionelle Großfamilie, und weniger Schutz für die Kinder. An die Stelle der Selbstregulierung in traditionellen indianischen Gemeinschaften, wo sich *"immer jemand um Waisen und verlassene Kinder kümmerte"* (Agnes Dill, Isleta) tritt nun die staatliche Gewalt. Wie die neuen Lebensumstände Krisen produzieren, beschreibt an einem Beispiel Myrna Small Salmon:

"Der Stamm baute Siedlungen und sie haben einfach Familien dorthin gesetzt. Nun leben sie alle in der Siedlung und nicht in den Gemeinden, aus denen sie kommen, und das zerstört das gewohnte Zusammenleben. Wenn wir in unserer eigenen Gemeinde, unserem eigenen Distrikt wären, und ich würde z.B. weggehen und mich betrinken, wären da meine Tanten und meine Onkel und meine Großmutter und meine Schwester, und wenn Kinder allein wären, würden sie sich an diese Personen wenden, und diese würden automatisch herüberkommen und sich um sie kümmern, sie würden sie nicht den Sozialbehörden übergeben. Aber jetzt in den Siedlungen kommen die Leute von überall her und es gibt diese Gemeinschaftsstruktur nicht mehr. Wenn man Kinder hier allein antrifft und die Mutter trinkt irgendwo, liefert sie jemand in der Siedlung automatisch an die Behörden aus. ... Außerdem haben sie in diesen Siedlungen keine Einrichtungen für die Kinder, keine

Spielplätze u.ä., sie steckten einfach diese Leute zusammen, und wenn du 100 Kinder auf einem Fleck hast, hast du auch Delinquenz. Die Mutter bekommt keine Unterstützung, schließlich fängt sie zu trinken an und da hast du dein Problem."

Hilfe ist in solchen Situationen von den Sozialbehörden nicht zu bekommen. Es gibt keine finanzielle Unterstützung, Hilfe bei der Arbeitssuche, Eheberatung, Gelder für die Teilnahme an Programmen gegen Alkohol- und Drogenmißbrauch:

„Sie glauben nicht einmal an eine Lösung der Probleme, sie haben die Leute aufgegeben und sagen: ‚Sie taugen nichts, sie haben nie was getaugt, sie sollten keine Kinder haben.'" (Aggie Williams, Seneca)

Stattdessen werden die Eltern bestraft — man nimmt ihnen die Kinder weg, manchmal verbunden mit der Vorstellung, sie vielleicht dadurch wieder in Reih und Glied zu zwingen. In Wirklichkeit verschlimmert sich die Situation der Eltern, wenn ihnen die Kinder genommen werden, wie eine Studie der University of Minnesota[222] zeigt: Intakte Familien, die nur vorübergehend in Schwierigkeiten geraten waren, die mit etwas finanzieller Hilfe zu lösen gewesen wären, fielen nach der Entfernung der Kinder mehr und mehr auseinander: Viele Paare trennten sich, alle verließen ihre Wohngegend, viele Personen tranken mehr oder nahmen Drogen, zwei versuchten Selbstmord.

Sind die Kinder einmal fort, ist es schwer, sie wieder zurückzubekommen. Indianische Eltern haben selten die erforderliche rechtliche Information und sie können sich keinen Anwalt und Sachverständigen leisten, der für sie aussagen würde. In vielen Fällen gibt es auch gar keine Gerichtsverhandlung, wenn nämlich die Eltern ‚überzeugt' werden, die elterlichen Rechte ‚freiwillig' aufzugeben. Oft fehlt ihnen auch dabei Information: eine Mutter z.B. nahm an, sie käme im Fall ihrer Weigerung ins Gefängnis. Dazu Dr. Westermeyer, der die Untersuchung in Minnesota durchführte:

„Unsere Institutionen haben diese Leute gezwungen, auf einen modernen ’Zug der Tränen’ zu gehen."[223]*

Red Bird und Melendy, die eine ähnliche Untersuchung in Oregon durchführten, beschreiben eine solche (erfolglose) Odyssee einer indianischen Mutter:

„Das Kleinkind einer geschiedenen indianischen Mutter mit Alkoholproblemen wurde in eine Pflegefamilie gebracht. Daraufhin . . . nahm die Mutter an einem Anti-Alkohol-Programm teil, das ihr half, mit dem Trinken aufzuhören. Sie erwarb ein

---

* beim historischen ’Zug der Tränen‘ wurden die Cherokee aus ihrer Heimat im Südosten der USA nach Oklahoma vertrieben. 4000 Menschen kamen auf diesem Marsch um.

Diplom, das einem Highschool-Abschluß gleichkommt und schrieb sich für eine Ausbildung als Sekretärin beim Portland Community College ein. Sie besuchte Kurse, um eine bessere Mutter zu werden und ging auf Verlangen des CSD (Children's Services Divison) zu einem Psychiater. Doch als die Pflegeeltern darum baten, das Kind adoptieren zu können, drängte der CSD-Sachbearbeiter trotz allem die Mutter, ihre elterlichen Rechte freiwillig aufzugeben und sagte ihr, man ,würde sie ihr wahrscheinlich sowieso wegnehmen.' Nachdem sie zwei Jahre lang versucht hatte, alles zu tun, was der CSD verlangte, wurden ihr die elterlichen Rechte dennoch abgesprochen. Ihrer Hoffnung beraubt, fing die Mutter wieder zu trinken an.''[224]

Die Kinder bezahlen für die Trennung von ihren Familien mit teilweise starken Identitätsstörungen: die indianische Identität (Kultur, Tradition etc.) ist zunächst verloren und als Weiße werden sie nicht anerkannt: zur Diskriminierung bei Jobsuche etc. genügt die dunkle Hautfarbe, wie assimiliert sie auch sein mögen.

,,In vielen Fällen ist das Produkt ein 'Imitations-Anglo', der es nie ganz schafft, es in der weißen Welt zu etwas zu bringen, und der zu weit von der indianischen Welt entfernt ist, um noch auf sinnvolle Weise dorthin zurückkehren zu können.''[225]

Eine der Folgen davon kann Delinquenz sein: eine Untersuchung in Minnesota stellte z.B. fest, daß 80,5% aller indianischen Straffälligen in Pflegefamilien oder Heimen aufgewachsen waren.

Die rechtliche Situation ist jetzt etwas besser geworden: der 'Indian Child Welfare Act', der am 8.11.78 verabschiedet wurde, räumt den Stammesgerichten mehr Kompetenzen bei den Entscheidungen über Pflegefälle und Adoptionen ein, verlangt 'zwingende Beweise' für die Möglichkeit einer Schädigung des Kindes durch sein Verbleiben bei den Eltern, und empfiehlt, als Pflegeeltern vorrangig Verwandte und indianische Personen einzusetzen. Doch wie bei der Sterilisation geht es auch hier außerdem um die Entwicklung von Alternativen durch die Betroffenen selbst, um die Wiedergewinnung von verlorener Stärke:

,,Viele unserer Mütter und Väter wurden von ihren Familien entfernt und in Pflegeheime, Erziehungsheime, Internate und Gefängnisse gesteckt. Sie konnten nicht lernen, was es heißt, Tante, Großmutter, Mutter zu sein bei uns, auf unserem Land. Wir müssen uns wieder ins Gedächtnis rufen, was es heißt, als indianische Familie zu handeln, denn die Familie, der Clan hat uns stark gemacht. Wir müssen uns gegenseitig helfen, Onkel, Tanten, Großeltern, Mütter und all das zu sein.'' (Pat Bellanger)[226]

Wir erheben uns und nehmen den Kampf auf

Frauen in Stammespolitik und Indianerbewegung

> *Keine Nation geht unter, bis die Herzen der Frauen darniederliegen. Dann ist sie besiegt, wie tapfer auch die Krieger und wie stark die Waffen sein mögen.*
> Cheyenne

> *Gefallen ist die Trommel der Nation*
> *Meine Mutter —*
> *Spiel die Trommel, damit man sie wieder hört,*
> *Meine Mutter.*
> Tlingit Lied

Bei den meisten indianischen Nationen vertraten nach traditioneller Arbeitsteilung im Bereich der Politik die Männer die Gruppe nach außen; an dem politischen Entscheidungsprozeß waren jedoch alle Mitglieder der Gesellschaft, Männer wie Frauen, beteiligt. In manchen Nationen (Sechs Nationen, Hopi, Lakota) besteht noch immer ein solches Regierungssystem, es hat jetzt aber Konkurrenz: 1934 wurde mit dem Indian Reorganization Act (IRA) die parlamentarische Demokratie nach US-amerikanischem Muster auf den Reservationen eingeführt, in Form von Stammesräten, die von den Stammesmitgliedern an der Urne gewählt werden.

Repräsentativ für die ganze Nation waren diese Stammesräte bisher nur in den wenigsten Fällen. Viele Indianer lehnen das System grundsätzlich ab und gehen nicht zur Wahl, manche wählen ohne ausreichende Information oder mit taktischen Überlegungen wie z.B. der von einem Eskimo-Führer genannten:

„*Wir wählen nie unsere weisesten Leute in Ämter. Wir wählen Leute, die eure Regierung verstehen und die ihr versteht. Unsere weisesten Leute müssen im Dorf bleiben, wo wir sie brauchen.*"[227]

Bald mußten sich eine Reihe dieser Regierungen auch den Vorwurf der Korruption gefallen lassen: viele der Bundesgelder für bestimmte soziale, ökonomische und kulturelle Programme gelangten nie zur Basis. Solche Regierungen konnten sich dann nur durch Unterstützung des BIA an der Macht halten.

Frauen sind in den IRA-Stammesräten kaum vertreten. Im 74-köpfigen Rat der Navajo z.B. sitzt nur eine einzige Frau (Annie Wauneka: sie hat dort allerdings beträchtlichen Einfluß). In den USA insgesamt gibt es nur 15 weibliche Stammesratsvorsitzende, davon 8 im Nordwesten. Das bedeutet für die indianischen Frauen, daß sie weit weniger politischen Einfluß als früher haben, denn Politik ist bei diesem System nicht mehr integraler Bestandteil der allgemeinen gesellschaftlichen Abläufe, sondern findet auf einer gesonderten Ebene statt, wo Entscheidungen getroffen und ausgeführt werden. Wollen die Frauen ihren Einfluß zurückgewinnen, müssen sie also die sowohl nach indianischer Tradition als auch nach den Gepflogenheiten der Anglo-Politik für Frauen eher unübliche Rolle von Repräsentanten übernehmen — oder das Anglo-System abschaffen.

„Zu lange war Stammespolitik der Zufluchtsort für Jasager, für Männer, die nur ihr eigenes Interesse im Sinn hatten. Für schwache Männer. Ich glaube, es ist notwendig, daß wir Frauen wieder das Sagen haben." (Assiniboin-Frau)[228]

Frauen, die sich um eine aktivere Beteiligung an der Stammespolitik bemühen, stoßen dabei allerdings oft auf den Widerstand der Männer, die ihre Machtpositionen nur ungern aufgeben wollen:

„Diese Männer (in der Oglala-Stammesregierung, U.W.) sind völlig egozentrisch, so sind sie überhaupt nur politische Figuren geworden, und es wird ihnen nicht gefallen, wenn Frauen kommen und sagen, daß sie gegen sie kandidieren werden." (Kay Cedarface)

In einem Fall ging das so weit, daß man eine Wahl, bei der eine Frau zur Stammesratsvorsitzenden gewählt wurde, für ungültig erklärte. Von ihren Erfahrungen bei den Salish erzählt Opal Cahune:

„Oft habe ich das Gefühl, daß die Männer in der Stammesregierung etwas gegen einen größeren Einfluß der Frauen haben. Mir haben schon ein paar Leute gesagt, daß ich eine Menge Leute nervös machen würde, daß sie sich bedroht fühlten, wenn ich versuchen würde, die Frauen zu organisieren. Und ich glaube, einige von ihnen fühlen sich tatsächlich bedroht. Ich habe mich z.B. um einen Job als Community Organizer beworben und ihn nicht bekommen, ich bekomme nicht mal einen Job als Büroangestellte. Ich glaube, sie wollen nicht die Kontrolle aufgeben, die sie jetzt

haben, ich weiß nicht warum. Man sollte meinen, sie wären froh über jede Hilfe, die sie kriegen können (lacht). Doch sie scheinen an meinen Diensten überhaupt nicht interessiert zu sein."

Manchmal begründen Männer ihren Widerstand mit einer falsch verstandenen Tradition, wie das Nancy Evans von den Navajo beschreibt:

„Die Männer reden dauernd davon, daß die Frauen bleiben sollten, wo sie früher waren und tun, was sie früher taten. Doch ich frage mich oft, ob sie wirklich damit einverstanden wären, wenn wir die traditionellen Wege wieder aufnehmen würden. Das hieße nämlich, daß die Frauen die Entscheidungen für die Männer treffen und diese sie auszuführen haben, daß die Frauen die Strategien entwickeln und den Aktionsplan festlegen und der Mann losgehen muß und die Arbeit tun."

Manchmal weigern sich Männer auch einfach, die Notwendigkeit des politischen Engagements der Frauen zu sehen. Annie Wauneka berichtet z.B., wie sie auf der Navajo Reservation herumfuhr und mit Frauen über deren Probleme redete und wie sie das Ergebnis dieser Gespräche dem Stammesrat mitteilte:

„Die Männer dort verstanden nicht, was ich sagte. Und wie sollten sie auch? Ich mußte erst Erklärungen abgeben, und einige von ihnen sagten schließlich: ,Nun, vielleicht sollten wir ein Treffen für die Frauen einberufen.' Doch ich sagte: ,Nein! Die meisten von euch sind Männer. Mir wäre es lieber, wenn die Frauen ihr eigenes Treffen einberufen würden.'

Danach sprachen mich zwei Männer an und fragten: ,Was bedeutet das, eine Frauenkonferenz abzuhalten, was sollen diese Frauen tun?' Ich sagte: ,Die Frauen werden aufstehen und über ihre Probleme sprechen. Nicht die Probleme der Männer, ihre Probleme.' Doch diese beiden Herren schienen nicht zu verstehen. Einer von ihnen sagte: ,Frauen haben keinen Grund, über ihre Probleme zu sprechen. Wir Männer kümmern uns um ihre Probleme.' Ich sagte: ,Das wollen wir hoffen, aber sie müssen trotzdem miteinander reden.' "[230]

1970 gründeten einige Frauen, die in ihren Nationen aktiv waren, die 'North American Indian Women's Association' (NAIWA). Die Ziele einer 'Frauenpolitik' waren dort zunächst nur vage definiert, wurden später aber konkretisiert. So wurden bei der Southwestern Indian Women's Conference im September 1975, die im Zusammenhang mit NAIWA aus Anlaß der ERA-Debatte* einbe-

---

* Equal Rights Amendment: Es ist geplant, einen kurzen Abschnitt gegen die Diskriminierung aufgrund des Geschlechts in die US-Verfassung aufzunehmen. Die einzelnen Staaten müssen dem zustimmen, und in diesem Zusammenhang kam es zu langwierigen und oft polemischen Debatten.

rufen wurde, als Forderungen genannt:
- mehr und bessere Positionen für Frauen in Schulen, politischen Gremien, Verwaltung, Stammesgerichtssystem
- gleiche Bezahlung für Frauen
- bessere Unterstützung für alte, geschiedene und körperlich behinderte Frauen
- Schluß mit Adoptionen indianischer Kinder durch weiße Familien
- Kontrolle über Unterrichtsmaterial in den Schulen
- allgemein: Verbesserungen in den Bereichen Wohnung, Ernährung, Arbeitsplätze, Gesundheit
- Bekämpfung des Alkoholismus.

Ein Schwerpunkt liegt dabei auf den sog. sozialen Bereichen: Viele Frauen, die in der Verwaltung ihres Stammes arbeiten, betonen immer wieder, daß sich die Männer zu wenig um diese Bereiche kümmern und kritiklos Regierungsprogramme übernehmen, die die indianischen Familien auseinanderreißen, z.B. Einrichtungen wie Kindertagesstätten und Altersheime:

„Die Männer interessieren sich mehr für Landwirtschaft und Viehzucht, Holzwirtschaft und Wasser, als dafür, was mit ihrem Volk passiert. Das ist wirklich eine Veränderung, denn traditionell stand die Familie an erster Stelle. Und jetzt sind Frauen, Kinder und Alte die letzten auf der Liste." (Myrna Small Salmon)

Es ist also die Aufgabe der Frauen als der Betroffenen:

„sich zu organisieren, um Druck auszuüben auf all diese Bürokratien der Bundes- und Stammesregierung, damit sie diese Probleme angehen. ... Ich glaube, die Reservation ist reif für ein größeres Engagement der Frauen, die Frauen sind bereit und jetzt ist der richtige Zeitpunkt. Ich hab mit verschiedenen Frauen gesprochen und ich glaube, wenn sie loslegen, werden sie eine Menge Dinge verändern." (Opal Cahune, Salish)

Eine ähnliche Hoffnung formuliert Soge Tracks für Taos Pueblo:

„Die Frauen hier sind nicht so aggressiv wie die Männer und im Augenblick warten sie noch ab. Aber ich glaube, es wird zu einem Punkt kommen, wo sie eingreifen und vielen Dingen ein Ende machen werden, die unser Land und unser Volk zerstören."

Größeren Einfluß als auf der institutionellen Ebene der Stammespolitik haben Frauen dort, wo sich 'traditionelle' Indianer organisieren, um jenseits der ihnen von Weißen aufoktroyierten Organisationsmodelle und Regierungsprogramme ihr Leben in die eigene Hand zu nehmen und ihr Land als souveräne Nationen zu schützen und zu verwalten.

In den 60er Jahren nahm der Widerstand gegen die Bevormundung durch die Anglo-Gesellschaft und ihre Regierung, ebenso wie gegen eine Indianerpolitik, die nur den Weg des geringsten Widerstands geht (so z.B. der 'National Congress of American Indians' – NCAI), immer mehr zu. 1961 gründeten 10 junge Indianer(innen) den 'National Indian Youth Council' (NIYC), die erste nationale 'radikale' Indianergruppe. 5 der Gründungsmitglieder waren Frauen, darunter Shirley Hill Witt, Mohawk (1. Vizepräsidentin) und Joan Noble, Ute (2. Vizepräsidentin). Shirley Hill Witt berichtet:

„Es war eine sehr interessante Gruppe mit einer großen Spannweite, was den Stammeshintergrund betrifft. Eine der Frauen, die damals dabei waren, war Careen R. . . ., eine Irokesin mit starkem matrilinearen Hintergrund, ich selbst, Mohawk, Joan Noble, die als Chief bei den Ute ausgebildet worden war, Bernadine Eschief, eine sehr starke Shoshone-Bannock Frau aus Idaho und Mary White Eagle Matony von den Winnebago, die berühmt sind für ihre starken und einflußreichen Frauen. Es gab kein einziges schwaches Glied in unserer Gruppe.

Außerdem waren Männer dabei, die in Kulturen aufgewachsen waren, wo Frauen eine starke Position haben, wie die Navajo und Apachen Männer. Wir hatten auch Männer aus der Kultur der Prärieindianer, die ursprünglich matrilinear gewesen, aber nach dem Kommen der Pferde, Gewehre, Anglos und deren Männerimage zur Karikaturen des Machismo* geworden waren. . . .

Von Zeit zu Zeit wurde es deutlich, daß einige Männer, vor allem die von den Präriestämmen, Schwierigkeiten hatten, sich auf Frauen zu beziehen, die Denker, Philosophen, politische und religiöse Führer sind. Es fiel ihnen sicher leichter, Frauen zu akzeptieren, die die anfallenden Arbeiten erledigten. Doch die Frauen, die damals am NIYC teilnahmen, tolerierten keine Dominanz seitens der Männer. Die Vorstellung männlicher Dominanz war in der Tat ihrer Kultur und ihrem Selbstverständnis fremd.

So gab es Konflikte, aber ich finde nicht, daß sie destruktiv waren. Es war von Zeit zu Zeit unangenehm, doch wir überlebten alle und der NIYC ebenfalls."

Der Gruppe bot sich bald Gelegenheit zur direkten Aktion: An der Nordwestküste der USA hatten indianische Fischer damit begonnen, um ihr vertraglich zugesichertes Recht zu fischen, an dessen Ausübung sie immer wieder gehindert wurden, zu kämpfen. NIYC und die 'Survival of American Indians Association', die Organisation der Fischer, organisierten 'fish-ins' am Nis-

---

* von 'macho', dem spanischen Wort für 'männlich'. Gemeint ist übertriebene Männlichkeit, Verherrlichung der Männlichkeit.

qually und anderen Flüssen, die durch das unverhältnismäßig harte Eingreifen der Polizeibehörden oft zu militanten Auseinandersetzungen wurden. Bei diesen Kämpfen spielten Frauen eine führende Rolle: sie fischten in den Booten, leisteten an den Ufern Widerstand, demonstrierten in den Städten und behaupteten sich in Gerichtssälen und Gefängnissen. An dem bekannten fish-in bei Frank's Landing am 13.10.65 waren neben 8 Männern 19 Frauen und Kinder beteiligt. Janet McCloud, eine der Akteurinnen der Kämpfe und ihre Hauptsprecherin, sagte später zu ihrem Engagement:

„Ich kenn mich aus, denn ich bin von der neugierigen Sorte. Ich mach nichts, wenn ich nicht weiß warum, ich frag immer nach den Gründen. Wenn man mich zwingen will, etwas zu tun oder nicht zu tun, muß man mich vorher umbringen, denn ich bin ein freier Mensch. Es gab Leute, die sagten: ,Du kannst nicht gegen die Regierung kämpfen, Janet!' Ich fragte: ,Warum?' Sie sagten: ,Nun, du kannst einfach nicht, sie sind zu mächtig!' ,Na und?' Und ich tat es."[231]

*

Im Staate Washington mußten wir Frauen wie die Männer kämpfen, denn wir unterstützen sie und unsere Ungeborenen. Man warf unsere Männer ins Gefängnis und die einzigen, die übrig blieben um zu fischen, waren die Frauen. Doch die Frauen wurden von der Polizei wie die Männer behandelt, mit den gleichen Schikanen; sie wurden zusammengeschlagen und ins Gefängnis geworfen, sogar Frauen mit Kindern.

Kommentar einer Beteiligten[232]

Einmal, als ein Junge in sein Boot ging um zu fischen, und sie gerade einen anderen Fischer dabei verhaftet hatten, stellte sich seine Mutter ans Ufer, um ihn zu beschützen. Sie sagte: „Dieser Junge ist 19 Jahre alt und wir haben an diesem Fluß gekämpft, seit er am Leben ist. Niemand wird meinen Sohn herumstoßen, niemand wird ihn verhaften. Niemand wird meinen Sohn anrühren oder ich werde schießen." Sie hatte ein Gewehr. „Wenn ich schieße, will ich, daß ihr alle zurückbleibt, ich will nicht, daß man mich zu einem 'Mob' erklärt. Ich bin eine Frau mit einem Gewehr und niemand wird meinen Sohn anrühren."

Ramona Bennett, Puyallup[233]

Sie konnten uns nicht leiden, weil wir Indianer waren und hier fischten, und besonders, weil wir Frauen waren. Sie wollten uns unsere Ausrüstung wegnehmen, doch wir sagten: „Ihr bekommt unsere Netze nicht, ihr bekommt unsere Boote nicht." Einer von ihnen begann unser Netz mit den Fischen herauszuziehen, doch meine Schwester nahm einen Knüppel und brach ihm den Arm. ... Als sie versuchten, sie in den Polizeiwagen zu ziehen, trat sie einem zwischen die Beine, so daß er ins Krankenhaus mußte. Danach begannen sie wirklich uns zu hassen.

Suzette Mills, Puyallup

*

Fish-In bei Frank's Landing, 13.10.65

Eine führende Rolle hatten Frauen auch in den städtischen Gemeinschaften, z.B. als Direktorinnen der Indianerzentren. Als 1968 in Minneapolis/St. Paul das American Indian Movement (AIM) gegründet wurde, das dann zu einer der wichtigsten Organisationen des indianischen Widerstands, auch auf den Reservationen, wurde, begannen viele Frauen, in dieser Organisation zu arbeiten. Auf dem Trail of Broken Treaties (Zug der Gebrochenen Verträge) 1972, der mit der Besetzung des BIA Gebäudes in Washington, D.C. endete, traten sie mit folgender Erklärung an die Öffentlichkeit:

,,Wir sind die 'Gwen non gwa weh', die indianischen Frauen dieses Kontinents. Von der weiblichen Seite des Lebens her geben wir unsere Unterstützung unseren Kindern dieser Territorien in Nordamerika. Wir haben viel Arbeit vor uns. Unser Platz ist bei unserem Volk und nichts kann uns daran hindern, unsere Aufgabe zu erfüllen: den Menschen dieser Erde von unserem Überleben zu erzählen und den Völkermord bloßzustellen, der an der Urbevölkerung durch die US-Regierung verübt wird. Wir müssen dies tun, denn uns liegen unsere Kinder am Herzen.''[234]

Regina Brave formulierte 1973 das Selbstverständnis der AIM Frauen in einem Gedicht:

,,Wir sind es müde!
Wir sind es müde, zu sehen, wie unsere Männer in die Verzweiflung getrieben werden, sich dem Alkohol zuwenden, Selbstmord begehen oder in den Gefängnissen enden!
Wir haben nicht unsere Kinder aufgezogen, um zu sehen, wie sie ein fremdes System der Gehirnwäsche unterzieht mit einer Politik des Völkermords, die unsere Sprache, Sitten und Erbe zerstört!
Wir sind es müde, zu sehen, wie unsere Brüder und Söhne in den Krieg ziehen, und dann heimkommen und von der US-Regierungspolizei erschlagen werden!
Nach 483 Jahren . . . sind wir es müde . . . wir habens verdammt satt!
So erheben wir uns an der Seite unserer Männer. Wir erheben uns und nehmen den Kampf auf, hier und jetzt, um unsere Kinder zu beschützen, damit deren ungeborene Kinder die Freiheit kennen werden, die unsere Großeltern kannten.
Die Zukunft unserer jungen Leute und Ungeborenen ist in unserer Vergangenheit begraben. Wir, die jetzt sind, werden die Wiedergeburt von Spiritualismus, Würde und Souveränität bringen!
Wir sind die eingeborenen Frauen Amerikas!''[235]

Es gab aber auch Frauen, die sich nicht durch AIM repräsentiert fühlten. Ihre Kritik richtete sich dabei gegen Verhaltensweisen einzelner Führer, bei denen sie manchmal den Respekt gegenüber den Frauen vermißten. Shirley Hill Witt erzählte mir in diesem Zusammenhang von einer Erfahrung, die sie 1974 in Minneapolis gemacht hatte:

„Ich war als eine von 40 indianischen Frauen eingeladen worden, an einem Arbeitstreffen teilzunehmen, das von der Young Women's Christian Association veranstaltet wurde. Es sollte darüber diskutiert werden, auf welche Weise die YWCA besser mit und für Indianer, insbesondere Indianerinnen, arbeiten könne. Als wir gerade einen Tag dort waren, erhielten wir – ich wollte sagen eine Anfrage, doch es war keine Anfrage, es war eine Forderung von Vernon Bellecourt und anderen AIM-Führern der Minneapolis/ St. Paul Region: Sie forderten, zu dieser Gruppe von Frauen sprechen zu können. Nun, die Forderung wurde von uns höflich zurückgewiesen, wir teilten aber mit, daß wir, falls es sich um eine Anfrage handle, darüber reden würden, ob sie kommen könnten und mit uns sprechen. So wurde aus der Forderung eine Anfrage, und wir luden sie ein.

Nun, diese Gruppe Männer, im Glanz ihrer speziellen Kleidung, Bänder, Perlen usw. marschierte in den Raum, und am Ende dieser Männerparade kamen ein oder zwei Frauen mit Bergen von Literatur, unter denen sie fast zusammenbrachen. Während die Männer schnurstracks nach vorne gingen, schwenkten die Frauen zur Seite an einen Tisch, wo sie das mitgebrachte Material auslegten. Dann stand Vernon auf und hielt seine Rede und wir hörten ihm zu. Ich muß vorausschicken, daß ich ihn recht gerne mag, was ich zeigen will, ist der kulturelle Unterschied: ich, eine Irokesin, die Chippewa Macho-Stil zuhört. Vernon brachte also seine Ansicht von der Welt vor, wie die Dinge liefen und laufen sollten, und versicherte, daß er und AIM alles unter Kontrolle hätten, daß sie Entscheidungen getroffen hätten über die indianische Welt und daß wir ihnen Vertrauen schenken sollten, daß sie mit dieser oder jener Person und dieser Gruppe und jener Organisation sprechen und sich um alle unsere Probleme kümmern würden.

Ich hörte zu und hörte zu; schließlich hob ich meine Hand und ich sagte: ‚Vernon, mein ganzes Leben lang hatte ich das Gefühl, daß Entscheidungen über mich und mein Leben getroffen werden von weißen übergewichtigen Männern in dunklen unterirdischen Räumen voller Zigarrenrauch. Wenn ich Dir zuhöre, bekomme ich das Gefühl, daß Entscheidungen über mein Leben nun getroffen werden von übergewichtigen indianischen Männern in Räumen voller Zigarrenrauch.' Nun, Vernon war aus der Fassung gebracht und er sagte: ‚Oh, Frauen sind ein sehr wichtiger Teil unserer Organisation!' und ich sagte: „Ja, das habe ich gesehen', und er sagte: ‚Schau, da ist Donna' und ich sagte: ‚Ich sah, wie sie mit all diesen Schriften hereinkam; ja, ich weiß genau, wie ihr Frauen in Eurer Organisation behandelt.' Vernon fuhr natürlich fort, mir zu versichern, daß wichtige Entscheidungen von Frauen *in der Organisation getroffen wurden, doch mein Zynismus war an diesem Punkt schwer zu überwinden."*

Viele der Macho-Verhaltensweisen kamen daher, daß die Gründer und ersten Mitglieder von AIM aus Kulturen kamen, die dazu tendierten, Männlichkeit zu verherrlichen. Mit starken Frauen kamen sie deshalb nicht immer zurecht:

„Es gab indianische Männer, die mir sagten: ,Du bist zu stark, du hast einen zu starken Willen, das bedroht uns.' Sie sagen, daß die indianischen Frauen Washingtons zu stark sind. Zu stark. Sie sollten froh sein, daß sie starke Frauen haben, denn das heißt, daß das Leben nicht untergehen wird in dieser Gegend." (Janet Mc Cloud, Tulalip)

Auch die Presse tat das ihre, dem Ego einzelner AIM-Männer zu schmeicheln: Ihre Aufmerksamkeit richtete sich fast ausschließlich auf zwei oder drei männliche Führer und machte sie sozusagen berühmt. Daß diese einer solchen Rolle oft nicht ganz gewachsen waren, schildert Darlene Wind (Chippewa):

„Traditionell waren die Führer ja die Ärmsten, weil sie alles herschenkten, doch so ist das jetzt nicht mehr, vielen geht es um Geld und Prestige. Die Führer haben die Kontrolle übers Geld und sie sind immer die Sprecher usw., und oft vergessen sie dabei die Leute. Da kann es dann z.B. vorkommen, daß Geld dafür verwendet wird, jemanden aus dem Gefängnis zu bekommen, der sich betrunken auf eine Schlägerei eingelassen hatte. . . . Und außerdem schlafen sie eine Menge herum."

Doch meist machten Frauen, die innerhalb AIM arbeiteten und arbeiten, die Erfahrung, daß sie sich dort gut durchsetzen konnten:

„Ich zögerte lange, mich in der Indianerbewegung zu engagieren, wegen der Männer-Frauen Beziehungen dort. Alle sagten mir, arbeite nicht mit ihnen, sie werden dich mißbrauchen, sie haben keinen Respekt vor Frauen. Und ich wußte, daß es da Probleme gab, denn ich sah, wie sie lebten, die verschiedenen Frauen. . . Doch als ich anfing, mit ihnen zu arbeiten, wurde mir Respekt entgegengebracht, meine Arbeit steht auf beiden Füßen und spricht für sich selbst." (Aggie Williams, Seneca)

1973 kam es zur Besetzung/Befreiung von Wounded Knee, einem kleinen Ort auf der Pine Ridge Reservation der Oglala Sioux in South Dakota. Dort hatten die diktatorischen Regierungsmethoden des korrupten Stammesratsvorsitzenden Dick Wilson und seiner 'goon squad' (eine Art Privatpolizei) zu immer größerem Widerstand geführt; und ein Foltermord an einem Indianer, der ungesühnt blieb, brachte das Faß zum Überlaufen. Februar 1973 wurde eine Bürgerrechtsorganisation gegründet, die bald 800 Mitglieder, überwiegend Frauen, hatte:

„*Der Grund, warum die Frauen hier so entscheidend für unser Recht eintreten, ist, daß der Stammespräsident und seine goons die Indianer einschüchtern. . . . So halten sich die Männer zurück, sie haben Angst, öffentlich aufzutreten, denn sie werden am meisten dafür schikaniert. Besonders, seit wir mit der Bürgerrechtsorganisation begonnen haben, verging kaum eine Nacht, wo nicht ein Mann vor meiner Tür stand, den sie verprügelt hatten.*" (Gladys Bisonette)[236]*

„*Unsere Jungens können gar nichts machen. Sie können nicht mal ihre eigene Meinung sagen, weil sie soviel Angst haben vor Dick Wilson und seinen goons. Schließlich hatten wir genug davon, denn wir, die Frauen, waren die einzigen die kämpften. Wir hatten es einfach satt, unsere Jungens um Hilfe zu bitten. Sie sagten: ‚Alright, wir werden da sein, wir werden Euch helfen‘ und im nächsten Moment waren sie betrunken irgendwo anders. Nur ein paar wenige Männer kämpften mit uns.*" (Roselyn Jumping Bull)[237]*

Die Frauen riefen deshalb AIM zur Hilfe und es wurde beschlossen, den Ort des letzten Massakers an Indianern (1890), Wounded Knee, zu besetzen. Diese Aktion führte zu einer beispiellosen Mobilisierung von paramilitärischen Polizeikräften (das Pentagon hatte dabei beratende Funktion) und über zwei Monate lang umlagerte diese 'Armee' das Dorf. Von beiden Seiten wurde geschossen und 2 Indianer wurden getötet. Auch während der Besetzung spielten die Frauen der Bürgerrechtsorganisation eine wesentliche Rolle, und 5 von ihnen (zusammen mit 5 Männern) führten die Waffenstillstandsverhandlungen mit der US-Regierung. Dazu Joanna Brown von den Sechs Nationen:

„*Die Mehrheit der Oglala Führer waren Frauen. Viele der männlichen Führer waren draußen im Dorf, sie kamen und sprachen zu den Leuten und unterstützten sie, aber nur die Frauen blieben hier drinnen. . . . Sie genossen hohen Respekt und wenn sie sprachen, wäre niemand auf die Idee gekommen, zu sagen: ‚Sie spricht gut, aber sie ist eine Frau.‘ Sie sprachen aus, was die meisten dachten . . . und sie hatten ein phantastisches politisches Verständnis. Als die Stammesregierung und die Delegierten der Bundesregierung, die zu den Verhandlungen kamen, versuchten zu beschwichtigen und wichtige Punkte unter den Tisch fallen zu lassen, waren die Frauen die ersten, die das merkten und darauf aufmerksam machten. . . . Sie selbst dachten nicht viel über ihre Rolle als Führer nach. Sie waren, was sie waren, doch sie bezeichneten sich selbst nicht als Führer. Ich lernte eine Menge von diesen Frauen.*"[238]*

Insgesamt war die Hälfte aller Besetzer von Wounded Knee Frauen und sie leisteten dort entscheidende Arbeit:

„Sie organisierten und planten, sie brachten Unterstützung und Material und verliehen dem Unternehmen Kontinuität. Sie gingen vor und zurück durch die Kampflinien und trugen dabei die Nahrungsmittel, die die Kämpfer von AIM am Leben hielten. ... In den amerikanischen Medien wurden diese Frauen ignoriert, die Kameras summten und klickten nur vor den Gesichtern männlicher AIM-Mitglieder."[239]

Eine Besetzerin beschreibt die Aktivitäten der Frauen:
„Wounded Knee lehrte uns eine neue Art von Tapferkeit: in einer Kampfstellung zu sitzen, während die Kugeln vorbeizischen, oder von Fuchsloch zu Fuchsloch zu schleichen, herauszurennen mit einer Tragbahre, um die Verwundeten zurückzubringen oder eine Kampfstellung Tag und Nacht zu bemannen – 'befrauen'. Einige von uns wollten das so und dachten dabei an die kühnen Kriegerinnen der Nez Perce und in Süd- und Mittelamerika, andere wollten nicht. Viele von uns, Männer wie Frauen, hatten Angst. Jede wußte, daß wir damit rechnen mußten zu sterben, viele erwarteten, innerhalb der ersten Woche ausgelöscht zu werden. Doch wir handelten der Angst zum Trotz und wir waren in der Lage, damit fertigzuwerden. Wir hatten alle Tod, Gewalt und Kampf in unserem Leben in den Städten und Reservationen erfahren.
Und da gab es viele Frauen, die Heldinnen waren. Sara und Diane bedienten ohne Unterbrechung das Funksprechgerät, Tag und Nacht konntest du ihre Stimmen über das Security* -Gerät hören. Sie arbeiteten in Schichten von 12 und 18 Stunden, während der langen ruhigen Perioden und während Feuergefechten. Sara und Stephanie halfen, ein Nachrichtenblatt herauszubringen, 'The Wounded Knee Message', sie sammelten und schrieben Geschichten, Bekanntmachungen und Witze und druckten alles auf einer uralten Abzugsmaschine. Mehrere Oglala Mädchen, die sich im Gelände auskannten, schlichen sich oft heraus und kamen mit Nahrung, Medikamenten und anderen Vorräten im Rucksack zurück. Frauen wurden in Arbeitsgruppen zum Transport von Kranken und Verwundeten organisiert und wenn es zu Feuergefechten kam, gingen sie unter Beschuß zu den Stellungen, um da zu sein, wenn sie gebraucht würden. Eine Sanitäterin saß dabei einmal einen ganzen Tag in einer flachen Mulde fest, und jedes-

---

* = 'Sicherheit'. Bei allen Aktionen und Versammlungen der Indianerbewegung gibt es diese Gruppe von Leuten, die sowohl die Versammelten nach außen schützt als auch Kontrolle nach innen ausübt (z.B. dafür sorgt, daß niemand Waffen, Alkohol und Drogen mitbringt). In Wounded Knee organisierte sie die Verteidigung der Indianer.

Frauen bei der Besetzung von Wounded Knee

*mal wenn sie den Kopf hob, um herauszusehen, zog sie das Feuer
der Scharfschützen auf sich.*

*Der größte Teil der Untergrundarbeit wurde von den Frauen aus
der Reservation gemacht: Leute verstecken, ihnen zu essen geben,
Gewehre und Vorräte verstecken und verpacken. Als unsere Gruppe eines Nachts versuchte, nach Wounded Knee zurückzukom-
men, hielten wir bei den Häusern von drei verschiedenen Frauen
an. Sie erklärten uns den Weg, wir stellten fest, daß die Luft rein
war, tranken Kaffee und gingen. Bei all dem saßen ihre Kinder
immer dabei."* (Kathy, Hawk Eye Bunker Squad)[240]

Gladys Bisonette schildert einen Vorfall, der zeigt, welcher Gefahr Frauen selbst bei den alltäglichsten Verrichtungen ausgesetzt waren:

*,,Oletta stand genau gegenüber einem Fenster in der Küche und
sie hatte eine Schüssel mit Haferflocken in der Hand. . . . Ganz
plötzlich kam eine Kugel durch dieses Fenster, streifte die Ober-
fläche ihrer Hand, riß ein Stück Haut weg, flog weiter durch drei
Wände und nach draußen; und alle schrien: ,Oletta wurde getroffen!' Und sie fing an zu lachen. Sie lachte oft und gern. Sie dachte, es wäre fliegendes Glas gewesen, so schnell passierte es. Doch
später sahen wir die Einschußstellen in den drei Wänden . . .*[241]

Einige Männer hatten allerdings Schwierigkeiten, kämpfende
Frauen zu akzeptieren, vor allem wenn es um den Kampf mit
Waffen ging:

*,,Viele Leute sprachen über und gegen 'Women's Liberation'. Und
sie sagten, indianische Frauen müßten zu ihrer traditionellen
Rolle zurückkehren. Es gab allerdings keinen offenen männlichen
Chauvinismus, es waren eher subtile Dinge. Einige Leute, die die
'Warrior Society' (Krieger-Gesellschaft) leiteten, sagten z.B.:
,Frauen können die Gewehre laden, aber sie sollten nicht in den
Kampfstellungen sein, wenn geschossen wird;' oder: ,Sie können
uns ja helfen, aber wir wollen nicht, daß sie unser Leben gefähr-
den' – während sie Männer mit null militärischer Erfahrung so-
fort zuließen.*

*Ich sprach darüber oft mit einer jungen Frau dort, die sehr
interessiert daran war, auch mit dem Gewehr zu kämpfen. Sie
wurde tatsächlich einmal von einer Kampfstellung weggeschickt,
weil der Anführer dort keine Frauen dabei haben wollte. Sie sagte, daß ihrer Ansicht nach das, was in einem großen Teil der Beziehungen zwischen jüngeren Männern und Frauen in Wounded
Knee ablief, seine Ursache in der Indoktrination der indianischen
Männer in der US-Armee habe. Viele dieser Männer seien im Mili-
tär einer Art Gehirnwäsche ausgesetzt gewesen und übernähmen
die in der Weißen Gesellschaft üblichen Verhaltensweisen gegenüber Frauen. . . . Auch ich hatte diesen Eindruck, wenn ich eini-*

181

gen der neuen Krieger zuhörte, die so darauf aus waren, Krieger zu sein: Vieles was sie sagten, klang für mich sehr nach US-Militär und ich spürte, daß sie die Frauen herabsetzten.
Dennoch spielten die Frauen eine wichtige Rolle in der Gemeinschaft, und sie wurden dafür respektiert, wenn ihre Stärke auch einige der Krieger etwas nervös machte. Die Frau z.B., die man aus einer Kampfstellung herausgeworfen hatte, ging dann zu einer anderen und da waren eine Menge Frauen. Diese Frauen sahen sich als Kriegerinnen wie die Männer." (Joanna Brown, Sechs Nationen)[242]

Nach dem Ende der Besetzung verschärften sich die Maßnahmen gegen die 'aufsässigen' Oglala und gegen AIM allgemein. Die US-Behörden bemühten sich gezielt, AIM zu eliminieren, zunächst durch die Ausschaltung der männlichen Führer*:
,,Nach der Schlacht wurden die AIM-Männer verhaftet und auf die eine oder andere Weise ausgeschaltet. Die meisten männlichen Polizeibehörden, geblendet durch ihren eigenen Sexismus, erkannten zu dieser Zeit nicht die Macht der Frauen, und daß Herz und Seele der Frauen die Bewegung weitertragen würden.
Da so viele Männer außer Kraft gesetzt waren, wurde AIM mehr denn je zu einer von Frauen betriebenen Organisation. . . . Die AIM-Büros wurden von Frauen getragen, wie das am Anfang der Bewegung schon der Fall gewesen war."[243]
Lange blieb dieser Einfluß der Frauen den staatlichen Behörden jedoch nicht verborgen und auch sie waren Schikanen durch die Polizei ausgesetzt, wie das z.B. Berdina Holder, die Mutter von AIM-Führer Stan Holder, in einem Brief an Präsident Ford 1974 beschrieb, in dem sie um Amnestie für ihren Sohn und andere indianische politische Gefangene bat:
,,Was können Sie denn noch mehr wollen von mir und meinem Volk? Ich bin arm, ich bin eine unbedeutende Frau in jeder Hinsicht. Der einzige Reichtum, den ich besitze, ist mein Volk, meine Familie, meine Kinder und Enkel. . . . Ich mache mir große Sorgen um die Sicherheit und das Wohlergehen meiner Kinder. Einige Leute müssen gedacht haben, daß meine Familie noch nicht genug unter Druck steht, denn das FBI belästigt uns, es verhört uns, sogar die kleinen Kinder, verhört unsere Freunde und Freundinnen und macht Hausdurchsuchungen bei uns."[244]
Im selben Jahr berichtete Gladys Bisonette darüber, daß ,,*wo immer wir Frauen uns treffen, sie mit Maschinengewehren auf uns zielen, auf Frauen und Kinder"*.[245]

---

* Beim Abzug aus Wounded Knee mußten z.B. nur die Männer ihre Personalien angeben.

Die Frauen ließen sich jedoch nicht einschüchtern. So Lou Bean (Oglala):

„Wir haben keine Angst vor den US-Marshals. Sie brauchen nur ihre Gewehre hinzulegen und herzukommen und wir Frauen wären glaub ich schnell mit ihnen fertig."[246]

Doch die Polizei hatte natürlich alles andere im Sinn, als die Gewehre niederzulegen, und so wurden indianische Frauen wieder – wie schon in der Geschichte – zu Opfern der Gewalt. Das wurde allen auf schmerzhafte Weise klar, als am 24.2.76 in der nordöstlichen Ecke der Pine Ridge Reservation in einem trockenen Flußbett die Leiche einer Frau gefunden wurde, deren Identität sich nach einigen Verdunklungsmanövern des FBI als Anna Mae Aquash erwies, eine 30jährige Micmac Indianerin, die eine der führenden AIM-Organisatorinnen war. Nachdem das BIA, in Zusammenarbeit mit dem FBI, zunächst Erfrieren als Todesursache angegeben und sie namenlos beerdigt hatte, setzten Freunde und Verwandte die Exhumierung und eine neue Obduktion durch, die ergab, daß Anna Mae durch eine von hinten an ihren Kopf angesetzte Waffe erschossen worden war.

Anna Mae war jahrelang für die Indianerbewegung im weiteren und engeren Sinn tätig gewesen, in ihrer Heimat an der Ostküste wie auch im Mittelwesten. Sie war beteiligt an einer Reihe von Aktionen, darunter der Besetzung von Wounded Knee, zeichnete sich durch Phantasie und Ideenreichtum sowie ihre Fähigkeit, zu überzeugen, zu planen und Strategien zu entwerfen, aus, so daß sie schließlich bei den führenden Gruppe mit AIM mitarbeitete. Im Frühjahr 1975 zog sie auf die Pine Ridge Reservation:

„Ihre Organisations-Anstrengungen waren hauptsächlich den Oglala Frauen gewidmet, die nicht immer positiv auf die Initiativen der männlichen Führer reagierten. . . . Sie war in der Lage, die Frauen zu erreichen und sie dazu zu bewegen, gegen die Härten des Reservationslebens zu kämpfen, wo das die männlichen Führer nicht fertig gebracht hatten. Die Frauen wußten, daß Anna Mae ein ähnlich hartes Leben wie sie gehabt hatte und daß sie nun ihr Leben teilte."[247]

In dieser Zeit begann ihre Verfolgung durch das FBI. Gleichzeitig entstanden Gerüchte innerhalb AIM's, die sie als FBI-Agentin verdächtigten. Beides sollte den Rest ihres Lebens bestimmen.

Als auf der Pine Ridge Reservation am 26.6.75 zwei FBI-Beamte ums Leben kamen, nahmen das Spezialeinheiten des FBI zum Vorwand, eine Art militärischen Ausnahmezustand über die Reservation zu verhängen. Auch Anna Mae's Name wurde auf die Liste der gesuchten Personen gesetzt, obwohl sie am 26. nachweislich in Iowa gewesen war. Die Polizei war jedoch überzeugt, daß sie die 'Mörder'* kannte. Sie versteckte sich, wurde verhaftet und pausenlosen Verhören unterzogen, wobei ihr einer der sie verhörenden FBI-Beamten ankündigte, sie werde innerhalb eines Jahres tot sein.** Nachdem sie auf freien Fuß gesetzt war, ging sie voller Angst wieder in den Untergrund. Die Verdächtigungen durch AIM setzten sich fort. Anna Mae erkannte deutlich die Gefahr, die sich aus dieser Gerüchtepolitik für die Organisation ergab:

„Diese Indianer sollten besser aufhören, so zu reden. Bald werden sie sich gegenseitig grundlos erschießen."[248]

AIM war jedoch zu dieser Zeit zu einer solchen Rationalität nur beschränkt fähig. Zermürbt durch die ständige Verfolgung und bis in die Grundfesten erschüttert durch die Entlarvung eines ihrer führenden Mitglieder (Doug Durham) als FBI-Agent, mißtrauten sie allem und jedem. Anna Mae wurde schließlich offiziell von AIM verhört, doch obwohl sich dabei die Verdächtigungen nicht bestätigten und sie weiter für AIM arbeitete, gingen die Gerüchte weiter. Sie wurde auch immer noch vom FBI gesucht, hatte Angst und rechnete – so ein Telefongespräch mit ihrer Schwester – mit ihrem baldigen Tod.

Als ihre Ermordung aufgedeckt wurde, setzte das FBI das Gerücht in Umlauf, AIM hätte sie als FBI-Agentin 'hingerichtet', was in der gerüchteanfälligen Organisation zu weiterer Verunsicherung führte. Ihrer (2.) Beerdigung blieben deshalb die AIM-Größen fern:

„Sogar als Anna Mae starb, gab es kein AIM hier, nur uns Frauen. Wir versuchten, jemand zu finden, der das Grab schaufelt, doch wir hatten keinen Erfolg; niemand wollte es tun. Ich glaube, sie hatten zuviel Angst, ich weiß nicht, was mit ihnen passiert ist.
So gruben zwei Mädchen das Grab für sie. Bald wurden sie müde und sie setzten sich im Grab hin – es war so windig und kalt. Wilma wollte das Grab messen und da sie nicht wußte wie, legte sie sich selbst hinein. Sie lag dort und sagte: ,So fühlt es sich also an, wenn man begraben wird.' So arbeiteten die armen Mädchen den ganzen Tag. Sie waren so müde. Jemand brachte sie schließlich zurück.

---

* ein Mord im strafrechtlichen Sinn wurde nie bewiesen. Schließlich wurde ein Chippewa/Sioux Indianer, Leonard Peltier, in einem offen rassistischen Prozeß wegen Beihilfe zum Mord zu zweimal lebenslänglich (hintereinander) verurteilt. Das Urteil wurde trotz der äußerst fragwürdigen Beweislage durch alle Instanzen bestätigt.

** derselbe Beamte war dann dabei, als ihre Leiche gefunden wurde, er erkannte sie angeblich nicht und stritt seine Anwesenheit später ab.

So sagte ich: Naja, wir können ebensogut lernen, uns selbst zu begraben, denn niemand anders wird uns helfen." (Roselyn Jumping Bull, Oglala)[249]

Viele Frauen waren deshalb ziemlich verbittert über AIM, das nur allmählich seine Unentschlossenheit überwand. Mehr und mehr setzte sich schließlich aber die Überzeugung durch, daß der Mord nicht auf das Konto eines AIM-Mitglieds ging, was bestärkt wurde durch eine Zeremonie, in der die 'Spirits' die Versammelten wissen ließen, daß zwei Weiße den Mordbefehl gegeben hätten und ihre Namen eines Tages enthüllt würden. Anna Mae Aquash gilt heute als eine der Heroinnen der Indianerbewegung.

Das FBI benutzte Anna Mae's Schicksal als wirkungsvolles Drohmittel zur Einschüchterung von Indianerinnen, die es bewegen wollte, in seinem Sinne auszusagen. Im Fall von Myrtle Poor Bear hatte man damit Erfolg: sie trat bei vielen Gerichtsverfahren gegen Indianer als Belastungszeugin auf (so z.B. gegen Peltier), bis sie schließlich enthüllte, wie sie durch das FBI zu ihren Aussagen gezwungen worden war. Folgender Dialog fand vor einem Bezirksgericht in North Dakota im April 1977 statt:

T.: (Verteidiger Elliot Taikeff): „Hast Du mir gestern abend gesagt, daß Du Angst hast?"

P.: (Myrtle Poor Bear): „Ja, das tat ich."

T.: „Wovor hattest Du Angst?"

P.: „Ich weiß nicht − ich habe Angst vor der Regierung!"

T.: „Hat irgendjemand von der Regierung je etwas gesagt, das Dir Angst machte?"

P.: „Die FBI-Beamten redeten dauernd über Anna Mae."

T.: „Was sagten sie über Anna Mae?"

P.: „Oh, sie redeten einfach über die Zeit, als sie starb. . . ."

T.: „Sprach irgendjemand vom FBI je mit Dir über das American Indian Movement?"

P.: „Sie sagten mir, sie würden mich töten."

T.: „Sagte der Beamte Wood je etwas über das Töten von Leuten?"

P.: „Er sagte, sie könnten damit davonkommen, weil sie FBI-Beamte sind."[250]

Ein weiterer Fall, der in der Indianerbewegung und großen Teilen der amerikanischen Öffentlichkeit Aufsehen erregte, war der von Yvonne Wanrow, einer jungen Indianerin aus der Colville Reservation, die am 11.8.72 einen ortsbekannten und vorbestraften Sittlichkeitstäter erschoß, als dieser eines Nachts betrunken in das Haus ihrer Freundin eindrang. Yvonne, die zu der Zeit ein Bein in Gips hatte, hielt dort zusammen mit der Freundin Wache über deren und ihre eigenen Kinder, denn dieser Mann hatte

185

schon vorher die Kinder der Freundin belästigt. Ihre Bitte um Polizeischutz war erfolglos gewesen.

Am Muttertag, dem 13.5.1973 wurde Yvonne wegen Totschlags von einer weißen Jury zu 25 Jahren verurteilt. Wie sich in solchen Fällen Rassismus mit Sexismus paart, zeigt das Hauptbeweisstück der Anklage: es wurde ein Tonband in die Verhandlung eingebracht, das Yvonne's Anruf bei der Polizei nach dem Unfall aufgezeichnet hatte. Da ihre Stimme darauf kühl und gefaßt klang, schloß die Anklage, sie hätte kaltblütig geschossen — Frauen haben in solchen Situationen hysterisch zu sein, und daß eine andere Kultur anderes Streßverhalten lehren kann, wurde nicht in Betracht gezogen.

Erst nach einem langen Weg durch die gerichtlichen Instanzen wurde die Anklage 1979 auf fahrlässige Tötung reduziert und Yvonne konnte im April dieses Jahres den Gerichtssaal als freie Frau verlassen.

Der Fall Yvonne Wanrows fand ein großes Echo in der amerikanischen Frauenbewegung und hatte Einfluß auf andere ähnlich gelagerte Fälle, in denen es um das Recht von Frauen auf Selbstverteidigung ging und geht. Insgesamt ist jedoch das Verhältnis der Frauen innerhalb der Indianerbewegung zu der überwiegend weissen Frauenbewegung problematisch und sie grenzen sich oft davon ab:

„Ich glaube, es gibt einen großen Unterschied zwischen uns und 'Women's Lib: Sie sprechen von gleichen Rechten, Gleichheit meines Jobs mit dem eines Mannes, und wir reden vom Überleben, der Rettung unserer Familien, unserer Kultur, unseres ganzen Volkes. Die weißen Frauen wollen Gleichheit zum weißen Mann, genauso wie die Schwarzen, doch wir wollen ein anderes System als das bestehende, damit wir überleben können als ein Volk." (Myrna Small Salmon, Sioux)

Wenn auch diese Einschätzung nicht ganz frei von Mißverständnissen ist — viele amerikanische Feministinnen wollen durchaus nicht (nur) Gleichheit mit dem Mann, auch sie wollen ein anderes System —, so ist damit doch ein wichtiger Unterschied benannt: Indianische Frauen sehen keine Front zwischen sich und ihren Männern und haben wohl auch weniger Anlaß dazu. Natürlich sind indianische Männer nicht frei von sexistischem Verhalten, doch solche Verhaltensweisen stehen so sehr im Widerspruch zu Grundlagen und Zielen der Indianerbewegung, daß die Frauen in der Bewegung sich gut dagegen behaupten können. Und was die praktischen Aktivitäten betrifft, so stehen ihnen alle offen: Arbeitsteilung entlang traditioneller Linien kommt eigentlich nur noch in Camps und ähnlichen Treffen 'draußen' vor — dort sieht das dann meist so aus, daß die Frauen kochen und die

Männer Holz hacken, Wasser holen etc. –, doch auch hier wird betont, daß jedes Geschlecht bereit und in der Lage sein muß, die Rolle des anderen zu übernehmen, wenn die Situation es erfordert. So berichtet z.b. Madonna Gilbert von der Arbeitsteilung innerhalb der 'We Will Remember Survival Group', deren Direktorin sie ist:

„Meistens koche ich, denn ich bin die Älteste und kenn mich am besten aus: unser Essen muß lange reichen und ich will sicherstellen, daß jeder etwas zu essen bekommt. Doch jeder muß in der Lage sein, für sich selbst zu sorgen, und darf nicht bei der Deckung seiner persönlichen Bedürfnisse von anderen abhängig sein. So können die Jungen hier für sich selbst kochen, wenn das erforderlich ist, und ich brauch mir keine Gedanken darüber zu machen. Was soll das, wenn einer da den ganzen Tag hungrig dasitzt und auf eine Frau wartet, die ihm was zu essen gibt? Heißt das, ein starker Krieger zu sein? Blödsinn! Ein Krieger muß für sich selber sorgen können, für ihn kommen zuerst die Alten und die Kinder, und er wartet nicht darauf, daß eine Frau ihn bedient.“[251]

Im allgemeinen werden Aufgaben innerhalb der Bewegung von der Person übernommen, die die entsprechenden Fähigkeiten besitzt und Lust dazu hat:

„In der Stadt mußt du z.B. Reden halten, organisieren, Flugblätter verteilen oder was auch immer, und da gibt es keine (Arbeits-) Teilung – wer da ist, wer es kann, macht es. In S. z.B. haben ich und eine andere Frau vier Jahre lang die Organisation gemacht und keiner von den Männern, die mit uns zu tun hatten, sagte ,Du bist eine Frau, du kannst das nicht.' Ganz im Gegenteil: Wir wissen, daß Frauen stärker als Männer sind und auch die Männer wissen das." (Jesse Garcia, Chicana/Lakota)

„Die Frauen in der Bewegung werden mit einer Menge Respekt behandelt. Sie wissen, wo ihr Platz ist, sie haben alle ihre Rolle. Sie versuchen herauszufinden, was sie am besten können und am liebsten mögen, sie probieren anfangs dies und das, doch sie finden schließlich alle ihre Rolle." (Anne Begay, Navajo)

Dennoch sehen sich indianische Frauen nicht als 'gleich' in dem Sinne, daß sie es anstreben würden, wie Männer zu sein. Auch in diesem Zusammenhang wird oft Kritik an der amerikanischen Frauenbewegung geübt:

„Manchmal rede ich zu Frauen aus der Frauenbewegung und ich sage ihnen: Ihr könnt nicht ändern, was Euch die Natur gegeben hat. Die einzige Möglichkeit, die monatliche Periode zu stoppen ist, sich die Gebärmutter herausschneiden zu lassen. Du bist den Gesetzen der Schöpfung unterworfen. Du bist eine Frau, und da ist auch nichts dran auszusetzen. Du mußt um die gleiche Be-

*handlung kämpfen, Männer sollten dich nicht unterdrücken und
mißbrauchen wollen, doch die Dinge in der Natur müssen im
Gleichgewicht und in Harmonie sein.
Viele Frauen wollen keine Frauen sein. Ich höre manchmal weiße
Frauen ihre monatliche Periode den 'Fluch' nennen. Nun, wir hat-
ten keine christliche Religion, wo Eva verflucht wurde . . .
Indianische Männer liebten das Leben und respektierten die Frau,
weil sie es gab, sie das Gefäß war, durch das Leben kam.
Lerne dein Leben zu respektieren, respektiere dich selbst. Du bist
eine Frau, respektiere das. Es ist wunderbar, eine Frau zu sein,
Leben bringen zu können.
Für uns heißt das auch, daß wir keine Frauengruppe brauchen,
denn wir sind schon eine, wir erkennen uns gegenseitig als Schwestern an. Das ist einfach eine natürliche Sache. So denken wir über
die ganze Welt, das ist also nichts besonderes, es ist einfach so.
Nur die Leute, die in ihrem Denken gespalten sind, sind gespalten als Volk." (Janet McCloud, Tulalip)*

*,,Manche Frauen glauben vielleicht, wir werden nur frei sein,
wenn wir wie Männer werden. Für eine natürlich lebende Frau
ist dies keine Antwort, denn sie weiß, daß Frauen und Männer
geschaffen wurden im Gleichgewicht für diese Welt, und was wird
aus uns werden, wenn wir dieses empfindliche Gleichgewicht zerstören? Du brauchst dich nur umzusehen, um zu sehen, wohin
uns das Denken jener Männer gebracht hat, die die natürliche Ba-
lance zerstören wollen. . . .
Für uns ist die Lebensweise, die uns am ehesten Befreiung bringt,
vielleicht ein Leben in der natürlichen Welt, für die wir geschaffen
wurden − die Harmonie zu finden, über die unsere Vorfahren so
viel wußten. Und vor allem neue (oder vielleicht alte) Alternativen zu finden, die wirkliche Alternativen sind und nicht ein Neu-
aufguß dieses Systems, das uns bei lebendigem Leibe auffrißt."
(Roberta Esparza)*[252]

*,,Der Unterschied zwischen Mann und Frau hat viel mit deiner
Einstellung zu tun, ich glaube, das ist eine psychologische Angelegenheit. Du siehst das in der Weißen Gesellschaft, wo man den
Frauen erzählte, sie seien das schwächere Geschlecht und unterlegen, und die Mehrheit der Frauen glaubte daran. Doch ich
glaube, es ist genau umgekehrt, die Frauen waren immer die
Stärkeren. Es kann also für uns gar nicht darum gehen, wie Männer sein zu wollen. Ich glaube, es kommt eher darauf an, den
Leuten die Totalität des Frau-seins zu zeigen, all ihre Fähigkeiten,
und das auf eine natürlichere Weise, als das oft geschieht. Viele
Frauen verschanzen sich hinter Gesetzen, als ob davon alles ab-*

Beim 'Longest Walk', in Washington, D.C., Juli 1978

hinge, als ob es ein ERA *wäre, das sie den Männern ebenbürtig macht. Freilich, die US-Gesellschaft ist in einem solchen Durcheinander, daß vielleicht manchmal solche Aktionen notwendig sind. . . . Doch dabei verändern sich die Frauen und oft vergessen sie, worum es ursprünglich ging, sie verlieren das Ganze aus dem Auge. Dann kann es geschehen, daß sie das männliche Wertsystem übernehmen und sich genau nach den Prinzipien richten, die sie bekämpfen. Sie argumentieren auf männliche Weise, sie kämpfen z.B. darum, in bestimmten Jobs zugelassen zu werden, in denen meiner Ansicht nach überhaupt kein Mensch arbeiten sollte, weder Mann noch Frau, diese Jobs sollte es gar nicht geben.*

Ich wurde von verschiedenen Frauenorganisationen eingeladen, und oft spürte ich die Frustration dieser Frauen, die sich so sehr bemühen etwas zu erlangen, von dem sie nicht wissen, daß sie es schon haben. Frauen können unabhängig sein, sie sind unabhängig, wenn sie es in ihrem Bewußtsein sind." (Audrey Shenondoah, Onondaga)

Frau-Sein, als unterschieden vom Mann-Sein ist für die amerikanischen Ureinwohnerinnen also eher Privileg als Nachteil, ein Privileg, aus dem sich auch eine besondere Verantwortung ergibt, besonders in Situationen wie der jetzigen, wo das Überleben der indianischen Nationen bedroht ist. Immer wieder wird betont, daß Frauen jetzt die Initiative ergreifen müssen, um dieser verhängnisvollen Entwicklung Einhalt zu gebieten, um die Zukunft der ungeborenen Generationen zu sichern:

„Früher, wenn wir Krieg führten und die Männer getötet wurden, blieben nur die Frauen und Kinder zurück; und die Frauen mußten stark sein, denn wenn sie fielen, war niemand mehr da, um die Kinder aufzuziehen.

Jetzt sterben die Männer auf andere Weise. Auf meiner Reservation ist es z.B. das 'paint-sniffing' (Rausch durch Einatmen von Dämpfen chemischer Farben, U.W.) und der Alkohol, oder sie werden von irgendeinem Rassisten getötet. Wir Frauen können es nicht zulassen, daß wir in derselben Falle landen, wir würden genauso zerstört werden und nichts mehr wäre da für unsere Kinder." (Lanada Boyer, Schoschone-Bannock)[253]

„Historisch und natürlich waren es immer die Frauen, die die Männer an ihre Verantwortung gegenüber der Zukunft und den Kindern dieser Erde erinnert haben. Laßt es die Frauen sein, die – diese Verantwortung auf sich nehmend – die Welt erinnern, daß sich die Dinge ändern müssen oder es wird bald zu spät sein!" (Roberta Esparza)[254]

Diese wichtige Rolle der indianischen Frauen fand schließlich ihren institutionellen Rahmen in der Gründung einer Frauenorganisation innerhalb der Indianerbewegung: 'Women of All Red Nations' (WARN). Auf der Gründungskonferenz im September 1978 wurden als Aufgaben bestimmt: Beendigung der Sterilisation von indianischen Frauen und der Entfernung der Kinder aus ihren Familien, Erziehung, orientiert an der indianischen Tradition und den Erfordernissen des Überlebens als Nation, Befreiung der politischen Gefangenen, Schutz des Indianerlandes und seiner natürlichen Reichtümer vor US-amerikanischen und multinationalen Konzernen, und Entwicklung von Möglichkeiten der politischen Selbstorganisation auf lokaler Basis.

WARN Gruppen bildeten sich daraufhin in vielen Teilen des Landes und nahmen dort die konkrete Arbeit an diesen Problemen auf. Sie schließen damit einen Kreis, der mit den mächtigen Frauen der alten Überlieferungen begann:

„Wir sind starke, wirkungsvolle Frauen. Spinnen Frau war stark, Erste Frau war stark, Changing Woman war unentbehrlich. Unsere Tradition kann uns von dieser einengenden Kultur befreien. Laßt uns den Fluß dieser geborgten Kulturen überqueren! Laßt uns in Harmonie und Kooperation leben!" (Navajo)[265]

*

Seht dies an und liebt es immer

O meine Töchter
Meine Schale ist voll süßem Gras,
Ich komme in meiner besten Lederkleidung,
Ich reise auf dem Pfad meines Volkes
Seht mich an!
Die Weiße-Büffel-Frau bringt die
          heilige Pfeife der Vision.
Auf dem Hügel stehend seht mich
          kommen kommen kommen.
Über die Brust der Prärie komme ich
          heilig,
Bedeckt von einer Wolke von Blumen.
Betrachtet was ihr seht, meine Enkel
          Seht dies an
und liebt es immer.

Sie bewegt sich sie bewegt sich alles bewegt sich hin zu ihr.
In der Schale dem Korb der Erden-Schale
Sie ist geschmückt im Mittel-Land
Sie erscheint in den Getreidefeldern von Kansas.
In Bordellen Oklahomas,
In ausbrechenden Vulkanen,
Bei der Peyote Zeremonie von Vögeln.
In den Höllenlöchern und himmlischen Wiesen
          erscheint sie.
Von weit her kommt sie kommt sie
Von all den Straßen her kommt sie kommt sie.
Sie versammeln sich. Sie kommen.
Die Uralten kommen mit den Kindern.
Von weit her kommen sie kommen
          ohne Unterlaß.
Schickt einen Rufer aus, sagt sie
          Ich will zu meinem Volk sprechen.
Hört zu hört zu während ihr geht
Alles ist auf der Erde und alles ist heilig.

Meridel Le Sueur[256]

*

Anhang

Die indianischen Nationen Nordamerikas unterscheiden sich auf vielerlei Weise voneinander: kulturell, sprachlich, auch äußerlich. Bei den Völkern, die auf dem Territorium der jetzigen USA lebten/leben – die Schätzungen über die Bevölkerungszahl vor dem Kommen der Weißen reichen von 1 Million bis 35 Millionen (!) – haben Forscher z.B. ca. 20 größere Sprachgruppen festgestellt. Ebenso werden in Nordamerika 10 Haupt-Kulturzonen unterschieden:

Osten
Dieser Teil des Landes ist, bis zur nördlichen Anbaugrenze in Kanada und der 50 cm-Regengrenze im Westen, Ackerbaugebiet (hauptsächlich Mais und Bohnen). Die meisten Völker hier wurden beeinflußt von der 'Mound-Kultur' (auch: 'Hügelbauer-Kultur', ca. 900-1500 n. Chr.), einer hochentwickelten Ackerbaukultur mit Stadtstaaten und teilweise aristokratischer Gesellschaftsstruktur, die sich von der Golfküste bis zu den Großen Seen und dem Mississippi-Tal erstreckte.

Südosten
Hier lebten u.a. die Muskogee (Creek mit Untergruppe Seminolen, Chickasaw, Choctaw u.a.), die Natchez und die aus dem Nordosten eingewanderten Cherokee. Ökonomische Grundlage war der Ackerbau, auch Sammeln. Wohnen in stadtähnlichen, voneinander meist unabhängigen Siedlungen.
Cherokee, Choctaw, Chickasaw, Creek und Seminolen galten im 19. Jahrhundert aufgrund ihrer Anpassung an 'Weiße' Regierungs- und teilweise Lebensformen als die 'Fünf Zivilisierten Nationen'; doch trotz ihrer Kompromißbereitschaft wurden sie nach Oklahoma vertrieben (mit Ausnahme einiger Cherokee, die heute eine Reservation – Qualla Res. – in ihrem ursprünglichen Territorium haben, und Teilen der Seminolen, die sich in die Sümpfe Floridas zurückzogen. S. auch Zeittafel). Die Natchez waren schon vorher ausgerottet worden.

Östliche Wälder (auch: Waldlandindianer)
Hier lebten vor allem Algonkin-Völker und Irokesen. Im östlichen Teil war der Ackerbau ökonomische Grundlage, im Westen lag das Schwergewicht auf Jagd, Fischfang und Sammeln (Wildreis).
An der *Atlantikküste* lebten mehrere hundert Algonkinstämme, oft in unabhängigen Dörfern; darunter: Passamaquoddy, Massachuset, Wampanoag, Delawaren (eigener Name: Leni Lenapi), und die Stämme der Powhatan-Konförderation (16. Jahrh.). Große Teile dieser Völker wurden getötet oder in den Westen vertrieben. Die Überlebenden führen heute einen har-

ten Kampf um Anerkennung als indianische Nationen und/oder Rückgabe von Land (z.B. in Maine).

Um die *Großen Seen* lebten die Ojibwa (auch: Chippewa, eigener Name Anishinabe), Menomini, Potawatomi und als einzige nicht-Algonkin die Winnebago (aus der Sioux-Sprachfamilie). Ojibwa und Menomini haben heute noch Reservationen in ihrem ursprünglichen Territorium, die anderen wurden weiter nach Westen verdrängt.

In der Mitte des Gebiets der Östlichen Wälder, bis zur kanadischen Grenze lebten die Irokesennationen, die sich zu den 'Fünf Nationen' (Mohawk, Oneida, Cayuga, Onondaga, Seneca), später '6 Nationen' (mit Tuscarora) zusammenschlossen, und andere Völker der Irokesen-Sprachfamilie, z.B. die Wyandot (Huronen). Die 'Sechs Nationen' leben heute noch in diesem Gebiet, haben aber die Kontrolle über den größten Teil ihres Territoriums verloren, obwohl ihnen das Land vertraglich zugesichert wurde. Sie kämpfen heute verstärkt um die Anerkennung dieses Vertrags.

Westliche Farmer (auch: Bauern des Westens)

Gebiet zwischen südöstlichem Waldland und der Prärien, incl. der östlichen Prärien, in dem vor allem Mais, Squash und Sonnenblumen angebaut wurden. Hier lebten einige Algonkin, z.B. die Sauk/Fox, Shawnee, Cheyenne; Völker der Caddo-Sprachfamilie, z.B. Caddo, Pawnee, Arikara; und der Sioux-Sprachfamilie (auch Siouaner genannt), darunter Ponca, Osage, Dakota (Yankton, Santee), und die Mandan und Hidatsa, die 1837 fast völlig durch eine Pockenepidemie ausgerottet wurden.

Viele dieser Völker zogen nach Einführung der Pferde in die Ebenen, gaben den Ackerbau zugunsten der Büffeljagd auf, und begründeten so die Kultur der Prärieindianer. Oft werden deshalb die 'Westlichen Farmer' nicht als eigene Kulturzone aufgeführt.

Westen

Mit Ausnahme des Südwestens wurde im westlichen Teil des Landes kein Ackerbau betrieben. Existenzgrundlage war Jagd und Sammeln, an den Küsten und großen Flüssen Fischfang. Im allgemeinen konnten sich die hier lebenden Völker Reservationen in ihrem Gebiet sichern, allerdings nur nach harten Kämpfen und unter Aufgabe großer Teile ihres ursprünglichen Territoriums. Hier liegt die größte Reservation innerhalb der USA, die der Navajo.

Südwesten

Trotz des trockenen Klimas wurde hier seit 3000 Jahren Mais angebaut (zum Teil mit künstlicher Bewässerung). 700-1100 n. Chr. gab es hier eine Pueblo-Kultur mit auf Tafelbergen und in Felswände gebauten Dörfern bis zu 1000 Einwohnern. Die Indianer des Südwestens nennen diese frühen Pueblos (pueblo = span. Dorf, der Begriff wird sowohl auf die Dörfer als auch ihre Bewohner angewandt) die 'Anazasi' ('die Alten').

Heutige *Pueblos* sind im Westen die Hopi, Zuni, Laguna u.a.; im Osten (Rio Grande Tal) die Tano/Tanoan Pueblos, die wiederum nach Sprach-

196

gruppen unterschieden werden in Tewa (San Ildefonso, Tesuque, San Juan u.a.), Tiwa (Taos, Isleta u.a.) und Towa; und die Keres/Keresan Pueblos (Cochiti, Santo Domingo, Zia u.a.).

Zwischen 1000 und 1200 drangen *Athapasken* von Norden her in den Südwesten ein. Sie waren Jäger und Sammler, übernahmen dann aber von den Pueblos den Ackerbau. Ihre Nachkommen sind die Apachen und Navajo.

Ferner lebten/leben im Südwesten die *Yuma*-Völker in der Gegend um den Colorado (Yuma, Maricopa, Mohave, Havasupai u.a.) und die *Pima*-Völker (auch: Pimen), die Nachkommen der vorchristlichen Hohokam-Kultur. Zu ihnen gehören auch die Papago.

Das einzige Volk im Südwesten, das nicht vom Ackerbau lebte, waren die Seri am Golf von Kalifornien: Ihre Nahrung bestand aus Meeresprodukten, Wild und Früchten.

Kalifornien

Hier lebten viele kleine Völker, z.B. die Wintu, Maidu, Shasta, Pomo, Serrano, Gabrieleño, Luiseño. Ökonomische Grundlage waren Jagd, Fischfang und Sammeln (dabei wichtig: Eicheln, die zu Mehl verarbeitet wurden), die Nahrung war reichlich und die Bevölkerungsdichte deshalb hoch. Heute gibt es in Kalifornien 116 kleine Reservate mit Flächen von 80 a bis 4200 ha.

Nordwestküste

Diese Kulturzone umfaßt das gesamte obere pazifische Küstengebiet, von Alaska bis zum nördlichen Kalifornien. Ökonomische Grundlage waren Fischfang (incl. Meeressäugetiere), Jagd und Sammeln. Auch hier war die Nahrung reichlich und die Nationen waren wohlhabend. Zu den Völkern in diesem Gebiet gehören: in Alaska und Kanada die Haida, Tlingit, Niska u.a., im südlichen Kanada bis zum Pudget Sound die Nootka, Küsten-Salish (Klallam, Nisqually, Puyallup, Quinault u.a.) und im Süden die Chinook und Yurok (die Yurok werden oft zu 'Kalifornien' gerechnet).

Hochplateau

Berggebiet (Rocky Mountains), teilweise karg, aber mit großem Fischreichtum (vor allem Lachs). Ökonomische Grundlage neben Fischen Jagen und Sammeln. Hier lebten die Inland-Salish (Kalispel, 'Flatheads'), die Sahaptin (Nez Perce – eigener Name: Choponnish –, Yakima und die Cayuse, einer der ersten Stämme, die sich auf Pferde umstellten) und die Lutuami (Modoc, Klamath).

Großes Becken

In diesem Wüstengebiet zwischen den pazifischen Küstengebirgen und den Rocky Mountains bestand eine Kultur, die sich seit der Urzeit nicht verändert hatte: die Bewohner lebten vom Sammeln, und Ausgraben von Wurzeln (daher manchmal 'Digger Indians' genannt), sowie von Kleintierjagd. Die Nahrungsquellen waren sehr beschränkt und diese Völker lebten daher halbnomadisch. Zu ihnen gehören Ute (Uten) und Paiute (Pah-Uten), sowie die südwestlichen Schoschonen. Die Ute im Osten paßten sich später an die Kultur der Prärieindianer an.

Prärieindianer (Plains)

Diese Kultur entstand gegen Ende des 17. Jahrhunderts mit der Verbreitung der Pferde, die vielen Völkern ermöglichten, als Nomaden durch die Prärie zu ziehen, und die Büffeljagd zur Haupt-'Einkommensquelle' zu machen. Sie entwickelte sich zu einer relativ kurzen Blüte und endete Mitte des 19. Jahrhunderts mit der Ausrottung der Büffel und der militärischen Niederwerfung der Prärieindianer. Zu ihnen gehören vor allem Völker aus der Sioux-Sprachfamilie wie Dakota (Hunkpapa, Oglala u.a.), Crow und Assiniboin, und Algonkin-Völker wie Cheyenne, Blackfeet (Bloods, Piegan u.a.), Gros Ventre, Cree (in Kanada), Arapaho und Kutenai; außerdem Völker der uto-aztekischen Sprachgruppe, darunter die Nördlichen Schoschonen, aus denen die Comanchen hervorgingen, die Bannock, Kiowa und Ute, und einzelne Apachen-Gruppen.

Subarktik

Damit wird das Gebiet nördlich der Anbaugrenze bezeichnet (heute Teil Kanadas). Hier lebten Jäger und Sammler, verstreut in kleineren Gruppen. Die Nahrungsressourcen waren knapp und nach Ankunft der Weißen wurde der Pelzhandel zur wichtigsten Einkommensquelle. Im Osten des Gebiets lebten und leben Algonkin, wie Micmac, Montagnais, Cree u.a., im Westen Athapasken (eigener Name: Dene), z.B. Chipewyan, Kaska, Kutchin.

Arktik

Die Bewohner dieses Gebiets (nördliches Kanada, Alaska, Inseln im Polarmeer) sind die Eskimo (eigener Name: Inuit), bei denen man 13 Gruppen unterscheidet. Wie von den 'Indianern' wird auch von ihnen angenommen, daß sie aus Asien eingewandert sind, allerdings erst vor etwa 2000 Jahren. Sie leben von Jagd (Karibus und anderes Wild, auch Vögel), Fischfang (vor allem Meeressäugetiere) und in geringerem Maße von Sammeln.

1472	Kolumbus landet auf den karibischen Inseln. Sklaverei, Epidemien, Massenexekutionen etc. führen zu einer drastischen Dezimierung der dortigen Bevölkerung: auf den Inseln der heutigen Dominikanischen Republik und Haiti z.B. von 500 000 (1494) auf ca. 500 (1548).
1519	Cortez erscheint in Mexico und erobert 1521 die Azteken-Hauptstadt Tenochtitlan. Die Urbevölkerung wird bis 1650 von 20 Millionen auf 1 1/2 Millionen dezimiert.
1607	Gründung der ersten ständigen Siedlung der Engländer in Nordamerika, in Jamestown, auf Territorium der Powhatan-Konföderation. Kriegerische Auseinandersetzungen führen zur weitgehenden Ausrottung der Powhatan um die Mitte des Jahrhunderts.
1608	Die Franzosen gründen Quebec und eröffnen den Pelzhandel, zunächst mit den Huronen.
1649-1763	Kämpfe zwischen Engländern und Franzosen um die Vorherrschaft in Nordamerika, Frankreich verliert Kanada an England. Die Irokesen kämpfen auf der Seite der Engländer.
1675-77	Krieg der Wampanoag unter Metacomet ('König Philip'), als Reaktion auf die Übergriffe englischer Siedler. Endet mit Massakern durch die Kolonisten und der endgültigen Niederwerfung der Indianer 'Neuenglands'.
1680	Erfolgreiche Revolte der Pueblos unter 'El Pope' gegen die Spanier. Bis 1698 können sie ihre Unabhängigkeit bewahren. In den westlichen Pueblos können auch danach die Missionare nicht Fuß fassen, die östlichen Pueblos adoptieren 'offiziell' den Katholizismus und praktizieren weiterhin ihre Religion im 'Untergrund'. In dieser Zeit geraten zum erstenmal spanische Pferde in indianische Hände.
1754-65	Ottawa-Führer Pontiac vereinigt 18 Nationen aus dem Gebiet der Großen Seen und des Ohio-Tals zum Kampf gegen die Engländer. Nach dem Friedensschluß legt die englische Regierung eine Grenze zwischen europäischen Siedlern und Urbevölkerung entlang der Appalachen fest ('Ohio-Grenze').
1776	Die englischen Siedlungen sagen sich von ihrer Regierung los und gründen die Vereinigten Staaten von Amerika, die zu diesem Zeitpunkt bis zu den Großen Seen und dem Mississippi reichen.
1778	James Cook landet bei den Nootka. Beginn des Handels mit Indianern der Nordwestküste (die Indianer liefern Otterfelle

	und Pelze, die die Amerikaner in China gegen Tee eintauschen).
1784	Vertrag des US-Präsidenten Washington mit den Irokesen, der ihnen große Teile ihres Territoriums sichert. Er wird nie widerrufen, aber fortwährend gebrochen.
1790-95	Krieg der Shawnee, Miami, Delawaren u.a. gegen die USA. Sie müssen schließlich große Teile von Ohio und Illinois an die USA abtreten.
1805-13	Shawnee-Führer Tecumtha ('Tecumseh') gründet einen Völkerbund von 32 indianischen Nationen. Sie kämpfen auf Seiten der Engländer im Krieg gegen die USA 1812-14, werden von ihnen jedoch im Stich gelassen. Nach Tecumtha's Tod 1812 zerfällt der Völkerbund relativ schnell.
1816-32	Krieg der Sauk und Fox gegen das Vordringen der weißen Siedler ins Mississippi-Tal ('Black Hawk's Krieg'), endet schließlich mit ihrer Niederlage.
1828-38	Auf Cherokee-Territorium wird Gold entdeckt, woraufhin ihr Land in Georgia beschlagnahmt wird. Die US-Regierung erläßt ein Gesetz ('Indian Removal Act'), wonach alle indianischen Nationen aus dem Gebiet südöstlich des Mississippi entfernt werden sollen. 1832-38 werden Choctaw, Creek und Chickasaw ins 'Indianer-Territorium' (das spätere Oklahoma) verschleppt, 1838 die Cherokee ('Zug der Tränen').
1832	Der Oberste Gerichtshof entscheidet, daß indianische Nationen nicht mehr als fremde souveräne Nationen, sondern als einheimische, abhängige Nationen betrachtet werden sollen.
1817-42	Krieg der USA gegen die Seminolen. Ein Teil der Seminolen wird ins Indianer-Territorium transportiert, dem Rest gelingt es, sich in Florida zu behaupten. Die Regierung der USA bricht den Krieg schließlich aus Kostengründen ohne Ergebnis ab.
1840	Eine 'ewige Grenze' zwischen Indianern und Weißen wird festgelegt, entlang des Mississippi bis zum Michigan-See. Von 1850-60 überschreiten 150 000 Siedler diese 'ewige Grenze'.
1846-48	Krieg der USA gegen Mexico. Mexico verliert 2/5 seines Territoriums an die USA (New Mexico, Arizona, Kalifornien, Nevada, Utah, Texas und Teile von Colorado).
1848	In Kalifornien wird Gold gefunden. Große Teile der indianischen Bevölkerung dort werden in den nächsten Jahren ausgerottet.
1862-86	Guerillakrieg der Apachen (Unter Mangas Colorado, Geronimo, Victorio, Nana u.a.) gegen die US-Armee. Erst als die Gruppe der kämpfenden Apachen auf 24 zusammengeschmolzen ist, gelingt den USA der 'Sieg'.
1864	Beginn der Verteidigungskriege der Prärieindianer.
1868	Vertrag von Ft. Laramie, in dem sich die USA verpflichten, weiße Siedler aus dem Sioux-Territorium fernzuhalten. Als

	1870 in den Black Hills Gold gefunden wird, wird dieser Vertrag gebrochen und die Übergriffe auf Sioux-Land häufen sich.
1869	Fertigstellung der ersten transkontinentalen Eisenbahn.
1871	Die US-Regierung beschließt, keine Verträge mehr mit indianischen Nationen zu unterzeichnen.
1872	Beginn der systematischen Ausrottung der Büffel durch weiße Jäger.
1876	Schlacht am 'Little Big Horn': Die US-Truppen unter Custer werden von Sioux, Cheyenne und Verbündeten vernichtet.
1884	Verbot der Ausübung indianischer Religion.
1886	Nahezu alle Indianer leben auf Reservationen. Es ist ihnen untersagt, ohne Genehmigung die Reservation zu verlassen.
1887	General Allotment Act: Verteilung des Stammesland an indianische Individuen und Weiße. Dadurch drastische Dezimierung des Indianerlandes.
1890	Massaker von Wounded Knee: 350 Männer, Frauen und Kinder werden ermordet.
1889-1907	Die Selbstverwaltung der indianischen Nationen im 'Indianer-Territorium' wird abgeschafft; das Gebiet wird für Siedler geöffnet und zum Staat Oklahoma erklärt.
1923	Letzter Vertrag der kanadischen Regierung mit Indianern.
1924	Die Indianer in den USA werden zu Staatsbürgern erklärt, erhalten das Wahlrecht und müssen von nun an teilweise Steuern zahlen. Dadurch weiterer Landverlust.
1934	'Indian Reorganisation Act' (IRA): Einführung einer beschränkten Selbstverwaltung unter Stammesregierungen nach dem Muster des US-Regierungssystems.
1953	Beschluß der 'Termination' des Sonderstatus der indianischen Nationen, d.h. Auflösung der Reservationen und der Stämme als politische und kulturelle Einheit. Die indianischen Individuen sollten dann den Regierungen der Staaten unterstehen. Dieser Plan erweist sich jedoch als nicht durchführbar und wird stillschweigend – vorläufig – zu den Akten gelegt. Zur gleichen Zeit Beginn der 'Relocation'-Politik, d.h. der Umsiedlung von Indianern aus Reservationen in die städtischen Ballungszentren.
1964	Gründung der 'Survival of American Indians Association' im Staat Washington, im Zusammenhang mit den dort stattfindenden Kämpfen um die Fischereirechte.
1968	Gründung des 'American Indian Movement' (AIM) in Minneapolis.
1969-71	Besetzung des ehemaligen Gefängnisses Alcatraz in der Bucht von San Francisco durch 'Indianer aller Stämme'.
1972	'Trail of Broken Treaties' (Zug der Gebrochenen Verträge) nach Washington, D.C.
1973	Besetzung von Wounded Knee in South Dakota.
1977	Konferenz der Non-Governmental Organizations (NGO)

der UNO in Genf über die Lage der Indianer in Nord- und Südamerika, mit Delegierten vieler indianischer Nationen.

1978   'Longest Walk': Fußmarsch von Indianern aller Nationen von Kalifornien nach Washington, D.C., als Reaktion gegen neue indianerfeindliche Gesetzesinitiativen.

1978   Gründung von 'Women of All Red Nations' (WARN).

1 Murphy/Murphy, S. 207 f.
2 Hasteen Klah
3 in: Burland, S. 120
4 Klah, S. 102 f.
5 Ceremony, New York 1977
6 in: Cronyn, S. 233 f.
7 in: Thompson, S. 151 f.
8 in: Erdoes, S. 118 ff.
9 entfällt
10 Collier, S. 29 f.
11 Parrish/Davis/Schneider
12 Anderson, S. 117
13 Frank Waters, Masked Gods, zit. Niethammer, S. 242 f.
14 Niethammer, S. 238
15 ibd., S. 238 f.
16 Frisbie, S. 7
17 ibd., S. 9
18 Smithson, S. 63
19 zit. Frisbie, S. 11 f.
20 Parrish, Interviews
21 zit. Niethammer, S. 48
22 J.N.B. Hewitt, zit. Terrell, S. 122
23 s. Bailey
24 vgl. Radin, S. 5 f.
25 Oh Shinnah, in: The Hot Flash
26 Niethammer, S. 55
27 Jones, S. 15
28 ibd., S. 44 f.
29 ibd., S. 27
30 Niethammer, S. 148
31 ibd., S. 155
32 in: Katz, S. 57; unter Zuhilfe-nahme einer anderen engl. Version
33 Niethammer, S. 237
34 ibd., S. 157
35 Jones, S. 91
36 Spindler, 1962, S. 78
37 Niethammer, S. 160
38 Witt, 1974, S. 30
39 in: Steiner, 1968, S. 218
40 Bowman u.a., S. 92
41 in: Hamilton, S. 15
42 Parrish, Interviews
43 Eggan, S. 35
44 J.K. Brown, S. 156
45 Dr. MacGee, in: Diner, S. 150
46 Weltfish, S. 64
47 Steiner, 1968, S. 222
48 Eggan, S. 20
49 Witt, 1976, S. 41
50 Eggan, S. 33
51 in: Hamilton, S. 17
52 Basso, S. 120
53 Lurie, 1972, S. 33
54 in: Witt, 1976, S. 39
55 Schneider, S. 1 f.
56 zit. Witt, 1976, S. 39
57 zit. Beauchamp, S. 86 f.
58 Foreman, S. 57
59 Mathes, S. 135
60 Mathur, S. 12
61 Niethammer, S. 184
62 vgl. Powell
63 Foreman, S. 7
64 Niethammer, S. 131
65 ibd., S. 144
66 vgl. B.B. Thatcher
67 Gridley
68 zit. Niethammer, S. 146
69 zit. Foreman, S. 61
70 Steiner, 1968, S. 218
71 ibd., S. 216
72 in: Katz, S. 43
73 vgl. Martin/Voorhies, S. 171 ff.
74 Niethammer, S. 107
75 Wilson, S. 52
76 zit. J. K. Brown, S. 158
77 Quoyawayma, S. 71
78 Parrish, Interviews
79 Hodge, S. 969
80 Zeitung des Red School House, 1977
81 Murphy/Murphy, S. 219

82 Landes, S. 18
83 in: Katz, S. 44 f.
84 Weltfish, S. 464
85 Katchongva, S. 20
86 Lewis, S. 187
87 ibd., S. 180 ff.
88 Spindler, 1962, S. 19
89 Landes, S. 136
90 Linderman, S. 95
91 J.E. Ewers, S. 10
92 Mointain Man J. Beckworth,
   zit. Mathes, S. 136
93 vgl. Niethammer, S. 167 f.
94 Weltfish, S. 42
95 E.C. Parsons, 1926, in: Niethammer, S. 168 f.
96 Bowman u.a., S. 41
97 Landes, S. 2
98 in: Niethammer, S. 15
99 Oh Shinnah, Children . . ., S. 55
100 in: Hamilton, S. 20
101 Parrish, Interviews
102 in: Underhill, S. 5
103 Weltfish, S. 81
104 Eggan, S. 34
105 zit. J.K. Brown, S. 158
106 Murphy/Murphy, S. 141
107 zit. Bailey, Fußnote 17
108 Murphy/Murphy, S. 159
109 Niethammer, S. 75
110 Jones, S. 26
111 zit. Underhill
112 Parrish, Interviews
113 ibd.
114 in: Radin, S. 73
115 in: Hamilton, S. 19
116 ibd., S. 14
117 Farb, S. 45
118 zit. Niethammer, S. 96
119 J.K. Brown, S. 156
120 Lurie, 1961, S. 31
121 in: Katz, S. 48
122 Eggan, nach Titiev
123 Hamamsky, in: Schneider,
   S. 33
124 Landes, S. 103 f.
125 Eggan, S. 35
126 Landes, S. 42
127 zit. O'Meara, S. 16
128 O'Meara, S. 72

129 Swanton, S. 697
130 Niethammer, S. 66
131 zit. Diner, S. 145
132 Niethammer, S. 67
133 zit. A.C. Kroeber, in: Parsons,
   S. 191
134 zit. Bailey, S. 14 f.
135 Niethammer, S. 64
136 Michelson, 1932, S. 4 f.
137 Underhill, S. 34
138 Lafiteau, zit. Mathur, S. 13
139 Bailey, S. 24
140 Schneider, S. 33
141 Niethammer, S. 218 f.
142 ibd., S. 227
143 O'Meara, S. 79
144 Spindler, 1962, S. 17
145 Niethammer, S. 11
146 Linderman, S. 228
147 Nahwere, Mohave; zit. Devereux, S. 501
148 zit. Devereux, S. 502
149 wie 147
150 Hill, S. 274
151 in: Devereux, S. 523 ff.
152 Burland, S. 87
153 Meachem
154 zit. O'Meara, S. 68
155 ibd., S. 17
156 L.R. Bailey, zit. Schneider
157 zit. Schneider
158 Dee Brown, S. 97 f.
159 ibd., S. 98
160 LeSueur, S. 6 f.
161 O'Meara
162 Dr. Briestley, zit. Brownmiller, S. 163
163 McCloud, 1977
164 Ebenezer Mix, zit. Brownmiller, S. 153
165 in: Hamilton, S. 194
166 Terrell, S. 122
167 Meyer, Interviews
168 Linderman, S. 251 und 70
169 in: Leacock u.a., S. 21
170 Cante Ohitika Win, S. 6
171 vgl. Biegert, S. 34 ff.
172 Quoyawayma, S. 22
173 in: AAIA, Destruction . . .,
   S. 18

174 ibd., S. 20
175 Udall, S. 95 f.
176 Meyer, Interviews
177 in: Wassaja (ind. Zeitung), San Francisco, Febr. 1977
178 Meyer, Interviews
179 Parrish, Interviews
180 Akwesasne Notes, 3 Women
181 in: Jacobs u.a., S. 72 f.
182 in: Udall
183 Coolidge, in: AAIA, Destruction . . ., S. 19
184 in: AN, Vol. 8, No. 3, 1976
185 Akwesasne Notes, Three Women
186 ibd.
187 aufgezeichnet von R. Parrish
188 in: Katz, S. 87
189 ibd., S. 80
190 AN, Vol. 7, No. 3, 1975
191 AN, Vol. 8, No. 4, 1976
192 AN, Vol. 6, No. 3, 1974
193 AN, Vol. 9, No. 4, 1977
194 Mead, S. 133 f.
195 Lurie, 1961, S. 100
196 Spindler, 1962, S. 98
197 O'Meara, S. 51
198 in: Katz, S. VII
199 in: Louv, S. 43
199a AN, Vol. 9, No. 1, 1977 und Vol. 6, No. 5, 1974
200 AN, Vol. 9, No. 1, 1977
201 zit. WARN Konferenz Sept. 78, eigenes Protokoll
202 ibd., Arbeitsgruppe Sterilisation
203 ibd.
204 AN, Vol. 9, No. 4, 1977
205 WARN-Konferenz, AG Sterilisation
206 AN, Vol. 6, No. 5, 1974/75
207 in: Indigena, Vol. 3, No. 1, Berkely, Ca., 1977
208 zit. AN, Vol. 9, No. 1, 1977
209 zit. Louv, S. 100
210 AN, Vol. 9, No. 4, 1977
210a AN, Vol. 9, No. 1, 1977
211 WARN-Konferenz
212 AAIA, Indian Family Defense, No. 1, 1974
213 zit. Witt, 1976, S. 40
214 AAIA, Ind. Fam. Def., No. 1, 1974
215 AN, Vol. 9, No. 4, 1977
216 AAIA, Ind. Fam. Def., No. 5, 1975
217 ibd., No. 1, 1974
218 ibd., No. 3, 1975
219 Mindell/Gurwitt, in: AAIA, Destruction . . ., S. 62
220 AAIA, Ind. Fam. Def., No. 2, 1974
221 Am. Ind. Treaty Council, S. 11
222 Joseph Westermeyer, in: AAIA, Destruction . . ., S. 47 ff.
223 ibd., S. 55
224 in: AAIA, Destruction . . ., S. 44
225 R. Bergmann, in: AAIA, Destruction . . ., S. 35
226 WARN-Konferenz
227 zit. Steiner u.a., 1972, S. 188
228 zit. Steiner, 1968, S. 216
229 entfällt
230 Meyer, Interviews
231 WARN-Konferenz
232 zit. Witt, 1976, S. 43
233 in: Katz, S. 147
234 Witt, 1976, S. 40
235 zit. ibd., S. 42
236 Akwesasne Notes, Three Women
237 Cante Ohitika Win, S. 14
238 Akwesasne Notes, Three Women
239 Witt, 1976, S. 42
240 Akwesasne Notes, Voices . . ., S. 201
241 in: Am. Ind. Treaty Council, S. 20 f.
242 Akwesasne Notes, Three Women
243 Witt, 1976, S. 42
244 AN, Vol. 6, No. 4, 1974
245 ibd.
246 in: Akwesasne Notes, Voices . . ., S. 23
247 Brand, S. 121 f.

248 ibd., S. 129
249 Cante Ohitika Win, S. 15 f.
250 in: Indian Voice, Vol. 9,
    No. 3, Vancouver, April 1977
251 WARN Konferenz, Arbeits-
    gruppe 'Education for Sur-
    vival'

252 AN, Vol. 7, No. 1, 1975
253 WARN Konferenz
254 AN, Vol. 7, No. 1, 1975
255 Parrish/Schneider/Davis
256 LeSueur, S. 22

Literaturverzeichnis

Akwesasne Notes (AN), Vol. 4-11. Mohawk Nation, N.Y., 1972-79
Akwesasne Notes (hrsg.), The Great Law of Peace of the Longhouse Peop-
le (Kaianerekowa Hotinonsionne); Mohawk Nation, N.Y. 1975
These Are Our Words! Three Women (Gladys Bisonette, Lou
Bean, Grace Black Elk u.a.); Mohawk Nation, N.Y. 1973 (Ton-
band)
Voices from Wounded Knee; Mohawk Nation, N.Y. 1975
American Ethnologist, Vol. 2, No. 4: Sex Roles in Cross Cultural Perspec-
tive; Washington, D.C. 1975
American Indian Treaty Council (hrsg.), *Native American Women;* New
York 1975
Susanne Anderson, Song of the Earth Spirit; New York and London 1973
Association on American Indian Affairs (AAIA), Indian Family Defense,
No. 1-11; New York 1974-79
Indian Child Welfare Statistical Survey. Report Submitted to
the American Indian Policy Review Commission, Congress of
the U.S.; New York 1976
(hrsg.) *The Destruction of American Indian Families;* New York
1977
Flora L. Bailey, Some Sex Beliefs and Practices in a Navajo Community;
Papers of the Peabody Museum of American Archeology and
Ethnology, Harvard University, Vol. XL, No. 2; Cambridge,
Mass. 1950
Keith H. Basso, The Gift of Changing Woman; Bureau of American Ethno-
logy, Bulletin 196, Anthropological Papers No. 76; Washington,
D.C. 1966
W.M. Beauchamp, Iroquois Women; in: The Journal of American Folklo-
re, Vol. XIII, No. XLIX, p. 81 ff; 1900
Claus Biegert, Seit 200 Jahren ohne Verfassung; Hamburg 1976
Bowman, Carlin, Garcia, Maybee, Miller, Sierras; *Native American Families
in the City;* San Francisco 1975
Johanna Brand, *The Life and Death of Anna Mae Aquash;* Toronto 1978
Dee Brown, Begrabt mein Herz an der Biegung des Flusses; Hamburg 1974
Judith K. Brown, *Economic Organization and the Position of Women
among the Iroquois;* in: Ethnohistory, Vol. 17, No. 2-3; Prescott,
Ariz. 1970
Susan Brownmiller, Against Our Will. Men, Women and Rape; New York
1975
Cottie Burland, North American Indian Mythology; New York 1965
Cante Ohitika Win, We Are Sovereign Native American Women; Pine Rid-
ge, S.D. 1977
John Collier, On the Gleaming Way; Denver 1972

George W. Cronyn (hrsg.), American Indian Poetry; New York, 1972

George Devereux, Institutionalized Homosexuality of the Mohave Indians; in: Human Biology, Vol. 9, 1937

Helen Diner, Mothers and Amazons; New York 1973. © 1930

Edward P. Dozier, The Pueblo Indians of North America; University of Arizona 1970

H. Driver, W. Massey; Comparative Studies of North American Indians; in: Trans. American Philosophical Society, Vol. 47, pt. 2, 1957

Fred Eggan, Social Organization of the Western Pueblos; 1950

Charles B. Embry, America's Concentration Camps: The Facts About Our Indian Reservations Today; New York 1956

Friedrich Engels, Der Ursprung der Familie, des Privateigentums und des Staates. Im Anschluß an Lewis H. Morgans Forschungen; FfM 1969

Richard Erdoes (hrsg.), The Sound of Flutes and other Indian Legends, told by Lame Deer, Jenny Leading Cloud, Leonard Crow Dog u.a.; New York 1976

John C. Ewers, Indian Life on the Upper Missouri; Norman, Okla. 1968

John E. Ewers, Deadlier than the Male. in: American Heritage, Vol. XVI, No. 4, New York 1965

Peter Farb, Man's Rise to Civilization as Shown by the Indians of North America from Primeval Times to the Coming of the Industrial State. London 1969 (Deutsch: Die Indianer; Wien-München-Zürich 1971)

Regina Flannery, The Position of Woman among the Mescalero Apache; in: Primitive Man (Bulletin of the Catholic Anthropological Conference), Vol. 5, No. 2-3; 1932

Carolyn Thomas Foreman, *Indian Women Chiefs;* Muskogee, Okla. 1966

Charlotte Johson Frisbie, The Kinaalda and its Myth; Middletown, Conn. 1967

Merwyn S. Garbarino, Native American Heritage; Toronto 1976

General Accounting Office (Comptroller General of the U.S.), Report to Senator Abourezk, Chairman of the Senate Indian Affairs Subcommittee, on acitivities of the Indian Health Service; Washington, D. C., 4.11.1976

Marion E. Gridley, American Indian Women; New York 1974

Laila Shukry Hamamsky, *The Role of Women in a Changing Navajo Society;* in: American Anthropologist, Vol. 59, No. 1; Menasha, Wisc. 1957

Charles Hamilton (Hrsg.), Cry of the Thunderbird. The American Indian's Own Story; Norman, Okla. 1972; © 1950

W.W. Hill, The Status of the Hermaphrodite and Transvestite in Navajo Culture. In: American Anthropologist, Vol. 37, No. 2; Menasha, Wisc. 1935

F.W. Hodge (hrsg.), Handbook of American Indians North of Mexico. (Bureau of American Ethnology/Smithsonian Institution, Bulletin 30); Washington, D.C. 1912

Indian Woman Today. Report on the Southwest Indian Women's Conference; Window Rock, Arizona, Sept. 1975

P. Jacobs, S. Landau, E. Pell; To Serve the Devil, Vol. 1: Natives and Slaves; New York 1971 (Deutsch: Brüder, sollen wir uns unterwerfen? München 1975)

David E. Jones, *Sanapia, Comanche Medicine Woman;* University of Oklahoma Publ., New York 1972

Dan Katchongva; Hopi. A Message for All People; Akwesasne, N.Y. 1973

Jane B. Katz (hrsg.), *I Am the Fire of Time;* New York 1977

Hasteen Klah, Navajo Creation Myth; Recorded by Mary C. Wheelwright; Museum of Navajo Ceremonial Art, Santa Fe 1942

Oliver La Farge (hrsg.), The Changing Indian; Norman, Okla. 1942

Ruth Landes, *The Ojibwa Woman;* New York 1969/71

E. Burke Leacock, N. Oestreich Lurie (hrsg.), *North American Indians in Historical Perspective;* New York 1971

Bobbi Lee, Indian Rebel. Das Leben einer Stadtindianerin aus Kanada; München 1978

Meridel Le Sueur, Rites of Ancient Ripening; Minneapolis 1975

Oscar Lewis, Manly-Hearted Women among the North Piegan; in: American Anthropologist, Vol. 43, No. 2, part 1, Menasha, Wisc. 1941

Frank B. Linderman, Pretty Shield, Medicine Woman of the Crows; Lincoln, Nebr. 1972 (Erstausgabe: Red Mother, 1932)

Ralph Linton (hrsg.), Acculturation in Seven American Indian Tribes; Gloucester, Mass. 1963

Richard Louv, The Sterilization of American Indian Women; in: Playgirl

Nancy Oestreich Lurie, Indian Women: A Legacy of Freedom; in: Look to the Mountain Top, San Jose, Ca. 1972
(hrsg.) *Mountain Wolf Woman.* Sister of Crashing Thunder; Ann Arbor, Mich. 1961

M. Kay Martin, Barbara Voorhies, *Female of the Species;* New York & London 1975

Valerie Shirer Mathes, *A New Look at the Role of Women in Indian Societies;* in: American Indian Quarterly, Vol. 2, No. 2; Southwestern Indian Society, Hurst, Tex. 1975

Mary E. Fleming Mathur, Who Cares . . . that a Woman's Work Is Never Done? in: The Indian Historian, Vol 4, No. 2, 1971

Janet McCloud, A Tribute to Native Women Warriors; in: AN, Vol. 9, No. 3, 1977, The Last Indian War; unveröffentlicht, 1966/67

W.J. McGee, The Seri Indians. Annual Reports of the U.S. Bureau of American Ethnology, No. 17, 1895-96, Washington, D.C.

A.B. Meachem, Wi-ne-ma and Her People; Hartford 1876

Margaret Mead, The Changing Culture of an American Indian Tribe; New York 1932

Sam Meyer, Indian Interviews 1974-76; Florissant Valley Community College, History Dept., St. Louis, Mo. (Tonbänder)

William Meyer ('younv'u'sisla), Native Americans: The New Indian Resistance; New York 1971

Truman Michelson, (hrsg.) The Narrative of a Southern Cheyenne Woman; in: Smithsonian Misc. Coll., Vol. 87, No. 5; 1932
Narrative of an Arapaho Woman; in: American Anthropologist, Vol. 35, No. 4, Menasha. Wisc. 1933

Yolanda and Robert Murphy, *Women of the Forest;* New York, 1974

Carolyn Niethammer, *Daughters of the Earth.* The Lives and Legends of

American Indian Women; New York und London 1977

Oh Shinnah Fastwolf, Children of the Dawn; in: New Directions, Nos. 29-30, Vancouver 1978

Interview in: The Hot Flash, Vol. 2, No. 3, Santa Fe 1978

Walter O'Meara, *Daughters of the Country*. The Women of the Fur Traders and Mountain Men; New York 1968

Morris E. Opler, Cause and Effect in Apachean Agriculture, Division of Labor, Residence Patterns and Girls' Puberty Rites; in: American Anthropologist, Vol. 74, No. 5, Menasha, Wisc. 1972

Alfonso Ortiz, The Tewa World. Space, Time, Being and Becoming in a Pueblo Society; Chicago 1969

Rain Parrish, Interviews mit Navajo Frauen 1976/77

Rain Parrish, Peggy Schneider, Laurie Davis; Children of Changing Woman; Ausstellung im Wheelwright Museum, Santa Fe, 1977

Elsie Clews Parsons (hrsg.), American Indian Life; Lincoln, Nebr. 1967 (© 1922)

J.W. Powell, Wyandot Government: A Short Study of Tribal Society; in: First Annual Report of the Bureau of Ethnology, Washington, D.C. 1879-80

Polingaysi Quoyawayma (Elizabeth Q. White), No Turning Back; Albuquerque, N.M. 1964

Paul Radin, The Autobiography of a Winnebago Indian; New York 1963 (© 1920)

Report of the Associated Country Women of the World's National Seminar of American Indian Women; Fort Collins, Colo. 1970

Alice Schlegel, Male Dominance and Female Autonomy. Domestic Authority in Matrilineal Societies; 1972

Peggy Schneider, Children of Changing Woman: Myth, Symbol and Navajo Women; Manuskript zur gleichnamigen Ausstellung (s. Parrish), 1977

Lalla Scott, Karnee: A Paiute Narrative; Greenwich, Conn. 1973

C.L. Smithson, *The Havasupai Woman;* University of Utah, Anthropological Papers No. 38, 1959

Louise S. Spindler, *Menomini Women and Cultural Change;* in: American Anthropological Association, Vol. 64, No. 1, pt. 2, Menasha, Wisc. 1962, (Memoir 91)

George Spindler and Louise Spindler, Dreamers Whithout Power. The Menomini Indians; New York 1971

Stan Steiner, The New Indians; New York 1968

Stan Steiner/Shirley Hill Witt (hrsg.), The Way; New York 1972

John R. Swanton, Aboriginal Culture of the Southwest; in: Annual Reports of the U.S. Bureau of Ethnology, No. 42, Washington, D.C. 1924/25

John U. Terrell, Donna M. Terrell, *Indian Women of the Western Morning;* New York 1976

B.B. Thatcher, Indian Biography, Vol. 2; Glorieta, N.M. 1973. © 1932

Stith Thompson (hrsg.), Tales of the North American Indians; Indiana University Press 1929 und 1966

Louise Udall (hrsg.), Me and Mine. The Life Story of Helen Seksquaptewa; Tuscon, Arizona 1969

Ruth Underhill, The Autobiography of a Papago Woman; Memoirs of the American Anthropological Association No. 46; Menasha, Wisc. 1939

Jack O. Waddell, O.M. Watson (hrsg.), American Indian Urbanization; West Lafayette, Ind. 1973

Lela and Rufus Waltrip, Indian Women; New York 1964

Gene Weltfish, The Lost Universe; New York 1965

Agnes F. Williams, Transition from the Reservation to an Urban Setting and the Changing Roles of American Indian Women; Albuquerque 1976

Edmund Wilson, Apologies to the Iroquois; New York 1959 (Deutsch: Abbitte an die Irokesen, Ullstein TB)

Shirley Hill Witt, *Native Women Today – Sexism and the Indian Woman;* in: Civil Rights Digest, Vol. 6, No. 3, Washington, D.C. 1974
The Brave-Hearted Women; in: Civil Rights Digest, Vol. 8, No. 4, Washington, D.C. 1976

Die Wunden der Freiheit. Selbstzeugnisse und Dokumente aus dem Kampf der Indianer. (hrsg.: Autorengruppe). München 1975

Anne Begay, Navajo, 30 Jahre, 1 Tochter, Denver;
Aktiv in der Indianerbewegung; beteiligt an verschiedenen Besetzungen, Wounded Knee Legal Defense/Offense Committee, Gefängnisarbeit u.a.
Interview beim Longest Walk, Juli 1978

Regina Brave, Oglala, 38 Jahre, 5 Kinder, Pine Ridge Reservation und Denver;
Aktiv in der Indianerbewegung, vor allem AIM; beteiligt z.B. bei der Besetzung von Wounded Knee, dem Wounded Knee Legal Defense/Offense Committee. Schreibt Gedichte.
Interview beim Longest Walk, Juli 1978

Opal Cahune, Salish, 48 Jahre, 5 Töchter, 1 Pflegetochter, Flathead Reservation;
Aktiv in Frauenarbeit und Stammespolitik. Macht gerade College-Abschluß in Sozialarbeit.
Interview in Ronan, Montana (Flathead Res.), August 1977

Romana Cahune, Salish, 29 Jahre; beim Interview mit ihrer Mutter dabei.

Kay Cedarface, Oglala, 37 Jahre, 5 Kinder, Pine Ridge Reservation;
College-Abschluß, sehr aktiv im spirituellen Leben, teilweise beteiligt an AIM-Aktivitäten.
Interview in Porcupine, South Dakota (Pine Ridge Res.), Juni 1977

Agnes Dill, Isleta, Sun Clan, 60 Jahre, Isleta Pueblo;
Aktiv in NAIWA, 1973 zur Nationalen Präsidentin gewählt. Beteiligt an Pflegekinder-Programm.
Interview in Isleta, New Mexico, Dezember 1977

Nancy Evans, Naγajo, 35 Jahre, Navajo Reservation;
Sozialarbeiterin, arbeitet für Navajo-Regierung sowie BIA, sehr aktiv bei Organisierung indianischer Frauen.
Interview in Window Rock, Arizona ('Hauptstadt' der Navajo), Mai 1977

Jessie Garcia, 32 Jahre, Chicana, von Lakota adoptiert;
Aktiv in AIM-Kalifornien, besonders auch im spirituellen Leben.
Interview bei der Besetzung von Point Conception, Kalifornien, Sept. 78

Janet McCloud, Tulalip, 52 Jahre, 8 Kinder, 7 Enkel, Yelm, Washington;
Sehr aktiv in der Indianerbewegung, eine der Führerinnen der
Fischereikämpfe in Washington State, Mitbegründerin der 'Survival of American Indians Association', Beteiligung an WARN.
Interview in Yelm, September 1977

Suzette Mills, Puyallup, 32 Jahre, 4 Kinder, Frank's Landing, Washington;
Aktiv in der Indianerbewegung, beteiligt an Fischereikämpfen,
Besetzung von Wounded Knee u.a., Mitglied der 'Survival of
American Indians Ass.' und des Puyallup Tribal Council.
Interview in Frank's Landing, September 1977

Alice Papineau (Dewasenta), Onondaga, Aal Clan, 67 Jahre, 2 Söhne, 1
Pflegesohn, Onondaga Res., New York State;
Clanmutter des Aal-Clans, Sprecherin der 'Sechs Nationen' bei
verschiedenen Gelegenheiten. Beteiligt an der Umweltschutzkonferenz in Schweden 1974.
Interview in Onondaga, September 1978

Rain Parrish, Navajo, Salt Clan, 34 Jahre, La Puebla, New Mexico;
aufgewachsen auf der Navajo-Reservation, Arbeit als Anthropologin, Gold- und Silberschmiedin, Filmemacherin, Hausbauer.
Interview in La Puebla, Mai 1978

Myrna Small Salmon, Sioux der Ft. Peck Reservation, 43 Jahre, 9 Kinder,
3 Enkel, Flathead Reservation;
13 Jahre 'community work' (Wohlfahrt, Rechtshilfe etc.), besonders aktiv bei der Organisierung von Frauen. Mitglied der 'Survival of American Indians Ass.', beteiligt am 'Trail of Broken
Treaties' und 'Trail of Self-Determination'.
Interview in Ronan, Montana (Flathead Res.), August 1977

Audrey Shenondoah, Onondaga, Aal Clan, 53 Jahre, 9 Kinder, Onondaga
Reservation.
Clanmutter des Hirsch-Clans, da dieser zur Zeit keine geeignete
Frau für diese Position hat. Sehr aktiv in der 'Sechs Nationen'
Regierung, unterrichtet Onondaga in der dortigen Grundschule.
Interview in Onondaga, September 1978

Soge Tracks, Taos, 33 Jahre, Taos Pueblo, New Mexico;
College, zur Zeit Mitarbeit an der Taos Stammeszeitung.
Interview in Taos, Mai 1978

Agnes (Aggie) Williams, Seneca aus Cattaraugus, 29 Jahre, Oakland;
M.A. in Sozialarbeit, arbeitete in mehreren Verwaltungsprojekten und an Programm gegen Kindesmißhandlung. Jetzt Arbeit
an Survival School in Oakland und Koordination indianischer
Gruppen in der 'Bay Area'.
Interview in Oakland, September 1978

Darlene Wind, Chippewa, 28 Jahre, 1 Tochter, Iowa City;
aufgewachsen in vier verschiedenen weißen Pflegefamilien, jetzt Studentin, AIM-Mitglied, Direktorin eines Gefangenenprojekts.
Interview in Iowa City, April 1977

Shirley Hill Witt, Mohawk, Wolf Clan, 41 Jahre, Denver;
Doktor der Anthropologie, Mitbegründerin und 1. Vizepräsidentin des National Indian Youth Council, Beratung von AIM-Studentengruppen, arbeitete als Professorin in Colorado Springs, jetzt Direktorin des 'Mountain States Regional Office' der US. Commission on Civil Rights.
Interview in Denver, Mai 1978

Bildnachweis

Akwesasne Notes, Voices . . ., a.a.O.: S. 180; AN, Vol. 6, No. 5 1974/75: S. 158, AN, Vol. 9, No. 3 1977: S. 51; AN, Vol. 11, No. 1 1979: S. 25, American Museum of Natural History; S. 82; Susanne Anderson a.a.O: S. 57, S. 153, S. 163; Charles Brill in: Katz, a.a.O.: S. 59; Leslie Bush in: Katz, a.a.O.: S. 147; Edward S. Curtis, Portraits from North American Indian Liefe, 1972: S. 77, S. 91, S. 113; William Dinwiddie, Bureau of American Ethnology in: J.C. Scherer, J.B. Walker, Indianer, Zürich 1975: S. 106; Farb, a.a.O.: S. 33; Mike Fash Ass. in: Ch. Davis, North American Indian, London 1972: S. 129; Gianfranco Gorgini, Contact Press Images Inc.: S. 189; C.A. Huffman: S. 101; Jacques le Moyne de Morgues in: Stefan Lorant (Hsg.), The New World, N.Y. 1946/1965: S. 79; Shawley Collection in: AN, Vol. 9, No. 3, 1977: S. 51; Will Soule, in: Will Soule, Indian Photographer of Fort Sill, Oklahoma, 1973: S. 51; Irene Stern: S. 142; Western History Deparment, Denver Public Library: S. 135.